리처드 포스너 지음
김규진·김지욱·박동철 옮김

포스너가 본
신자유주의의 위기

A Failure of Capitalism

한울
아카데미

이 도서의 국립중앙도서관 출판시도서목록(CIP)은 e-CIP홈페이지(http://www.nl.go.kr/ecip)와
국가자료공동목록시스템(http://www.nl.go.kr/kolisnet)에서 이용하실 수 있습니다.
(CIP제어번호 : CIP2013000707)

A Failure of Capitalism

THE CRISIS OF '08 AND THE
DESCENT INTO DEPRESSION

Richard A. Posner

HARVARD UNIVERSITY PRESS

Cambridge, Massachusetts, and London, England

2009

A FAILURE OF CAPITALISM
The Crisis of '08 and the Descent into Depression

Copyright © 2009 by Richard A. Posner
This translation is published by arrangement with Harvard University Press
All rights reserved

Korean Translation Copyright © 2013 by Hanul Publishing Group
This translation is published by arrangement with Harvard University Press

이 책의 한국어 출판권은 Harvard University Press와의 독점 계약으로 도서출판 한울에 있습니다.
저작권법에 의해 한국 내에서 보호를 받는 저작물이므로 무단전재와 무단복제를 금합니다.

옮긴이의 말

한국과 미국, 중국, 일본 등에서는 새로 선출된 지도자들이 시무식을 열고 업무에 들어갈 준비를 하고 있다. 경제위기가 아직 해소되지 않은 오늘날, 이들은 어떤 경기부양 대책을 꺼내 들 것인가?

경제학에서 말하는 정부의 경기부양 대책으로는 통화정책과 케인스식 재정지출이 있다. 특히 미국의 민주당과 공화당은 경제정책에서도 어느 정도 자기만의 색을 드러낸다. 먼저, 작은 정부를 지향하는 공화당은 통화정책과 감세를 선호한다(감세의 혜택은 세금을 낸 계층에게 돌아간다). 반면, 민주당은 그 유명한 프랭클린 루스벨트 대통령이 뉴딜을 시행했듯이, 재정적자를 바탕으로 한 공공지출을 선호한다. 이는 필연적으로 정부조직을 확대하고, 실제로 루스벨트 집권 당시 그러했다.

미국에서 중앙은행은 정부로부터 독립되어 있다. 이 때문에 중앙은행이 관장하는 통화정책은 입법 절차 없이 추진할 수 있지만, 재정지출은 국회에서 예산 승인을 받아야 하므로 입법 사항에 속한다. 바로 이것이 그린스펀과 버냉키 연방준비제도이사회 의장이 공화당과 민주당 정권을 거치면서 자리를 유지한 주된 이유 중 하나다.

오바마 대통령은 취임 초기에 통화정책과 재정지출 두 가지 모두를 사용했다. 통화정책으로는 제로금리를 굳건히 지켰고, 재정지출로는 2008년

「경기부양법」에 따라 교통 인프라, 기후 변화 통제, 교육·과학 시설, 보건, 군 증강 등에 대한 투자가 있다. 그중에는 비용이 효과를 넘어선 사업도 여럿 있다. 이에 대해 한편에서는 절반만 경기부양이고 절반은 '새로운 뉴딜'이라는 비판이 일기도 했다.

현재 한국의 4대강 사업이 그렇듯이 재정 적자를 기반으로 한 사업은 미국에서도 뚜렷한 효과를 내지 못했다. 그리고 이는 미국 대통령 선거전에서 공화당 롬니 후보로부터 비판을 받았다. 2012년 4월에 오바마 대통령이 서명한 이른바 'JOBS법 Jumpstart Our Business Startups Act'은 소기업의 기업 공개를 간소화하는 내용으로 통과되었지만, 최초 법안에서 분리 제출된 '미국 재건 고용 법안 Rebuild America Jobs Act'은 600억 달러를 인프라에 투자한다는 내용을 담고 있었지만 부결되었다. 연초에 재정 절벽 위기를 근근이 넘긴 오바마 대통령이 재임 이후 재정정책을 의도대로 구사할 수 있을 것이라 기대하기는 어렵다. 2013년 들어 아베 신조 일본 신임 총리도 금융완화와 함께 사회간접자본에 대한 재정지출을 확정해 다시 한 번 시험대에 올리고 있다.

족집게 예언자인 누리엘 루비니 교수는 한국도 적극적인 재정·통화 완화를 통한 경기 부양 대책을 펴야 한다고 주문했다. 대부분의 경제연구소에서는 한국의 경제성장률을 애초 예상보다 낮춰 전망했고, 한국은행 금융통화위원회도 2013년 통화신용정책의 중점을 경제 회복 지원에 둔다고 밝혔다. 반면 정부는 복지 예산을 마련하는 데 우선을 두어야 하는 상황에 있다. 한국개발연구원 KDI은 2012년 11월에 발표한 거시경제정책 권고에서 '재정 추가 지출'이 필요하다고 하면서도, 복지 지출 등 한 번 넣으면 뺄 수 없는 경직성 의무 지출을 피하고, 고용 인프라나 직업훈련 등에 대한 지출을 확대해야 한다고 밝혔다. 이 책에서 저자도 미국에 동일한 경고를 한다.

이러한 심상치 않은 국제 상황에서 역자들은 미국의 경제정책 마인드를 근본적으로 이해할 필요가 있다고 판단했고, 이 책이 큰 도움을 줄 것이라고 보아 우리말로 옮겨 소개한다.

저자인 포스너는 2008년 미국이 위기를 맞은 근본적인 이유가 정부 관리들과 경제학자들이 자유시장 이념을 지나치게 신봉해 금융의 안전판인 규제감독을 과다하게 완화한 데 있다고 지적한다. 또한 미국의 개인과 금융기관이 독자적으로는 합리적으로 행동했지만, 집단적으로는 미국을 위태롭게 한 결과를 불러왔다고 언급한다. 경제학자들은 루비니 교수 등 극소수를 제외하고는 금융위기를 예측하지 못했고, 위기가 발생한 후에도 통화완화와 공공지출, 감세, 이전지출 등 불황 대책을 놓고 의견이 엇갈렸다.

이 책의 원래 제목은 출간 당시의 위급한 상황에 맞춰 "자본주의의 실패 A Failure of Capitalism"라고 붙였지만, 한편으로 이 책에서 저자는 앞으로도 자본주의 이외에 대안이 없다고 말한다. 이러한 내용을 고려해 한국어판의 제목을 "신자유주의의 위기"로 바꾸었다.

포스너 판사의 주장은 미국의 금융정책과 경제정책에 많은 영향을 미쳤다. 이 책은 미국에서 현재 진행 중인 경제 상황의 원인과 경과, 초기 대책 등을 한국의 일반 독자가 보기에도 어렵지 않게 설명한다. 따라서 이 책이 미국 경제와 정치의 관계를 이해하는 데 좋은 교과서 역할을 해줄 것으로 기대한다. 소중한 기회를 주신 도서출판 한울에 감사를 드린다.

2013년 2월
옮긴이를 대표하여
김규진

일러두기
본문 각주 중 따로 표시가 없는 것은 모두 옮긴이가 독자의 이해를 돕기 위해 덧붙인 것입니다.

지은이의 말

2008년 가을, 붕괴된 세계의 은행 시스템은 수조 달러의 비용을 들인 구제를 받은 후에도 혼수상태에 있다. 미국인들은 그 사건에 너무 가까이 있어서 그 거대한 규모를 파악하지 못했을 수도 있다. 이번에 발생한 경제 상황을 아주 완곡하게 '불황recession'이라는 용어로 표현할 수도 있다. 그러나 이번 미국의 상황은 '불황'을 훨씬 넘어섰다. 미국은 1930년대 대공황 이래 최대의 경제적 위기의 한복판에 섰다. 미국의 이 위기가 2007년 12월에 불황으로 시작되었다는 것은 사실이다. 그리고 이번 불황은, 과거에 경제학자들이 불황이 시작되었다는 사실을 거의 1년이 지나서야 인정하던 그러한 완만한 경기 하락과는 달랐다(경제문제에 대해 학자들은 진단이 늦다). 불황은 2007년 여름, 전 미국의 주택 가격이 급락하면서 서브프라임 모기지 대출이 부실화되어 촉발되었다. 주택 가격은 2000년대 초에 지속 불가능한 수준까지 올랐었다. 시세보다 더 많은 모기지 차입을 안고 있던 주택 소유주들은 자기 주택이 시장에서 더는 우수한 투자 대상이 못 된다는 평가를 받자 채무를 불이행했고, 집을 포기한 채 야반에 떠나거나 집을 경매에 넘겨야 했다. 그 결과로 주택 매물이 넘쳐나고 주택 신축이 급감했으며, 주택담보대출모기지이 부실화되었다.

2007년 여름, 베어스턴스Bear Sterns 투자은행이 운용하던 모기지 전문 헤지펀드 2개와 프랑스 은행 BNP 파리바BNP Paribas가 보유한 투자펀드 3개가 파산하고, 아메리칸 홈 모기지 코퍼레이션American Home Mortgage Corporation도 파산했다. 미국 최대 모기지 대출기관인 컨트리 와이드 파이낸셜Country Wide Financial은 가까스로 파산을 모면했다.

불황은 2008년 3월 베어스턴스 투자은행이 붕괴하면서 금융위기로 비화했다. 위기는 9월 중순 극도로 악화되었다. 리먼브러더스Lehman Brothers가 파산한 것을 비롯해, 메릴린치Merrill Lynch가 뱅크오브아메리카Bank of America에 급히 매각되었고, 패니메이Fannie Mae와 프레디맥Freddie Mac(주택 모기지를 인수하는 전문 금융기관)은 파산 일보 직전 정부에 인수되었으며 미국 최대 보험회사인 AIG 또한 구제금융을 받아야 했다. 이 때문에 주가가 폭락하고 전 세계적으로 신용경색이 촉발되었다.

연방준비제도와 재무부, 의회가 금융 시스템을 구제하고자 필사적으로 노력했다. 이들의 노력으로 10월 초 의회에서 7,000억 달러 규모의 구제금융 투입을 골자로 한 은행산업 구제 입법부실 자산 구제 프로그램, Troubled Asset Relief Program: TARP이 통과되었다. 그러나 이러한 구제금융도 불황이 심화되는 것을 막을 수는 없었다. 2008년 말이 되자 디트로이트에 있는 자동차회사들은 파산 위기에 몰리고, 어디에서나 경제활동이 급감했으며, 다우존스지수는 2007년 10월 1만 4,000, 2009년 9월 26일 1만 1,000에서 8,800으로 하락했다(2009년 2월에는 7,900이었다).[1] 연방준비제도는 디플레이션을 막기 위해 필사적으로 노력했다. 이러한 상황에서 불황recession은 1930년대 대공황 이래 최초의 미국 공황depression이라고 인식되기 시작했다.

---

1 2011년 7월에는 1만 2,600선을 회복했으나, 8월 초 S&P 국가신용등급 하락 후인 8월 8일에는 1만 809로 급락했다. 3차 양적완화 이후인 2012년 9월에는 1만 3,500선을 나타냈다.

공황이라는 단어 자체는 점잖은 사회에서는 금기taboo시되는데, 이는 우리가 경제위기를 '공황'이라고 부르지 않는 한 공황이 될 수 없다는 일종의 마술적인 사고를 반영한다. 그러나 과거 수십 년 동안 완만한 경기 하강만을 겪어본 미국인에게 이번 상황은 비교할 수도 없는 규모로 들이닥쳤다. 미국인은 대공황 당시 시행했던, 또는 채택해야 하는 급진적인 대응 조치를 취하지 않으면 무시무시한 곤경에 처할 것이라는 공포를 느꼈고, 이러한 공포심은 미국 정부가 취한 대응 조치와 계획에 반영되었다. 경기 하락의 심각성, 정부 대응의 급진성, 만연한 위기감이 경제가 공황을 겪고 있음을 나타냈다.

공황이라는 단어에 대해 폭넓게 합의된 정의는 없다. 그러나 필자는 공황이란 "디플레이션을 야기하거나 야기할 것으로 우려될 정도로 경제 생산이 급감하면서 대중 사이에 광범위한 불안감이 조성되고, 이를 회복하는 데 비용 면에서 엄청난 노력이 요구될 것이라는 위기감을 정치·경제 엘리트들에게 불러일으키는 상황"이라고 정의하고자 한다.

경기 하락이 어디까지 지속될지 판단하기는 이르나, 필자는 대공황 당시에도 그랬듯이 (특히 미국에서) 공황의 공통적인 속성을 지속성이라고 본다. 그리고 이번 공황은 지난 반세기 동안 나타난 모든 불황보다 오래 지속될 것으로 예상된다.

생산이 34% 격감하고 실업률이 24%에 이르렀던 대공황 때와 같은 상황을 미국인이 다시 맞이할 것이라는 이야기는 아니다. 하지만 '대공황'과 '단순한 불황' 사이에는 큰 차이가 있는데, 특히 현재 상황에서처럼 대공황의 재발을 성공적으로 예방하려는 노력은 장기적으로 경제에 막대한 비용 부담을 지울 것이라는 점에서 그렇다. 공황으로 말미암아 치러야 하는 비용은 상황이 회복되기까지 감소할 생산과 고용만이 아니다. 회복에는 인플레이션이라는 사후적 비용을 포함해 많은 대가가 따르며, 정치적 비용도 수반될 수 있다.

　미국 정부는 회복을 가속화하려는 필사적인 노력의 일환으로 2009년 2월 현재 총 7조 2,000억 달러(연방준비제도가 5조 2,000억 달러, 재무부가 2조 달러) 지출을 이미 집행하거나 예정했고(필자는 의회에서 통과가 확실시되던 경기진작 대안을 포함시켰다), 별도로 2조 달러의 대출과 예금에 보증을 제공했다.

　미국 국가 부채가 폭증할 것이 확실하고 앞으로 물가 상승률이 너무나 높아질 수 있는 상황에 직면해 있기 때문에, 연방준비제도가 다시 물가를 안정시키려면 1980년대처럼 금리를 가파르게 전격 인상하는 등의 방법으로 극심한 불황을 관리하는 정책을 피할 수 없게 될 가능성이 있다. 그러한 불황은 현행 위기의 여진餘震으로서 올 수 있으며, 따라서 그것에 수반된 비용이 발생할 것이다. 여진은 정부가 금리를 올리는 동시에 천문학적인 규모의 국가 부채를 축소하기 위한 증세 조치를 할 경우 더욱 심화될 것이다. 그리고 연방준비제도가 그러한 여진의 고통을 줄이기 위해 금리를 억지로 낮추어 '벼락 경기와 거품 붕괴boom and bust 순환'을 재가동할 것이라고 가정해볼 수도 있다. 다시 말해서, 설사 미국 정부가 2009년 초의 경기 하락세를 몇 달 안에 잡았다 하더라도 정부가 취한 임시 수단은 미국 경제에 장기간 심각한 문제를 야기할 것이다.

　미국의 일부 보수파는 정부가 정책을 현명하게 구사하지 못한 탓에 공황이 발생했다고 믿는다. 하지만 필자는 공황이 '시장의 실패market failure'라고 본다. 정부의 근시안적이고 수동적인 자세 그리고 실수가 불황이 부풀어 올라 공황이 되는 데 결정적인 역할을 했으며, 몇 가지 우연한 요소도 작용했다. 그러나 금융산업에 대한 정부 규제와 감독이 작동하지 못하면 경제가 공황에 빠질 개연성이 여러 측면에서 발생한다. 미국은 이번 실패를 통해, 자본주의 경제 모델이 궤도에서 탈선하지 않게 하려면 정부가 더욱 적극적이고 명석해야 한다는 점을 학습했다. 자유방임 자본주의의 자기 복원력을 과신함으로써 금융산업에 대한 규제 완화 움직임이 너무 많이 진행되었던 것이다.

경제위기가 아직 진행 중인 상황에서, 그 위기를 이해하고 적절한 교훈을 도출해내려면 다음과 같은 의문에 주목해야 한다. 이번 공황은 정확히 무엇인가? 단순한 유동성 위기인가, 지급 능력 위기였나, 다른 어떤 것이었나? 무엇이 촉발했는가? 그 근본 원인은 무엇인가? 왜 예측할 수 없었는가? 정부는 얼마나 대응을 잘했는가? 공황은 그저 고통일 뿐인가, 아니면 고생 끝에 낙이 온다는 말처럼(또는 전화위복으로) 유익한 정치적·경제적 결과를 가져다줄 수도 있는 것인가? 공황으로부터 자본주의, 정부나 경제학계에 대해 학습할 수 있는 것은 무엇인가? 장래의 공황을 막기 위한 대책은 무엇인가? 불황을 예측하고 막는 데 실패한 개인과 기관 가운데 누구의 과실이 가장 큰가? 공황이 주는 주된 정치적 교훈은 무엇인가? 필자는 이러한 의문에 대해서 논의를 펼 것이다.

위기에 대한 언론의 보도는 집중적이고, 생생하며, 때로는 통찰력을 담았고 매혹적이기까지 했지만, 이제는 월스트리트의 탐욕과 방종에 대한 무지한 비난(기자들은 기업인들에 대해서 훌륭한 인격을 기대했는가?)과 함께 어리석은 것으로 바뀌었다. 그러한 언론 보도는 수도 없이 쏟아졌지만, 그 대다수가 검증되지 않았거나 단편적이었다.

일반적인 공황을 다루었거나 이번 공황까지 다룬 저널리즘적 또는 학술적 저서와 기사는 많다. 하지만 그 대다수는 다른 속셈을 가진 저자가 썼거나 비전문가가 이해하기에는 지나치게 기술적이다. 몇 달 지나서 뒷북을 친 것도 있고, 금융 시스템에 대한 사전 지식을 지나치게 요구하거나(즉, 지나치게 내부자용이거나) 반대로 피상적인 것들이다.

필자는 물론 대다수 미국인이 일생에 맞이할 수 있는 최대의 경제적 재난과 관련해 그 주요 측면을 간결하면서도 건설적이며 전문용어나 약어를 쓰지 않으면서, 지나치게 기술적이지도 않고 선정적이지도 않은, 그리고 가급적 검증을 거친 분석적인 검토가 필요했다. 이 책은 그러한 필요를 채우려는 시도다.

필자는 공황의 과정과 원인, 제시된 치유 방안에 중점을 두지만, 남들이 거의 다루지 않은 다음과 같은 요소에 대해서도 강조하고자 한다. 즉, 공황의 정치적 차원, 공황을 예측하고 대응 지침을 제시하는 데서 보인 경제학계의 실망스러운 성과, 이데올로기가 경제정책을 어떻게 왜곡할 수 있는지, 공황경제학 depression economics 이 내포하는 한계, 합리적인 기업인과 소비자의 이기적 의사 결정이 어떻게 공황을 일으킬 수 있는지(이에 따라서 심리학적인 설명은 추구할 필요가 없어진다), 관료와 경제학자들이 금융위기를 예견하지 못하고 또 그것이 공황으로 발전하는 것을 막지 못한 것이 과거의 재앙적 사건(예를 들면, 진주만 공습, 9·11 테러, 뉴올리언스를 황폐화한 허리케인 카트리나 등)을 예견하거나 막는 데 실패한 다른 분야의 사례와 어떻게 일맥상통하는지 등이 그것이다.[2]

필자는 일반 독자뿐만 아니라 관심을 가진 전문가에게도 관점을 제시할 수 있도록, 쉽게 쓰면서도 너무 단순화하지 않으려고 노력했다. 필자는 학자풍의 각주와 인용을 피했지만, 이 매력적이고 적시성 있는 주제에 관해 더 많은 자료를 읽어보고자 하는 독자를 위해 책 말미에 '더 읽어볼 책'을 실었다. 또한 너무 상세하고 주제와 무관한 내용을 쓰지 않으려 노력했다.

---

2 지은이 — 이러한 유사성을 논하기 위해 필자는 재앙과 정보 실패를 다룬 필자의 다음과 같은 과거 저술을 활용할 것이다. *Catastrophe: Risk and Response* (New York and London: Oxford University Press)[이 책은 한국에 『대재앙: 인류는 대재앙의 위험에서 살아남을 것인가?』, 김소연 옮김(말글빛냄, 2006)으로 출간되었다 — 옮긴이]; *Preventing Surprise Attacks: Intelligence Reform in the Wake of 9/11* (Stanford, Calif.: Hoover Institution, Stanford University, 2005).

필자는 거시경제학자가 아니므로 이 책에서 비경제학자의 관점을 바탕으로 넓은 시야를 반영하려고 했으며, 이러한 관점에도 가치가 있다고 본다.

단순화를 위해 필자는 연방준비제도이사회와 연방공개시장위원회Federal Open Market Committee처럼 서로 겹치는 연방준비제도의 의결기관을 구분하기보다 이들을 단일한 실체로 보고, 연방준비제도Federal Reserve로 쓰겠다. 통화 공급을 통제하는 주체는 연방준비제도이사회와 연방공개시장위원회다. 그러나 한 인물이 두 기관의 의장으로서 모두를 주도하고 있으므로, 이 글의 목적상 그것들을 구분할 실익이 없다. 필자는 또한 은행과 은행업banking의 의미를 폭넓게 사용해 모든 금융중개기관(차입한 자본을 대여하는 사업자)을 망라할 것인데, 이는 상업은행commercial bank과 투자은행investment bank 그리고 다른 비은행 금융중개기관을 구분하는 근거가 매우 희미해졌기 때문이다. 필자는 '협의의 은행'에 대해 논하고자 할 때 문맥상 필요하다면 '상업은행'이라는 용어를 사용할 것이다.

제1장부터 제5장까지는 미국 경제가 이러한 궁지에 빠진 경위와 이유에 관해, 그리고 정부가 경제를 구제하기 위해서 무엇을 시도했으며, 그 성공 가능성은 어느 정도였는지에 관해 알아본다. 제6장부터 제11장까지는 위기에서 배운 교훈과 그러한 위기를 피하거나 완화하려는 노력을 통해 얻은 교훈에 중점을 둔다. 이는 아마도 미국이 다음 공황을 피하는 데 도움을 줄 것이다.

일부 독자는 공황이 끝나기 전 또는 바닥에 도달하기 전에 관련 책을 집필하는 것이 성급하지 않은가 하고 생각할 수 있다. 그러나 공황이 끝나면 역사를 회고하는 집필이 될 것이다. 2009년 「미국 경제회생 및 재투자법American Recovery and Reinvestment Act」(집필 시점에 수주 내 통과가 예정되어 있었다)에는 공황에 대항할 수 있는 온갖 무기가 모두 배치되었다(그 사용 경로나 강조점은 무수히 변할 것으로 예상되지만). 그리고 그러한 수단이 효험이 있었는지를 판단하고, 물가 상승률 앙등을 비롯한 공황의 여진이 계속되는 데에는 수년이 걸릴 수 있다. 따라서 지금이 미국과 세계에 깊은 영향을 미칠 수 있는 중대한 경제적 사건을 잠정적이고 예비적일지라도 면밀하게 살펴볼 적기다.

어빙 피셔Irving Fisher가 대공황에 대해 발표한 선구자적인 논문은 대공황이 끝나기 훨씬 이전인 1933년에 발표되었다. 그리고 후대에 엄청난 영향을 미친 존 메이너드 케인스John Maynard Keynes의 『고용, 이자 및 화폐에 관한 일반이론The General Theory of Employment, Interest and Money』도 대공황 기간 중이던 1936년에 나왔다.

그러나 필자는 사건이 진행되는 중간에 글을 쓰고 있기 때문에 블로그(나는 '포스너의 경제위기 블로그'라고 명명했다)를 열기로 했고, 이 책이 발간되는 주부터 블로그 활동을 시작함으로써 실질적으로 이 책 내용을 업데이트해나갈 예정이다. 필자는 독자의 의견을 환영하며, 그것을 블로그에 게시할 것이다. 필자는 통찰력 있고 유익한 논평에 대해서 시간이 허락하는 한 응답할 것이다.

블로그 활동은 필자에게 새로운 경험이 아니다. 필자는 경제학자인 게리 베커Gary Becker와 함께 경제정책에 관해 블로그 활동을 해왔다.[3] 우리는 2007년 6월 위기 초기 단계에 관한 글을 블로그에 올렸다. 필자는 당시 공황을 예측하지 못했지만, 사태 진전에 따른 우려가 현실화되고 있다는 의견을 밝혔다. 우리가 공황으로 치닫고 있다는 사실을 필자가 인식하기 전에 했던 생각에 관심이 있는 독자는 2007년 6월 24일, 8월 19일, 12월 23일 자 필자의 블로그 게시물을 찾아보기 바란다. 필자는 금융위기가 본격화되던 2008년 9월부터 블로그에 실었던 글을 이 책 곳곳에 심어놓았다.

---

3 다음 '베커-포스너 블로그' 참조. http://uchicagolaw.typepad.com/beckerposner/

필자는 공동 블로거인 게리 베커에게 이 책에서 다루는 여러 주제에 관해 유익한 논의를 제공해준 것에 감사를 표한다. 로라 비숍Laura Bishop, 랠프 데이도Ralph Dado, 저스틴 엘리스Justin Ellis, 앤서니 헨키Anthony Henke, 마이클 소프Michael Thorpe의 지원도 연구에 큰 도움이 되었다. 필자는 로버트 루커스Robert Lucas의 말씀과 그가 제공해준 소중한 자료, 린 매덕스Lynn Maddox와 나눈 논의, 마이런 숄스Myron Sholes와 주고받은 전자우편 등으로부터 소중한 통찰력을 얻었다. 리 락우드Lee Lockwood와 크리스첸 오프Christian Opp는 경제와 관련한 전문적인 부분에서 실수가 있지 않은지 원고를 꼼꼼하게 검토하면서 책이 더 나아질 수 있도록 소중한 제안을 해주었다.

마이클 애런슨Michael Aronson, 더글러스 베어드Douglas Baird, 래리 번스타인Larry Bernstein, 마이클 부딘Michael Boudin, 네이선 크리스텐센Nathan Christensen, 케네스 댐Kenneth Dam, 벤저민 프리드먼Benjamin Friedman, 레베카 호Rebecca Haw, 애슐리 켈러Ashley Keller, 윌리엄 랜즈William Landes, 조너선 루인슨Jonathan Lewinsohn, 제니퍼 누Jennifer Nou, 샬린 포스너Charlene Posner, 에릭 포스너Eric Posner, 케네스 포스너Kenneth Posner, 라구람 라잔Raghuram Rajan, 앤드루 로센필드Andrew Rosenfield, 안드레이 슐라이퍼Andrei Shleifer, 루이지 진게일스Luigi Zingales는 초고에 대해 매우 유익한 논평을 해주었다. 프리드먼의 지원에 특히 감사드린다. 하버드 대학교 출판부 편집자 애런슨에게도 깊은 감사를 전한다. 그는 이 책 저술을 지원하고 능숙하게 관리했으며, 통찰력 있는 논평을 다수 제공했다. 이 책에 오류가 남아 있다면 그것은 전적으로 필자의 책임이다.

2009년 2월 2일
리처드 포스너

C·O·N·T·E·N·T·S

차 례

옮긴이의 말 | 5
지은이의 말 | 8

제1장 공황과 그 주된 원인 · 21
수요 감소와 디플레이션 21 | 공황 대응의 중요성 25 | 통화 공급 대책 25 | 재정지출 대책 27 | 공황의 분류와 사례 28 | 새로운 공황의 시작 30 | 은행의 문제 33 | 고위험 대출을 정부가 통제해야 하는 이유 38 | 금융과 소비의 관계 41 | 저축의 안전판 역할 부족 42 | 금리와 외국자본 46 | 미국의 무역 적자 47

제2장 은행의 위기 · 49
은행 규제 50 | 규제 완화 52 | 레버리지 53 | 모기지담보부증권 54 | 신용부도스와프 60 | 모기지 평가의 어려움 62 | TARP에 의한 모기지 매입 계획 66 | 부실 자산 매입에서 은행 자본 확충으로 계획 수정 69 | 자본 확충을 받은 은행의 대출 기피 70

제3장 공황의 근본 이유 · 74
실수라는 주장 75 | 은행의 행동은 합리적이었다는 주장 76 | 거품에 관해 82 | 거품에 대한 공매도 가능성 86 | 거품 속에서의 단기 이익 추구 행동 87 | 임원 보수의 문제 90 | 주택 투기 92 | 원인은 저금리 96 | 외부 비용 97 | 저축이 줄어드는 원인 99 | 금융 리스크 계량 모델 100 | 결론 101

제4장 공황이 예측되지 못한 이유 · 105
거품에 대한 경고와 연방준비제도의 대응 106 | 경고가 무시된 원인 109 | 금융위기의 조짐 111 | 이데올로기와 선입견의 영향 117 | 사전 조치의 부담 118 | 컨트롤타워의 문제 121 | 결론 124

제5장 정부의 대응 · 126
TARP 127 | 금융완화 129 | 자동차산업 구제 130 | 감세와 이전지출 137 | 공공사업 141 | 경기 대책의 평가 153 | 통화주의와 케인스 이론의 대립 156 | 디플레이션 159 | 연방준비제도의 통화정책 163 | 통화주의자와 케인스파 비교 166 | 케인스식 정책 167 | 모기지 구제책 170

차례 **17**

제6장 **공황의 긍정적 요소** ・175
공황의 효율성 제고 역할 175 | 노동조합 관계 178 | 정부에 미치는 영향 179 | 미국 사회에 미치는 영향 180 | 경제학에 미치는 영향 182 | 저축에 미치는 영향 183

제7장 **자본주의와 정부에 관한 재인식** ・185
정부의 책임 186 | 정부 책임에 대한 반론 188 | 정부의 수동적 역할 191 | 정부 조직 개편 196

제8장 **경제학계의 직무 태만** ・198
학자들의 예측 실패 198 | 예측에 실패한 원인 201 | 거시경제학의 이데올로기 대립 206 | 통화주의자의 케인스학파 전향 208

제9장 **누구의 책임인가** ・210
책임의 기원 211 | 부시의 잘못된 인사 212 | 재정 적자 문제 213 | 대응전략의 부재 214 | 불확실성 초래 217 | 연방준비제도이사회 의장의 역할 219 | 누구의 책임인가 221

제10장 **앞으로 나아갈 길** ・224
규제의 방향 225 | 단편적인 개혁 방안 229

제11장 **보수주의의 미래** ・234
공화당의 이데올로기 234 | 경제이론의 이데올로기 238

결론 | 241
더 읽어볼 자료 | 251
찾아보기 | 254

신자유주의의

위기

A FAILURE OF
CAPITALISM

A FAILURE OF CAPITALISM

제1장

공황과 그 주된 원인

미국의 경제적 위급 상황 속에서 저금리, 주택 거품, 거품 붕괴, 은행 시스템 붕괴, 소생을 위한 정신없는 노력, 생산과 고용 감소, 디플레이션의 신호, 회복을 위한 야심 찬 프로그램 등, 극적인 일련의 사건이 막을 내렸다. 필자는 이러한 사건의 순서를 추적하여, 각 단계가 전 단계로부터 어떻게 발전했는지 설명하고자 한다. 제1장에서는 기본적인 공황경제학에 관해 간략하게 설명하고, 이어서 이번 공황에 관해 상술하고자 한다.

수요 감소와 디플레이션

경제에 어떤 충격, 예컨대 대중이 소유한 주택과 유가증권 가격이 급락해 그들 개인 저축의 가치가 떨어지고, 대중은 소비를 덜 해야만 저축을 복구할 수 있게 되었다고 가정하자. 그러면 재화와 용역에 대한 수요는 감소한다. 충격 이전에는 수요와 공급이 모두 X점에 위치했지만, 이제 수요는 X-Y(마이너스) 점에 있다. 공급자들은 어떻게 반응할 것인가? 만일 노동의 가격(임금)을 포함해 모든 가격이 완전히 탄력적이라면, 노동의 공급자(노동자)를 포함한 공급자는 가능한 한 구매자를 붙들어두기 위한 노력으로 자신의 가격을 낮출 것이다. 가격이 하락했어도 소비자가 구매를 덜 해서 저축을 늘리는 상황에서는 저축의 과잉이 발생해 저축의 수익률인 이자율이 하락할 것이다. 그리고 낮아진 이자율은 차입을 유도할 것이다. 차입이 늘고 재화의 가격은 내려가면서 소비가 곧 충격 이전의 수준을 회복할 것이다. 이렇게 되는 이유 중의 하나는 모든 소비자가 근로자인 것이 아니며, 근로자가 아닌 소비자는 소득에 손상을 받지 않기에 가격이 하락하면서 더 많은 재화와 용역을 구매할 것이라는 점이다.

이것이 경기순환에서 자기 교정이 이루어진다는 고전적 경제이론이며, 여기에서 결함은 모든 가격이 탄력적인 것이 아니며, 특히 임금은 비탄력적이라는 점이다. 임금이 비탄력적인 주된 이유는 노동조합이 확보한 단체협약 등 고용계약에 있지 않다. 미국의 민간 부문에서 노동조합이 결성된 기업이 드문 데다 노조원이더라도 단체협약에 의해서 임금을 보장받는 사례는 거의 없다.

그러나 임금이 탄력적이라 하더라도 고용주는 자신의 제품에 대한 수요가 줄면 임금 삭감보다 노동자 해고를 일반적으로 선호한다. 이는 금융계 임원들이 급여의 절반에 이르기도 하는 상여금이 깎여서 때로는 제로가 되었는데도 해고된다는 사실에서 입증된다.

고용주가 임금 삭감보다 해고를 선호하는 데에는 다음과 같은 몇 가지 이유가 있다. ① 해고는 간접비용을 절감해준다. ② 생산성이 낮은 근로자를 선별 해고함으로써 고용주는 인력의 생산성을 높일 수 있다. ③ 근로자는 임금이 삭감되면 일을 열심히 하지 않음으로써 맞설 수 있지만, 그 반대로 해고될 가능성을 줄일 수 있다는 생각으로 더 열심히 일할 수도 있다. ④ 단일 공장이나 사무실의 모든 근로자 임금이 삭감되면 모두가 불행하지만, 해고에서는 불행한 근로자만 직장을 떠나면 된다.

만일 임금이 너무 하락한다면, 많은 근로자들이 박봉을 위하여 일하기보다는 스스로 사직하여 자신의 시간을 더 잘 활용하는 길(공부를 더 하는 것 등)을 찾게 될 것인데, 이들은 아마도 고용주가 떠나지 말고 회사에 남아 있기를 바라고 있었던 그러한 우수 인력일 것이다.

그런데 근로자가 임금 삭감 대신에 풀타임에서 파트타임으로 지위가 내려가는 것을 수용한다면, 고용주가 해고를 선호할 동기는 줄어든다. 근로자는 계속 팀의 일원으로 남지만, 그는 다른 파트타임 일자리를 구해 예전의 소득을 회복하고, 임금이 낮아진 데 따른 고통을 완화할 수 있을 것이다. 따라서 임금이 삭감되기보다는 풀타임에서 파트타임으로 전환되는 것이 더 일반적이다. 이와 유사하게 상여금의 삭감도 급여 삭감보다는 사기를 떨어뜨리는 효과가 적다. 상여금에 대한 기대감은 기본급을 지속해서 받으려는 기대치보다 적으며, 따라서 상여금이 줄어도 실망은 그만큼 크지가 않다.

필자의 예에서 생산이 X로부터 X-Y로 감축됨으로써 균형이 회복되려면, 재화 또는 용역의 생산자와 소매업체 등 판매자가 근로자를 해고하기 시작할 터인데, 이 과정에서 수요가 더욱 감소할 가능성이 크다. 즉, Y가 더 커진다는 의미다. 실업은 과거 취업자였던 이들의 소득을 감소시키고, 경제 전망에 대한 불확실성을 야기한다. 직장을 잃은 사람은 언제 이전과 비슷한 일자리를 다시 구할지 아니면 구할 수는 있는지, 그리고 취업자는 과연 그들의 일자리를 유지할 수 있는지 하는 불확실성이 그것이다. 해고된 근로자는 지출할 재원이 부족하기에 돈을 덜 쓰며, 해고되지 않은 근로자도 다음에는 자신이 해고될까 두려워 소득에서 저축 비중을 늘리기 시작한다. 사람들은 저축이 적을수록, 특히 은행예금 등 안전한 저축이 부족할수록 개인 소비지출을 줄임으로써 저축을 늘리고, 따라서 경제 내의 산출량이 더욱 줄어들 것이다. 이자율도 하락할 것이지만, 많은 사람이 차입하기를 겁낸다(차입한다면 이들의 지출 여력이 늘어나서 경제활동을 활성화할 것이다). 따라서 저금리 때문에 소비의 기회비용이 줄었다고 해서 지출이 대폭 늘어나지는 않는다. 자신의 소득이 계속 줄어들 위험이 있는 상황에서 사람들은 그것에 대비해 저축을 하려고 할 것이다.

경기 하강의 악순환은, 경제를 공황의 길로 밀어내는 충격이 아주 크지 않다면, 정부가 급진적인 개입이 없어도 통제 불능의 지경까지는 이르지 않는다. 그러나 그러한 충격이 가해진 상황에서 과다한 차입으로 부도 사태가 발생해 은행이 더 이상 대출을 할 수 없는 수준까지 은행 보유 자본이 감소했다면 이야기가 달라진다. 왜냐하면 이때는 차입을 통해 소비 수준을 유지하기 원하는 소비자까지도 차입을 할 수 없게 됨으로써 재화와 용역에 대한 수요가 더 빨리 줄어들 것이기 때문이다. 신용에 의존하는 정도가 큰 상업활동은 급격하게 위축된다. 부분적으로는 생산과 유통 비용이 거의 언제나 매출 수입이 들어오기 전에 발생하기 때문이다.

수요가 계속 하락하면 판매자는 근로자를 더 해고하고, 이는 수요 감소를 더욱 압박한다. 그들은 또한 고객을 모두 잃지 않으려는 노력의 일환으로 가격을 내리며, 판매가 불가능한 재고를 안게 된다. 가격이 하락하면서 소비자는 가격이 계속 떨어질 것이라는 기대로 돈을 끌어안고 있기 시작한다. 그리고 그들은 차입을 전혀 하지 않을 것이다. 왜냐하면 물가가 계속 하락할 것으로 예상되는 상황에서 장래에 같은 달러 금액으로 더 많은 재화와 용역을 구매할 수 있게 되고, 차입을 한다면 장래에 구매력이 커진 달러로 상환할 것이기 때문이다. 이것이 바로 화폐가치가 상승하는 '디플레이션'으로서, 동일한 재화와 용역에 대해서 더 많은 화폐가 지불됨에 따라

화폐의 가치가 내려가는 '인플레이션'과 반대되는 상황이다.

공황 대응의 중요성

수요가 계속 하락하면서 기업이 도산하고, 해고가 늘며, 개인소득이 줄고, 물가는 더욱 하락함으로써 다시 도산이 증가하는 하향 소용돌이가 계속된다. 과거의 용어로 '악순환'이라고 표현되던 '불행한 환류 고리adverse feedback loop'는 재앙의 공식이다. 재앙의 다른 사례로는 전 세계적인 전염병과 지구 온난화와 같은 것이 있다. 피서는 대공황이 한창일 때 "공황은 선박이 정상적인 상황에서는 항상 안정된 균형을 잡고 있지만, 일정한 각도를 넘어 기울면 균형을 회복하는 성향을 잃고 그 대신에 균형에서 멀어지는 '전복'과 다소 유사하다"라고 서술했다.

따라서 공황의 주원인은 견고한 시스템에 가해진 최초의 충격이 아니라 시스템이 충격에 적응하는 과정이 취약하다는 데 있다. 이 때문에 그러한 취약점에 제도적으로 적절히 대응하는 것이 매우 중요하다.

통화 공급 대책

디플레이션 소용돌이에 제도적으로 대응하는 방법으로는 연방준비제도가 통화 공급을 늘려 달러화의 구매력이 과거보다 높아지지 않도록 막는 것이 대표적이다. 연방준비제도는 여러 가지 방식으로 통화를 창출한다. 가장 직관적인 방식은 아니어도 일반적인 통화 창출 방식은 연방기금federal funds 이자율을 조정하는 것으로서, 이에 관해서는 후술한다. 또 하나의 통화 창출 수단은 시중 은행에서 재무부 채권 등 국채를 매입하는 것이다. 시중 은행은 국채를 매각해 조달한 현금을 대출에 투입할 수 있으며, 대출금은 차입자의 은행계좌에 입금되어 지출에 가용한 재원을 늘리게 된다. 연방준비제도는 이번 위기 당시 디플레이션을 우려해 통화 공급을 늘렸지만, 그 효과는 제한적이었다. 시중 은행은 스스로 지급불능 직전이거나 이미 지급불능 상태였기 때문에 위험한 신규 대출을 꺼렸는데, 공황기에 대출은 대부분 위험한 법이다. 따라서 은행은 연방정부 발행 단기국채, 즉 미국의 완전한 국가 신용에 의해 담보되어 안전한 채권을 매입하는 데 더욱더 많은 자본을 투입했다.

시중 은행이 국채를 경쟁적으로 매수함에 따라 국채 금리는 사실상 제로까지 내려갔다. 이자가 붙지 않는 단기국채는 현금과 다름없다. 은행이 현금이나 현금성 자산을 빌려주기보다 보유하고 싶어 하면 연방준비제도가 현금성 채권을 매입하는 조치를 취했더라도 통화 공급을 늘릴 수 없다.

따라서 연방준비제도는 제로 금리 국채 대신 플러스 금리의 다른 채권을 매수했고, 시중 은행뿐 아니라 다른 금융기관으로부터도 채권을 사들였다(제5장 '연방준비제도의 통화정책'에서 설명한다). 연방준비제도가 이렇게까지 한 것은 채권 매각 금융기관이 그동안 채권에서 나온 이자 수입을 대체하기 위해 현금을 대출할 것이라는 바람이 있었기 때문이다.

그러나 이러한 프로그램도 별다른 성과를 거두지 못했다. 만일 개인이나 기업이 자신의 장래를 극도로 우려하고 있다면, 금리가 낮다고 해서 차입을 하지는 않을 것이다.

재정지출 대책

통화정책이 수요 X-Y와 공급 X 간의 차이를 메워서 수급의 균형을 잡는 데 실패했다면, 아마도 정부지출로도 그러한 역할을 수행할 수 있을 것이다. 정부는 Y의 가치만큼 재화와 용역을 구매함으로써 민간의 수요를 공공부문 수요로 대체하거나 Y만큼 감세를 하여(또는 실업수당을 늘림으로써 세후 소득을 제공하여) 대중의 지출 재원이 늘어나게 할 수 있으며, 구매와 감세를 병행할 수도 있다. 정부가 어느 경로를 선택하든 간에, 정부는 재정적자로 지출을 하는 것이다. 정부의 구매 프로그램 재원은 오로지 차입으로만 조달할 수 있으며, 감세 프로그램도 마찬가지다(물론 연방준비제도의 화폐 발행으로 재원을 조달할 수도 있다). 그러한 프로그램 재원은 세금 징수로는 조달할 수 없는데, 만일 세수로 조달한다면 한 손으로는 경제에 화폐를 투입하면서 다른 한 손으로는 화폐를 수거함으로써 총수요가 증가하지 않기 때문이다(정부는 공무원을 채용함으로써 실업을 확실히 줄일 수 있다. 그러한 정부의 채용 프로그램이 공황에 대응하는 수단이 되려면 그 재원을 세수로 조달하지 않아야 한다). 이 책의 집필 시점에 미국 의회는 인프라 개선 등 공공형 프로젝트에 대한 정부지출 외에 감세와 보조금을 포함하는 거대한 재정적자지출 프로그램을 입법 중에 있었다.[1]

---

[1] 2007년부터 2009년 사이에 미국 의회는 경기 회복을 위해 경제 전반에 걸친 부양책(2008년 「경기부양법」, 2009년 「미국 경제 회생 및 재투자법」)을 펴는 동시에, 산업정책과 관련한 입법[2008년 「자동차산업 금융 및 구조조정법」(상원에서 기각) 및 2009년 「미국 청정에너지와 에너지 안보법」]을 추진했다. 금융과 관련해서는 2008년 「주택시장 안정 및 경기회복법」, 2008년 「긴급경제안정법」, 2009년 「월스트리트 개혁 및 소비자 보호법」이 추진되었다. 그러나 2011년 5월 연방정부 부채가 14조 3,000억 달러 한도에 도달하자 행정부와 의회는 앞으로 10년간 부채 한도를 증액하는 대신 재정 적자를 축소하기로 했으나, 구체적인 금액에 대해서는 합의가 필요하다.

공황의 분류와 사례

앞 절에서 공황과 그 회복 수단을 분석했다. 그런데 공황 또는 불황에도 여러 가지 형태가 있다. 우리는 이것들을 구분해야 한다.

첫 번째는 가장 불쾌하나 심각성은 낮은 불황으로서, 일상적인 시장 활동의 외부에서 예기치 못한 충격이 시장 균형을 무너뜨린다. 1970년대 초와 말의 석유 가격 급등, 2001년 9월 11일의 테러 공격(그해 일찍부터 시작된 불황을 심화시켰다)이 좋은 예다.

두 번째 불황의 형태는 유발된 불황으로서, 1982년에 실업률이 일시적으로 10%를 넘어섰던 1980년대 초의 불황에서 예시된다. 당시 연방준비제도는 만성적으로 진행되던 고율의 인플레이션을 급격한 금리 인상으로 꺾음으로써 불황이 시작되었다.

두 가지 불황 모두 잘못한 당사자는 없었고, 두 번째 불황은 경제의 장기 건전성에 유익한 것이었다.

세 번째 불황 또는 공황의 형태는 투자의 거품이 터진 데 기인하는 것으로 가장 위험한 형태다. 이것은 내부로부터의 공황으로서, 1990년대 초의 세계적 불황 등도 여기에 해당하지만, 1930년대의 대공황과 2008년에 본격화된 이번 공황이 대표적 사례다.

거품이란 인구 증가나 제품의 품질 개선으로 수요가 증가하듯이 가치를 결정하는 어떠한 경제적인 기초 조건 변동만으로는 설명할 수 없는, 일정 자산의 가치 급등 현상이다. 그러나 거품은 기초 조건이 변화하고 있다는 잘못된 믿음에 근거해 형성되는 경우가 많다. 예컨대 기술 진보로 시장, 나아가 경제 전체가 새로운 성장 시대로 진입하고 있다는 믿음이 결국 잘못된 것이라고 판명되는 경우다. 아마도 이것이 거품의 주된 원인일 것이다.

1920년대에 조성된 주식시장 거품은 그럴듯한 낙관주의 분위기(1924~

1929년은 유례없는 경제성장의 시기였다) 속에서, 은행이 주식시장에 참여하려는 투자자에게 관대한 조건으로 기꺼이 돈을 빌려줬기 때문에 형성되었다. 개인투자자는 주식 매입 가격의 10%만을 투입하면 나머지 대금은 은행에서 대출받을 수 있었다. 주가는 10% 하락할 수 있으므로(실제로 하락했다) 이러한 대출은 위험한 것이었으며, 1929년의 주식시장 거품 붕괴가 은행 파산을 폭넓게 촉발한 이유를 설명해주었다. 저금리와 새로운 차익 기회로 과도한 차입과 투자 거품이 이루어졌으며, 자산 가격이 갑자기 폭락해 부도가 잇따르자 거품이 터지고 신용이 얼어붙었으며, 미국인들이 차입을 할 수 없어 소비가 급감하고 결국 디플레이션이 닥쳐왔다.

과도한 부채가 디플레이션으로 이어졌다는 것이 피셔의 대공황 이론의 핵심이며, 역사는 반복될 우려가 있다.

1930년대 공황이 그토록 심각했던 것은 연방준비제도가 디플레이션을 막기 위한 통화 공급을 확대하는 데 실패한 탓일 수 있다. 이는 금본위제를 고수한 정책과 관련된다. 당시의 금본위제하에서는 달러화 가치가 일정량의 금과 연동되어 있어 연방준비제도가 금 보유량을 늘리지 않고서는 통화 공급을 늘릴 수 없었다. 금을 확보하기 어려웠던 미국은 1933년에 금본위제도를 포기했고, 그러자 경제는 즉시 반등했다. 그러나 대공황은 미국이 제2차 세계대전에 참전하기 직전 본격적인 재무장에 돌입할 때까지 지속되었다. 이처럼 장기간 지속된 것은 루스벨트 행정부가 출범 초기에 재정 적자지출 정책과 금본위제 포기로 경기 하강세를 막는 데 분명히 성공했지만, 이후 재정 적자지출 정책을 너무 빨리 포기했기 때문이었다.

1990년대 말에는 닷컴, 전기통신 등 첨단기술 업종 주식에서 작은 거품이 발생했다. 그러나 당시 거품 붕괴는 2001년 9월 11일의 테러 공격으로 발생한 증시 폭락처럼 경기 전체에 가벼운 악영향만을 끼쳤다.

새로운 공황의 시작

　이번 경제위기도 대공황에서와 유사하게 투자 거품이 붕괴된 결과였다. 거품이 주택 가격에서 시작되었지만, 결국 금융산업을 뒤덮었다. 저금리 기조를 비롯해 주택 모기지, 자동차 할부 대출과 신용카드에 대한 공격적이고 창의적인 마케팅, 은행산업에 대한 규제 완화, 투기 문화의 고조 등으로 투기적 대출, 특히 주거용 부동산 매입과 관련해 투기적 대출이 조장되었다. 여기서 투기 문화의 고조란 위험risk 선호도가 높아진 현상으로서, 전통적 주식 프리미엄(주식 투자의 평균 수익률이 상대적으로 덜 위험한 채권 투자의 평균 수익률을 초과하는 차이)이 하락한 사실로 입증된다.

　1929년에 그러했듯이, 거품이 궁극적으로 터지자 은행 등 금융기관의 지불 능력이 위태로워졌다. 주택 모기지 부채 규모가 거대했고(2006년 말 11조 달러), 거품이 터지면 대량의 채무불이행 사태가 발생할 것이 예상되었다. 금융 시스템은 자본구조가 너무 취약해서 그러한 상황을 감당할 수 없었다. 그 결과 대출과 차입이 급감하고 사실상 신용거래가 중단되는 신용위기 — 신용경제를 심각하게 교란할 만큼 장기간 지속 — 가 발생해 경기 전반의 침체를 촉발했다. 이에 따른 주가 하락이 미국인으로 하여금 자신이 가난해졌다고 느끼게 해 침체를 더욱 악화시켰다. 사람들은 가난해졌다고 느끼면 실제 그렇게 되기 전부터 미리 대비해 소비를 줄이기 때문이다.

　경기 침체가 심화되면서 은행의 지불 능력이 이차 타격을 받았다. 즉, 주택 외의 다른 자산에 의해 담보된 은행 대출에 대해서도 채무불이행이 증가한 것이다. 그것은 재무적으로 곤경에 처한 차입자가 많았기 때문이었다. 채무불이행은 더 증가할 것으로 예상되었다. 금융산업은 양파처럼 부채의 한 겹을 벗기면 다음 부채 한 겹이 나타나서, 도대체 그 속에 단단한 부분이 있는지 의심스러웠다.

경기 침체의 절대적 심각성 및 악화 추세는 어떠했는가? 2009년 일사분기 현재, 2008년의 통계만 보면 실업률이 7.2%였고, 사사분기 GDP는 전년 동기 대비 3.8% 감소한 수준으로서 지나치게 나쁜 상황은 아닌 것으로 보였다. 그러나 이 경제지표가 전부는 아니었는바, 2007년 이래 주식 시가 총액이 무려 8조 달러 감소하고, 미국 은행의 추정 손실액이 2조 달러에 달했다. 2008년의 경제지표는 또한 해석을 오도하는 것이었다. 2008년 초에는 실업률이 5% 미만이었으며, 실업률이 7.2% 수준을 계속 유지한 점을 간과한 과학자가 많았다. 그리고 구직을 포기한 노동자와 풀타임 대신 비자발적으로 파트타임 일을 하는 노동자가 '공식' 실업 통계에 가산되면 미취업자underutilized workers 비율이 2007년 12월의 8.7%에서 1년 후 13.5%로 증가했음이 나타나며, 이는 재화와 용역을 구매할 가용 소득이 뚜렷이 감소했음을 의미한다. GDP의 감소율 3.8% 또한 해석을 호도하는 것으로서, 이 수치는 증가할 가능성이 컸고, 또한 재고로 쌓인 생산이 제외되었더라면 5.1%로 늘어나기 때문이었다. 재고 누적은 예측하지 못했던 수요 감소에 따른 의도하지 않은 결과였다. 재고 유지에는 상당한 비용 부담이 따르며, 누적된 재고는 대폭 할인된 가격에 처분될 가능성이 크고, 이때 가격이 떨어짐으로써 디플레이션 발생 위험이 커진다. 더구나 재고 판매는 신규 생산품의 판매를 대체하므로 재고가 처리될 때까지는 생산이 감소할 수밖에 없다.

저명한 거시경제학자인 로버트 루커스Robert Lucas[2]는 2008년의 GDP가 평균적 연간 수치보다 4.1% 낮은 수치였다고 추정했고(이 수치는 상승하는 GDP 장기추세선보다 4.1% 낮았다는 의미다), 각종 경기 예측을 종합해 판단하면 2009년의 GDP는 추세선보다 8.3% 낮을 것이라고 추정했다. 이러한

---

2 시카고 대학교 교수이며, 1995년 노벨 경제학상을 수상했다.

수치는 1933년의 수치(34%)와 비교하면 미미한 것이겠지만, 이후 미국 역사상 최대의 GDP 하락 폭이었다. 또 하나 불길한 신호는 경제 상황에 대한 추정치마다 나중에 하향 조정되었다는 사실이다. 이러한 하향 조정은 바로 비관론을 불러일으켰을 뿐만 아니라, 금융 전문가들이 상황을 제대로 파악하지 못하고 있다는 사실을 드러냄으로써 비관론을 더욱 부추겼다. 무슨 일이 벌어지고 있는지 모르는 금융 전문가들이 경제의 하향 소용돌이를 멈추기 위한 지침을 제시할 수는 없는 노릇이었다.

개인 소비지출과 소비자물가가 큰 폭으로 하락했는데, 이는 단순한 불황에서는 나타날 특성이 아니었으며, 경제 전망을 매우 암울하게 만드는 디플레이션 우려를 낳았다. 소비자물가지수(계절 조정)는 2008년 9월에 상승을 멈춘 다음, 10월에는 1.0% 하락하고 11월에는 1.7%, 12월에는 0.7% 하락했다. 또 하나의 디플레이션 징조는 다수의 고용주가 근로자를 해고하면서도 임금을 삭감하고 있었다는 점이다. 이러한 경제난 대응은 이례적인 것이지만, 물가 하락으로 화폐의 구매력이 증가하는 디플레이션하에서는 타당성이 있다. 명목 임금의 하락이 반드시 구매력(실질 임금)의 하락을 의미하지는 않았기 때문이다. 실제로 디플레이션하에서는 명목임금이 삭감되지 않는 한 근로자가 실질 기준으로는 높아진 임금을 받게 되며, 경기 침체기에 고용주가 근로자에게 임금을 더 많이 지급한다면 이상한 일이다.

중요한 것은 2008년 사사분기의 물가 하락 자체가 아니라 그 때문에 추가 하락에 대한 기대가 생길 것인지의 여부였다. 만일 그랬다면(이 경우에 관해서는 제5장에서 설명한다) 경제주체들은 현금을 대량으로 쌓아둘 것이며, 이에 따라 경제활동이 고갈될 것이었다. 2008년 사사분기의 월별 소비자물가지수 하락 폭을 평균하여 연율로 환산한 결과, 연간 12% 이상 하락한 것으로 나타났다. 소비자물가지수가 이처럼 계속 하락하면 재앙이 될 것이었고, 필자는 그러한 하락을 예측하지 않았다(필자는 어떤 예측도 제시하지 않는다).

그러나 당시 연방준비제도가 통화 공급을 늘리고자 수행했던 이례적인 노력[3]을 설명할 길은 디플레이션에 대한 우려가 있었다는 것밖에는 없다. 미국의 금융위기에 전 세계가 휘말렸다는 사실은 또 다른 위험 신호였는데, 그것은 경제를 교란하는 무역 위축을 예고했다.

또 한 가지 불길한 조짐은 경제를 뒤흔드는 충격이 다름 아닌 금융위기라는 사실이었다. 대공황 당시는 유사한 금융위기가 디플레이션의 단계로 진행했다. 금융위기가 이처럼 치명적인 상황이 되는 것은 연방준비제도가 경제를 불황에서 구제해내는 통상적인 수단이 통화 공급을 늘려 금리를 떨어뜨리는 것이기 때문이다(금리 하락으로 차입이 늘면 그 돈은 소비든 생산이든 경제적 산출에 지출된다). 그러나 연방준비제도의 통화 창출은 시중 은행을 통해야 하며, 만일 시중 은행이 지불 능력에 문제를 안고 있어서 대출을 꺼린다면 통화 공급을 늘리려는 연방준비제도의 노력은 방해를 받는다.

은행의 문제

은행의 문제가 경제적 난국에서 핵심적인 역할을 했던 상황을 이해하려면 우리는 '은행'의 현대적 의미와 함께 그러한 의미를 탄생시킨 금융산업의 규제 완화 움직임을 이해할 필요가 있다. '은행'이 속한 업종은 자금을 빌려서 대출(또는 투자도 수행한다. 단, 필자는 대출에 중점을 둔다)하는 기업,

---

[3] 2008년 12월의 1차 양적완화(QE1)에서는 모기지 증권과 모기지 대출을 매입하고 대출 프로그램을 도입했으며, 2009년에 「미국 경제 회생 및 재투자법」을 입법했다. 2010년 11월 2차 양적완화(QE2)에서는 국채를 매입했다. 2012년 6월에는 단기국채를 매도해 장기국채를 매수하는 오퍼레이션 트위스트(Operation Twist: OP)를 시행했고, 9월 3차 양적완화(QE3)에서는 모기지 증권을 매입했다.

즉 '금융중개기관'이다. 빌린 자금의 금융비용과 대출하여 받는 이자와의 차액이 금융중개기관의 비용을 충당하고 나서 이익을 창출해준다. 금융중개기관에는 여러 유형 ― 상업은행, 신탁회사, 주택대부은행 저축은행, thrift, 보관은행, 투자은행과 다른 증권회사, MMF, 다른 뮤추얼펀드, 헤지펀드, 사모펀드, 보험회사, 신용조합, 모기지 대출회사 등 ― 이 존재한다(필자의 부친도 1940년대와 1950년대에 상업용 부동산에 대해 2순위 모기지 대출을 하는 사업을 성공적으로 경영했다). 그러나 현재는 금융중개업 간의 영역을 구분하는 장벽이 매우 낮아졌다. 따라서 이 책의 집필 목적상 모든 유형의 금융중개기관을 '은행'으로 간주하더라도 무방하게 되었다. 이는 이제 일반화된 현상이다.

상업은행과 헤지펀드 사이에도 큰 차이가 남아 있지 않다. 아무런 차이가 없다는 의미는 아니다. 상업은행이 헤지펀드보다 더 위험도 높은 자본구조를 지닌 역설적인 경향이 있는데, 그것은 부분적으로 상업은행이 적은 자기자본을 가지고 장기대출을 하기 때문이기도 하고, 상업은행 자본의 일부(당좌예금계좌에 예치된 요구불예금)가 연방예금보험의 예금자 보호 대상이기 때문이었다. 상업은행과 다른 금융중개기관의 차이점 가운데 여전히 중요한 것이 몇 가지 있다. 가장 중요한 차이점은 미국 경제 내에서 통화의 공급을 확대하고 수축하는 상업은행의 기능에 있는데, 이 기능은 이 책에서 수시로 언급될 것이다.

우리는 주택 가격의 거품 붕괴가 왜 은행을 쓰러지게 하는지 생각해볼 필요가 있는데, 그것에 답하기란 쉽지 않다. 주택에 대한 장기 모기지 대출은 전통적으로 리스크가 낮은 비즈니스였다. 주택 소유주가 채무 상환을 불이행한다면 대출기관은 (실제적으로) 주택을 압류해 매각한다. 만일 주택 가격이 떨어졌다면 주택 가치는 미상환 모기지 원금에 미치지 못하겠지만, 그러한 리스크를 최소화하기 위해 모기지 권리자(대출기관을 의미, 차입자는 모기지 설정자)는 주택 가격보다 적은 금액을 대출했다. 모기지 권리자는 통상 모기지 설정자에게 주택 구입 시 20%의 계약금을 요구하므로, 주택 가치가 20% 이상 하락하지 않는 한 안전하기 마련이다.

설사 주택 가치가 20% 이상 하락하더라도 모기지 대출이 꽤 안전한 것은 은행이 소득이 부족하거나 부채가 많아 상환불이행 위험이 크다고 판단되는 사람에게는 모기지 대출을 거부했기 때문이다. 대출 규율을 강화한 각 주의 '고리대 제한법 usury law'은 규제 완화가 추진되면서 이제는 연방법으로 거의 대체되었다. 개인에게 부과될 이자율을 제한하는 '고리대 제한법'은 대출기관이 차입자의 높은 채무불이행 리스크를 보상할 만큼 높은 이자율을 매기는 행위를 금지하기 때문에 위험한 대출을 억제하는 효과가 있다.

우리는 왜 대출기관이 리스크가 높은 대출을 하려고 하는지를 검토해야 한다. 근본적인 이유는 리스크가 클수록 이자율이 높다는 것인데, 대출기관이 충분한 담보나 보증을 확보하지 못해 대손을 입을 가능성은 고금리로 보전된다. 만일 대출기관이 어떻게 해서든 리스크를 축소 또는 상쇄할 수 있거나 운이 좋다면, 또는 계획 기간이 지나서 리스크가 실현되기 때문에 염려할 필요가 전혀 없다면, 위험한 대출이 안전한 대출보다 수익성이 더 좋을 것이다. 그러나 규제 완화 이전의 시대에는 은행이 리스크가 큰 대출을 하거나 그러한 대출로 은행의 파산 위험이 미미한 수준을 넘어선다면 감독 당국과의 사이에 심각한 문제가 발생했다.

이에 따라, 안전한 대출은 은행이 하고, 위험한 대출은 다른 금융중개기관이 했다. 은행을 안전하게 만든 또 다른 요인은 은행의 전통적인 자금원인 요구불예금에 이자 지급이 금지되어 있었다는 점이다. 또 하나의 요인은 그들이 수신 예금의 일부를 연방준비제도에 현금이나 계좌 형태로 예치해야 한다는 요건이었다. 이러한 자산은 은행의 '지불준비금'을 구성했고, 이자가 발생하지 않았다. 지불준비금은 무위험자산으로서 은행의 자산 포트폴리오의 리스크를 전반적으로 낮추어주었다.

그러나 이후, 기업 예금자들이 스위프sweep 계좌를 사용하기 시작했는데, 이는 예금자들이 은행계좌 잔고를 투자펀드로 이전했다가, 지급할 일이 생길 시점에 복귀시킴을 의미했다. 그리고 MMF가 출현해 개인 고객에게 은행계좌처럼 수표를 발행할 수 있는 계좌(예금보험 대상은 아님)를 제공했는데, 은행계좌와는 달리 이자를 지급했다.[4]

은행은 자금 조달 원천인 수신 예금이 감소하자 이에 대응하여 다른 데서 차입하여 보충했다. 은행은 그 차입금에 이자를 지불해야 하므로 수신 예금 금리보다 높은 금리로 자금을 대출해야 하는 입장에 섰다. 이에 따라 은행은 더욱 리스크가 큰 대출에 나섰다. 금융 규제 완화에 따라 비은행 금융중개기관에 이자를 지급해주는 수표발행 MMF계좌 등 실질적으로 은행과 구별되지 않은 금융상품 판매가 허용되었고, 그 대신 은행에게 비은행 금융중개기관(사실상 은행 아닌 은행으로서, 규제 대상이 아니거나 가볍게 규제를 받는다)과 경쟁하는 데 걸림돌이 되는 제약을 풀어주는 보완적인 규제 완화가 거침없이 진행되었다.

은행의 리스크 있는 대출 취급에 대한 규제상 및 관행적인 제한이 철폐되었으므로, 은행은 채무불이행 리스크가 높은 사람들에 대한 모기지 대출인 '서브프라임' 모기지 대출에 적극적으로 나서게 되었다(이 대출의 일부는 대출 승인 과정에서 차입자에 대한 신용 심사가 없어, '소득과 직업, 자산이 없다

---

4 1977년 메릴린치가 출시한 CMA(Cash Management Account)는 증권계좌와 MMDA, MMF에 재투자하는 자동 투자계좌에 신용카드와 수표발행 및 주식담보대출까지 결합한 것이었다. 메릴린치는 1975년 스탠퍼드연구소에 신상품 개발 용역을 발주해 기존 유가증권 담보대출 기능과 신용카드, 수표결제 기능을 갖춘 MMF이자 종합자산관리 시스템인 CMA를 개발했고, 이를 뱅크원(Banc One)과 제휴해 판매했다. 주식계좌에 2만 달러 이상의 잔고는 월요일마다 주 단위로 MMF 또는 보통예금에 투자되었고, 주 중에도 1,000달러 단위로 추가 투자되었다. MMF는 순이익을 매일 배당으로 지급했다.

non income, no job, no assets'는 의미에서 'NINJA 대출'이라고 불렀다). 이러한 채무자들은 대체로 주택 구입 시에 상당한 선납금$^{down\ payment}$을 지불할 능력이 없었으므로, 대출기관이 주택 구매가격의 100%를 기꺼이 대출했다고 상정할 수 있다. 이러한 차입자들 중에는 월별 분할 상환액조차 불입하기 어려운 경우가 다수였으므로, 대출금리는 시장금리이더라도 불입 시기를 조정해주었다. 즉, 대출기관이 최초에는 낮은 금리를 매기다가 나중에 금리를 현실화해 인상하는 약정이 나오게 되었다. 월별 불입액이 시장금리보다 낮게, 심지어 대출 후 최초 2년 동안은 제로 금리로 약정된 경우도 있었는데, 그 배경은 차입자가 지불 능력이 모자랐기 때문이었다. 따라서 전통적인 우량 모기지에서 차입자가 매월 원리금을 상환함에 따라 모기지 원금이 감소하는 것과 달리, 서브프라임 모기지에서는 미불 이자가 원금에 가산되어 모기지 원금이 증가하는 반대 상황이 되었다.

　리스크가 높은 모기지 대출에서, 대출기관(더 정확히는 유동화 거래의 결과로 채무자의 채무불이행 리스크를 궁극적으로 안게 되는 금융회사)은 담보부 대출자라기보다는 부동산에 공동 투자한 파트너 같은 위치에 서게 되었다. 장기 모기지의 상환 잔액이 많을 때는 주택 가치가 약간만 하락하더라도 주택 소유자가 집값보다 더 많은 부채를 안게 되기 때문이었다(그리고 전형적인 모기지 대출이라도 초기에는 원금 상환액이 미미하다. 월별 균등 분할 원리금 상환액이 고정되어 있어 초기에는 이자 상환 비중이 높고, 원금 상환은 모기지의 후기에 집중되기 때문이다). 따라서 주택 소유자가 집을 포기하고 대출기관에 넘겨버릴 수 있다. 만일 그가 투기 목적으로 주택을 구매했었다면 단순히 집값이 상승하지 않았다는 이유만으로 주택을 포기할 것이었다. 그가 주택 가격이 상승하면 주택에 대한 자신의 지분(자본)이 증가하므로 더 낮은 이자율에 모기지를 재조달(차환)할 것이라고 기대했었다면, 그 기대가 실현되지 않은 경우 즉각 집을 포기할 것이었다.

리스크가 큰 모기지 대출은 대출기관의 입장에서 극단적으로 위험했는데, 한 건만 상환불이행이 발생하더라도 우량 모기지 대출 다수 건으로부터 나오는 이익이 상쇄되기 때문이었다. 상환불이행이 발생할 경우 경매 및 중개 수수료 등의 비용을 제하고 나면 대출기관의 회수율은 대출액의 60%에 불과하다. 40%의 대손은 동일한 규모의 다른 모기지 대출 7~8건에서 나오는 연간 이자 수입을 초과했다.

따라서 서브프라임 대출기관을 비롯해 서브프라임 모기지 대출에 뛰어든 모두가 살얼음판 위를 걷고 있는 상황이었다. 그들은 모기지 상환이 완료되기 한참 전에 터질 주택 거품에다가 대출하고 있었기 때문에, 얼음이 깨지자 거대한 물량의 고위험 모기지를 안고 있던 다수의 대출기관이 파산했다. 2006년 미국의 모기지 대출 3조 달러 중 무려 40%가 서브프라임 또는 고위험 대출이었다. 예를 들면, 차입자가 계약금 납부 능력은 있지만 다른 심각한 위험 요소가 있는 Alt-A^{Alternative-A}[5] 모기지가 위험 대출이었다.

고위험 대출을 정부가 통제해야 하는 이유

금융 이론가인 라구람 라잔^{Raghuram Rajan}[6]이 2005년 기고문에서 제시한

---

5   Alt-A 대출은 패니메이와 프레디맥 기준상 소득 증빙은 있으나 우량 대출보다 DTI(소득 대비 부채 상환) 비율이 높아졌거나, 연체 기록이 있거나, LTV(주택 시가 대비 대출액)가 높은 차주에 대한 대출이다. 복수 직업을 가진 차주는 납세 증빙을 제시하면 소득 심사 서류가 간소화되었다.
6   신자유주의 경제학의 아성인 미국 시카고 대학교 경영대학원의 금융경제 교수다. 2003년부터 2006년 사이에 국제통화기금(IMF)의 수석 이코노미스트로 일했으며, 2003년에는 미국금융협회가 40세 이하 금융경제학자 중 최고 석학에게 수여하는 피셔 블랙상의 첫 수상자로 선정되었다. 최근 저서로 *Fault Lines: How Hidden Fractures Still Threaten the World Economy*(Princeton University Press, 2010)가 있으며, 이 책은 『폴트라인:

선견지명에 따르면, 고위험 대출 등 고위험 투자는 투자전략의 성공과 실패에 대한 대다수 투자자의 반응이 비대칭적이기 때문에 매력이 커진다. 투자펀드가 좋은 성과를 내는 전략을 개발하면 신규 투자를 유발하고, 해당 펀드는 성장한다. 만일 펀드(예컨대 은행이 관리하는 신탁펀드)의 성과가 나쁘면 투자자가 떠나겠지만, 그 속도는 성공한 펀드에 신규 투자자가 몰려드는 속도보다는 일반적으로 느리다. 투자자는 실적이 저조한 펀드라도 일정 기간 머무는 성향을 보이는데, 이는 부주의하기 때문이거나 아니면 성과가 개선되기를 기다려보는 것이다. 애초에 펀드로 투자자를 끌어들였던 그 무언가 유인이 남아 있기 때문에, 그처럼 성과를 회복할 것이라는 기대감이 생길 것이다.

그리고 금융자산 운용에서 규모의 경제 효과로 투자펀드의 이익률 마진은 펀드가 클수록 증가한다. 상승하는 시장에서 펀드는 레버리지^{leverage}를 높이면 고수익을 내는 동시에 평균 비용을 절감하기 때문에 신규 투자자를 유치하는 쾌속 성장을 할 수 있다. '레버리지'란 회사의 자본구조에서 자기자본에 대한 부채(자기자산에 대한 차입 자산)의 비율이다. 부채란 차주의 경영 성과와 무관하게 채권자에게 상환해야 하는 확정 금액이기 때문에, 자기자본 대비 부채 비율이 높을수록 상승하는 시장에서는 금융회사가 더 많은 돈을 벌 수 있다. 수입이 증가하는 만큼 비용이 증가하지 않는 것이다.

라잔 교수는 은행이나 다른 금융회사가 어느 정도의 리스크를 취할지 판단할 때, 재앙이 발생할 낮은 확률에 대해서는 걱정할 필요가 거의 없다고 지적했다. 낮은 확률이란 그 정의상 잘 발생하지 않으며, 발생한다 하더라도 가까운 장래에는 아닐 것이다. 실제 재앙이 발생할 때까지는 회사가 그 투자전략의 위험성 덕분에 고수익을 내고 있지만, 대다수 투자자의 눈

보이지 않는 균열이 어떻게 세계 경제를 위협하는가』, 송희령·김민주 옮김(에코리브르, 2011)으로 국내에 소개되었다.

으로는 위험성을 식별하지 못할 것이고, 따라서 회사는 낮은 리스크를 안고 고수익을 창출하는 우수한 모습으로 나타나게 될 것이다. 어떤 투자 건이 겉보기에 리스크 대비 수익률이 높을수록 리스크 회피형 투자자에게 더 매력적일 것이고, 따라서 펀드매니저의 성과는 더 우수하게 보인다.

이것이 민간 부문에서 고위험 대출 영업을 자제함으로써 공황을 예방할 수 있는 조치를 채택할 것을 기대할 수 없는 이유이자, 공황을 예방하는 역할을 정부가 맡아야 하는 이유의 하나다.

금융업계는 공황의 가능성에 대해서 정부보다 더 많은 정보를 가지고 있지만, 그러한 정보를 분석할 유인은 거의 없다. 공황이란 너무 멀리 있는 사건이라서, 현재의 기업 행동에 영향을 줄 수 없다. 발생한다면 기업에 치명적이지만, 발생 가능성이 적고, 발생하더라도 먼 장래에 발생할 사건이라면 금융기업의 현재 행동에 영향을 줄 수 없는데, 이는 그러한 사건의 영향을 현재 가치로 할인해야 하고, 파산한 회사의 채권자가 사주 또는 경영진의 개인 재산에 대해 소구권을 갖지 못하게 한 유한책임의 원칙이 있기 때문이다. 특히 기업의 경영진이나 주주 입장에서도 주식 등 자산 포트폴리오를 다변화하여 보유하고 있다면, 한 은행이 파산해도 세상의 종말이 오지는 않는다. 하지만 은행 파산이 잇달아 발생한다면 국가 전체의 재앙이 될 수 있다.

은행(또는 다른 금융기관) 자본구조의 레버리지가 높을수록 지급불능이 벌어질 위험도 높아진다. 은행의 지급불능 사태가 주식시장의 폭락을 초래하더라도 공황으로 이어질지 여부는 지급불능의 광범위성, 주식시장 하락 폭과 국민의 저축 수준 등의 요인에 좌우되는데, 저축 수준은 공황이 도래할 때까지는 간과되지만, 극히 중요한 요인이다.

금융과 소비의 관계: 사전적 규제의 타당성

공황을 분석하는 데에는 소비와 저축 간의 균형이 핵심적이다. 저축률이 높을수록 은행의 지급불능에 따른 차입불능 및 주가 하락으로 인한 재산 손실이 재화와 용역에 대한 수요의 급격한 감퇴로 이어질 가능성이 줄어든다. 사람들은 자신의 저축금을 꺼내서 자신들의 습관적 소비를 유지할 것이다.

필자가 논의해왔던 공황을 불러일으키는 요소 간 상호작용을 이해하려면 독자는 이제 차입과 대출의 근본원리, 특히 차입과 대출이 소비와 저축에 주는 영향을 검토할 필요가 있다. 재화(주택, 차량 등)를 구입하려고 차입을 하는 사람은 장래의 소비를 희생해 현재 소비를 늘리는 것인데, 이는 그가 결국 대출을 상환해야 하기 때문이다. 생산(예컨대 주택 건설)을 위해 차입을 하는 기업은 현재의 생산을 늘리고 있다. 기업이 단기차입을 하는 목적은 주로 생산(비용)이 매출(수입)보다 먼저 발생하므로 지출과 수입 간의 시차를 차입금으로 메우기 위한 것이다. 어느 경우에나 차입을 통해서 현재의 경제활동이 증가한다. 금리가 낮을수록 차입 활동이 증가하고, 따라서 더 많은 구매와 매출이 발생한다. 저금리 상황이라면 개인과 기업은 차입하려고 하지 대출(즉, 저축)하기를 원하지 않는다. 2000년대 초 매우 낮은 금리가 경제를 취약하게 만든 대출 붐에 중요한 요인으로 작용했다. 1920년대에도 대출 붐이 대공황을 촉진한 요인이었다는 것이 통설이다.

어떤 소비자가 자신의 돈을 MMF에 예치함으로써 누군가에게 대출을 하면, 그는 현재의 소비를 줄여서 장래의 소비를 늘리는 것이다. 즉, 그는 장래를 위해 저축한 것이다. 한 개인의 저축은 지금 소비를 늘리려 하는 다른 소비자에게 대출하기 위한 원천이 된다. 대출과 차입이라는 신용거래가 현재의 경제활동을 증가시키기 때문에, 대출과 차입이 갑자기 위축되면 소비와 생산 양면에서 경제활동이 감소하며, 유휴 인력과 자본이 크게 늘어나는 악순환을 야기할 수 있다.

이 점이 금융산업에 대한 사전적 규제가 타당한 주된 이유다(또 하나의 타당성은 정부가 요구불예금을 예금보험으로 보호함으로써 은행이 대출 시 과다한 리스크를 안지 않도록 감독해야 한다는 데 있다). 필자가 제시한 '사전적 규제'라는 용어는 나쁜 일이 발생하기 이전의 행동을 규제함을 의미한다. 도로에서 속도를 제한하는 것은 일종의 사전적 규제이고, 자동차 사고 가해자에게 부상자에 대한 책임을 묻는 것은 일종의 사후적 규제다. 사후적 규제가 비용 부담이 적은 것은 불상사가 발생하는 비교적 드문 경우에만 발동하기 때문이다. 그러나 사후 규제에는 채무가 발생할 수 있다는 우려 때문에 사람들이 행동을 조심할 것이라는 억제의 원리가 작동하는데, 이러한 억제력이 역할을 충분히 하지 못하는 경우가 많다. 따라서 단일 사건의 발생 결과가 재앙적일 때에는 규제의 중점이 사건 발생 억제에서 예방으로 옮겨진다. 이것이 금융산업에서 사고 예방의 경우다. 우리가 경험했듯이 그러한 사고는 경제적 재앙을 야기할 수 있다. 이번 상황에서는 사전적 규제에 실패했다.

저축의 안전판 역할 부족

개인 저축은 필자가 제시했던 악순환에 대한 제동장치 역할을 할 것으로 기대되며, 이 경우에는 금융 규제의 필요성이 완화된다. 만일 신용시장이 경색되어 대중들이 차입을 지속함으로써 지금의 소비 수준을 유지할 수 없다면, 그들은 저축의 일부를 소비에 재할당해 장래의 소비를 앞당길 수 있다.

그러나 지금의 공황으로 이어지기 전 수년 동안, 미국인의 개인 저축률은 곤두박질했다. 1980년에 10% 선이던 저축률이 2005년에는 마이너스 영역으로 들어갔다(미국인들이 소득보다 더 많이 지출하여 돈을 빌렸다는 의미다). 이후 저축률은 제로 근처에 머물다가 금융위기 이후에 다시 상승하여 2008년 12월의 개인 저축률은 3.6%가 되었다. 저축의 감소는 자연스러운 것이었으며, 이는 전술했듯이 금리가 낮을수록 저축하기보다 차입하는 것이 유리하기 때문이었다.

개인 저축률 감소의 경제적 중요성이 저축의 시장가치가 증가함에 따라 가려졌다. 개인 저축은 주택 속에 들어 있을 뿐만 아니라 주식투자 계좌, 자사주 및 퇴직금 계좌, 의료비 저축 계획, 학자금 저축 계획 등에 포함된 보통주 형태로 집중되었는데, 주택과 주식 가격, 특히 주택 가격의 상승 폭이 컸기 때문에 저축의 시장가치가 증대한 것이었다.

그러나 개인 저축의 시장가치와 그 저축을 구성하는 자산 포트폴리오의 구성을 구별하는 것이 중요하다. 만일 개인 저축의 포트폴리오가 위험자산으로 구성되어 있다면, 위험자산 포트폴리오를 보유하는 은행의 시장가치가 취약하듯이, 개인 저축액도 포트폴리오의 시장가치와 함께 불시에 하락할 수 있는 것이다. 시장가치가 대폭 하락하지 않더라도, 불경기에 따라 추가 하락할 것이라는 기대는 사람들로 하여금 위험자산을 매도해(따라서 이 자산의 시장가치는 더욱 하락한다) 매도 대금을 안전자산에 투자하거나 소득의 일부를 소비로 돌리게 만들 것이다.

많은 사람은 위험자산이든 안전자산이든 저축이라 할 만한 것을 많이 가지고 있지 않다. 그들은 소비를 지탱하는 데 금융에 크게 의존하며, 따라서 신용이 경색되면 그들은 개인 소비지출을 급격히 줄여야 한다.

어떤 개인의 재산이 증가하면 그는 증가분을 더 소비하거나 더 투자하는 데 쓸 수 있다. 아마도 그는 증가분의 최소한 일부는 투자할 것이다. 개인의 주택 또는 주식 포트폴리오가 증가하면 그는 더 많은 주식과 주택(아마도 더 큰 주택 또는 세컨드 홈, 또는 기존 주택 개량)을 구매할 것이다. 이 자산은 그가 익숙한 것들이고 보유한 성과가 좋으므로 좋은 투자인 것으로 보일 것이다. 추가 투자로 주식과 주택 가격이 오르고, 따라서 이러한 자산을 보유한 사람들의 재산평가액은 다시 증가한다. 그러나 위험 대비 기준으로 보면, 개인 저축은 저축률과 함께 증가하지 않고 감소할 것이다. 더 정확히는 '예비적인(궂은날에 대비한) 저축'이 감소할 것이다.

이에 따라 2000년대 초에는 개인 재산평가액이 증가했는데도 개인소득 중에서 부채 상환(이자) 비율이 급등했다. 그런데 상환 이자 증가는 부분적으로 연방세법상 모기지 이자의 소득공제로 상쇄되었으며(제7장에서 설명한다), 이는 저축 대부분이 주택 보유 형태였으므로 가능했다. 미국인의 저축이 한꺼번에 그들의 소비지출 대비 감소했을 뿐만 아니라 위험도 커졌는데, 이 모두가 경제에 충격이 오면 소비지출이 얼어붙을 원인이 되었다.

저금리와 대출 붐에 기인하여 급등했던 주가 및 특히 주택 가격이 결국 폭락하자(기초적인 경제 변화에 따른 것이 아니라 기대에 의해 상승한 것이었고, 그 기대가 틀린 것임이 판명되자 불가피하게 폭락했다), 이러한 위험자산에 집중된 개인 저축의 시장가치도 함께 폭락했다. 미국인의 저축이 불충분했음이 노출되었다. 일반적으로 저축이 불충분한 사람은 실직하거나 감당하지 못하게 된 주택이 팔리지 않을 경우 저축을 소비로 돌릴 수도 없거니와 그럴 엄두도 내지 못한다. 대신에 소비가 급감한다. 어떤 사람은 원래 소비에 지출했을 돈을 저축으로 돌려서 — 전술했듯이 정말로 개인 저축률이 위기 발생 후 급증했다 — 경제적으로 불확실한 장래에 대비한다. 또 어떤 사람은 이미 소득이 줄어든 상태에서 저축을 몽땅 소비로 돌린다 하더라도 과거의 생활수준을 유지할 수 없을 만큼 저축이 충분하지 않기 때문에 소비를 줄인다.

소비자 행태와 은행의 행태에는 유사성이 있으며, 개인의 안전한 저축은 은행의 지불준비금(현금 또는 현금에 상당하는 연방준비은행 예치금) 및 기타 안전자산에 해당한다. 저축 또는 안전자산이 위험한 수준까지 감소하면 소비자는 소비를 줄이고, 은행은 대출을 줄인다.

소비 하락에 따른 생산 감소는 해고 사태를 촉발하고 미국 자동차업계의 위기로 상징되는 악순환을 만들어냈다. 자동차업계는 가뜩이나 수요자의 대형차 수요가 적어서 위태로운 상황에 이미 놓여 있었는데, 소비자가 신차 구입을 연기하면서 실질적으로 거의 붕괴했다. 자동차산업에도 값싼 신용의 붐과 위험한 대출로 일종의 거품이 형성되었었는데, 물론 자동차의 공급이 주택보다 탄력적이므로 거품은 차량 가격의 상승이 아니라 생산량의 증가 형태로 나타났다. 미국인이 두 번째 내지 세 번째 차량을 구입하고 더 빈번하게 차를 교체했던 것이다. 미국의 자동차 판매량은 2000년대 초에 급등해 2005년에 1,700만 대가 판매되었는데, 이 상황은 기본적 요인으로는 설명되지 못했다. 그러다가 2008년에는 1,300만 대 정도로 감소했고, 2009년에는 더 감소할 것으로 예상되었다.[7]

경제의 산출량이 줄고 이에 따라 기업 이윤도 줄어들면서 경기 후퇴의 끝이 보이지 않았으며 위험자산 보유에 대한 기피 현상이 심화되었다. 이러한 상황에서 주식시장이 폭락한 것은 당연했다. 증시가 폭락한 또 하나의 원인은 소득이 감소한 개인과 기업의 현금 수요였다. 시장이 침체하여 가난해지고 불확실성이 증가한 미국인은 지출을 줄였다. 그들이 소득 절대 금액이 감소했는데도 전액을 소비에 지출하지 않고 버틸 수 있다면 소비 절감을 통해 그들의 저축이 증가할 것이며, 저축된 소득은 재화와 용역의 수요에 기여하지 않는다.

---

7 2009년에는 1,000만 대가 판매되고 1,400만 대가 폐차되어 제2차 세계대전 이후 최초로 폐차 수가 신차 판매 수를 초과했다.

더욱이 금융위기의 시점도 최악이었다. 금융위기가 대통령 선거 유세 기간에 발생해 대통령 인수인계 기간에 심화되었다. 레임덕에 빠진 부시 대통령은 경제 현안에 관심이 없었고, 상황을 파악하지 못한 것으로 보였다. 부시 대통령은 리더십의 이미지를 보여주지 못했고, 대신에 마지막 몇 개월을 빈번하게 외유하고 업적을 부각하는 데 썼으며, 그러는 사이에 국내 경제는 사그라졌다. 경제 관료와 재계 지도자도 금융위기에 대해 더디게 이해하고 서투르게 대응함으로써, 미국의 경제 운용 능력에 대한 신뢰도가 잠식되었다. 그리고 식품, 약품, 전기, 가스, 수도를 제외한 재화와 용역의 연간 소매 매출의 30% 내지 50%를 통상적으로 점유하던 성탄절 쇼핑 시즌 중에 위기가 심화되었다. 미국인은 안전한 저축을 줄이고(저축이 주택과 주식 같은 위험자산 매입에 사용되었으므로) 큰 빚을 내서 흥청망청 구매한 결과, 내구성 소비재를 넘쳐나게 보유하고 있었다. 따라서 주택 거품과 신용 거품이 터지자 이들은 구매를 연기하는 데 부담이 없었다. 게다가 내구성 소비재는 과거보다 품질이 개선되었으며, 따라서 자동차와 같은 품목의 교체는 별 어려움 없이 과거보다 더 오래 연기할 수가 있었다.

더구나 많은 미국인이 쇼핑을 오락처럼 즐기는데, 오락의 취향은 신속히 변화할 수가 있다. 2008년의 경제 상황에서 이례적인 측면의 하나는 사치품의 구매 유행이 퇴조했다는 사실이다. 공황이 왔더라도 그것과 무관하게 사치품 구매 여력이 있는 계층의 다수 미국인이 사치품 구매를 삼갔다.

금리와 외국자본

하지만 잠깐, 이해가 안 가는 사실이 있다. 저축이 대출의 원천이라면 개인 저축률이 감소하면서 어떻게 개인 소비를 위한 과도한 차입이 동시에 발생할 수 있었을까? 과도한 차입이 발생했다면 금리가 상승하고, 이는 다시 신용에 대한 수요를 감소시켜야 하지 않았는가?

하지만 연방준비제도는 2000년 3월 닷컴주식의 거품 붕괴로 촉발된 불황에 대응해 수요 진작을 위한 통화 공급 정책을 구사하여 금리를 낮춰왔었다. 연방준비제도는 5년간 저금리를 유지했다. 그리고 연방준비제도가 2006년에 금리를 인상한 후에도 세계적인 자본 잉여로 금리가 낮게 유지되었다. 미국인의 개인 저축이 대출의 재원으로 공급되는 역할이 축소되면서, 그 부족액을 메운 원천은 외국자본이었다. 여기에는 수입보다 더 많이 수출하여 쌓인 대규모 무역 흑자 달러를 적극적으로 투자하던 중국과 중동 산유국의 국부 펀드도 포함되었다.

미국의 무역 적자

미국의 이번 위기의 배경이 된 중국의 역할에 대해 많은 비판이 일어났다. 중국에 대한 미국 측 비판의 내용은 달러화 대비 위안화 가치를 절하함으로써 중국이 자국 제품을 미국 기업과 소비자에게 매우 저렴하게 만들고, 미국 제품은 중국 기업 및 소비자에게 매우 값비싸게 만들었다는 것이다. 그런데 문제는 그리 단순하지 않다. 중국인의 소득은 매우 낮으며, 중국인의 미국 제품에 대한 구매력은 약하다. 그리고 미국에 수입보다 수출을 훨씬 더 많이 하면서 그 무역 흑자를 미국에 재투자하는 주요 국가는 중국만이 아니다. 일본과 독일도 그러하다. 독일의 지방은행 Landes Bank들은 미국 은행들이 창출한 모기지 증권의 대형 구매자였다.

더구나 중국과 같이 국내 수요가 약한 경우에는 수출을 독려하는 것이 생산 자원의 완전고용을 달성하는 수단이 된다.

2008년 미국이 이러한 상황에 처했다. 미국의 국내 수요는 약하다. 미국이 이러한 취약점을 수출 확대로 상쇄할 수 있으면 좋겠다. 미국이 그렇게 할 수 없는 것은 미국이 처한 세계적 공황이 이미 미국의 수출품에 대한 외국의 수요를 감소시켰기 때문인데, 이는 대공황과 소름 끼치도록 닮았다.

　2000년대 초 내내 미국에는 외국자본이 넘쳐났다. 미국의 만성적인 무역 적자는 부풀어 올랐다. 미국은 빚으로 살고 있었다. 이러한 상황은 국가에나 개인에게나 위험하다. 그러나 이것은 대출자인 은행에는 유쾌한 상황이다. 독자들은 저금리 상황이 대출자들이 유리하지만, 대출자 상호 간 경쟁으로 마진이 줄어드는 불리함도 있을 것이라고 생각할 수 있다. 그러나 절대금리가 낮을수록 차입 수요가 많으므로, 은행업계는 6%에 차입해 10%에 대출하기보다 2%에 차입해 6%에 대출하여 더 많은 수익을 올릴 수 있다.

　그러나 외국자본이 넘쳐났기 때문에 연방준비제도가 금리에 대한 통제력을 상실했다거나, 미국에서 얻은 무역 흑자를 미국에 투자하던 국가들이 미국의 저금리를 탓할 것이라고 생각한다면 잘못일 것이다. 2000년에 인플레이션을 우려했었다면 연방준비제도는 미국 은행에 대한 통제력을 행사하여 금리를 올렸을 것이다. 연방준비제도는 2006년 외국자본의 유입이 지속되고 있었는데도 금리를 인상할 수 있었다.

제2장

은행의 위기

미국의 헨리 폴슨Henry Paulson[1] 재무장관은 2008년 9월 당시 은행들이 처한 문제는 지급불능이 아니라 자산을 현금화할 수 없어서 생긴 유동성 부족 문제라고 생각하여 7,000억 달러의 금융기관 구제금융을 최초로 제안했다. 이것은 실수였으며, 실수는 금융위기의 핵심으로 진행되었다. 이 실수에 관해 고찰하기 위해서, 여기서는 앞서 제1장에서 전술했던 은행업의 속성에 대해 부연한다. 은행업은 일반적인 비즈니스와 다르며, 미국의 경제문제를 이해하려면 은행업에 관한 적절한 이해가 필수적이다.

---

[1] 폴슨은 1946년에 태어나 다트머스 대학교와 하버드 대학교 경영대학원을 마치고 1970년 미 국방부 및 정부에서 일했으며, 1974년에는 골드만삭스 시카고 지사의 투자은행 부문에 입사했다. 1982년 파트너가 되었고, 1994~1998년 CEO를 역임했다. 2006년 5월 부시 행정부의 재무장관으로 임명되어 2009년 1월까지 금융위기를 처리했다. 그는 회고록인 *On the Brink: Inside the Race to Stop the Collapse of the Global Financial System* (Grand Central, 2010)에서 리먼브러더스가 파산한 경과를 소개했다.

은행 규제

　금융중개기관(필자는 넓은 의미에서 '은행'이라고 부른다)은 대출금을 주로 차입한 자금으로 조성하므로, 거대 대출자인 동시에 거대 차입자다(은행의 요구불예금이란 예금자가 은행에 대여한 돈으로, 예금자는 즉시 상환을 요구할 수 있다). 은행이 차입금으로 자금을 조달했기 때문에, 대출 자산 규모는 은행의 자기자본, 즉 차입으로 조성되지 않은 자산을 대폭 초과한다. 은행의 자기자본은 파산을 막기 위한 쿠션 cushion: 대비책 이다. 은행이 쿠션을 필요로 하는 이유는 은행 부채가 고정 부채이기 때문이다. 은행이 예금자와 다른 차입선(예금 수신은 더 이상 은행 자본의 주된 원천이 아니므로)에 빚진 돈은 은행의 경영 성과에 따라 변동하지 않는 반면, 은행이 차입한 자본을 대출하여 얻는 수입은 가변적이다. 은행의 수입은 이자율뿐 아니라 연체율에 따라서도 변동한다. 채무불이행 위험이 존재하기 때문에, 은행은 수신 또는 차입에서 지불하는 금리보다 대출에서 더 높은 금리를 받아서 예대 마진을 확보한다. 채무불이행이 확산되면 은행의 수입이 급감하지만, 은행이 상환해야 하는 금액은 불변한다. 은행은 대출을 받은 개인과 기업의 채무불이행 위험을 보전하기 위해서 예대 마진을 가산하는 것이다.
　따라서 은행의 완충자본 equity cushion 은 파산의 위험을 감소시킨다. 어떤 은행이 미국 단기국채 등의 무위험자산 2억 달러를 보유하면서 8억 달러를 차입해 차입액 전부를 대출한다고 가정하자. 은행은 적어도 대출금의 4분의 3이 온전하다면 지급 능력을 보유한다. 대출금 8억 달러의 4분의 3은 6억 달러이며, 온전한 대출금은 2억 달러의 완충자본과 합하면 은행의 부채 8억 달러와 일치한다. 대출 포트폴리오에서 25% 이상의 손실이 발생하는 경우에만 은행이 곤경에 처할 것이다(부채가 자산을 초과하므로 실질적으로 지급불능 상태가 된다).

은행의 자금 조달이 단기 신용 위주로 이루어지므로, 예방적 안전 대책이 없는 은행은 '뱅크런예금 인출 사태'에 매우 취약할 것이다. 만일 어떤 은행이 곤경에 처해 있다고 보이면 예금자는 은행이 파산하기 전에 예금을 인출하려고 몰려들 것이며, 인출액이 너무 커지면 은행 자산이 부채를 초과하는 상태에 있더라도 뱅크런을 맞아 파산할 수 있다. 은행은 수신 예금의 일정 비율(통상 10%로서 수시로 변동하며, 은행 간에도 차이가 있다)을 무위험 자산(현금 또는 현금 상당 자산)으로 보유할 의무가 있으며, 이것이 은행의 지불준비금이다. 지불준비금으로 은행 자금의 변동성이 완화되고 파산 가능성이 줄어들지만, 파산 우려가 진짜로 있든 기우이든 간에 그런 우려에 따라 뱅크런이 발생할 가능성이 제거되지는 않는다. 그러한 뱅크런 가능성을 제거하기 위해 요구불예금에 대한 연방보험제도가 창설되었다. 예금보험제도가 존재함으로서 은행이 디폴트에 빠질 위험을 예금자 대신 연방예금보험공사Federal Deposit Insurance Corporation가 안게 되었다. 이에 따라 은행이 예금보험을 기화로 더 리스크 높은 대출을 할 우려가 있어 은행의 안전성은 더욱 절실해졌다.

과거에는 이러한 필요성에 부응하여 은행이 지불준비금을 제외한 자금을 국채 매입 또는 만기가 짧은 개인 및 기업 대출에 투입했다. 은행의 예금 수신 채무는 단기이기 때문에 장기대출은 억제되었다. 예금자들은 예금을 언제든지 인출해 갈 수 있는 반면, 은행이 장기대출을 하면 연체가 발생하지 않는 한 만기 전에 상환받을 수 없다. 은행감독 당국은 은행이 파산할 위험을 줄이기 위한 노력의 일환으로, 은행 상호 간 및 은행과 비은행 간 대출 경쟁을 제한했다.

장기대출인 주택 모기지는 엄격한 규제를 받아 영업하는 전문화된 형태의 은행인 저축대부조합(또는 유사한 상호저축은행)에서 주로 취급했다. 규제에도 불구하고, 저축대부조합은 1980년대에 리스크 높은 모기지 대출에 몰두했다가(부분적으로는 연방예금보험료가 '경험손실률'에 기초하지 않아서 대출의 위험도를 반영하지 못하면서 무분별한 대출이 일어난 데에서 기인한다), 부동산 폭락을 포함한 여러 이유로 대거 파산했다. 이 사례는 신용시장, 특히 부동산에 연계된 신용시장의 불안정성을 입증했으며, 따라서 이후 도래할 재앙에 대한 경고 신호를 보내주었지만, 결국 무시되고 말았다.

규제 완화

저축대부조합과 관련해 쓰라린 경험이 있는데도 1970년대에 시작된 규제 완화의 물결 속에서 상업은행에 대한 '안전망 쿠션' 규제는 계속 잠식되어갔다. 은행과 같은 규제를 받지 않았던 메릴린치와 리먼브러더스 등 증권회사와 투자은행에는 금융회사, MMF, 헤지펀드 등 비은행 금융중개기관과 함께 점차 은행의 금융상품과 유사하거나 동일한 금융상품 판매가 허용되었다. 이들이 차입한 자금은 은행의 예금 수신과 달리 연방예금보험의 보호 대상이 아니었고, 따라서 비은행 대출기관은 '예금 인출 사태'에 매우 취약했다. 그들이 은행과 유사한 상품 외에 다수의 독자적 금융상품을 판매하자 경쟁이 심화되었으며, 규제 당국은 은행도 동일한 금융상품을 판매하도록 허용했다. 당국의 이러한 조치는 성장하는 비은행 금융업계(2008년 무렵에 상업은행업계와 거의 대등한 규모가 되었다)에 상업은행이 너무 많은 시장을 뺏기지 않도록 배려한 것이다.

그러나 은행에 대한 규제가 완화되면서도 존치된 요구불예금에 대한 연방예금보험제도가 '뱅크런'의 위협을 줄임으로써, 은행의 리스크 부담 행위를 더욱 조장했다. 금융위기 당시에 헤지펀드가 상업은행만큼 심각한 지급불능 문제에 직면하지 않았던 이유는 헤지펀드가 보유한 자금은 전혀 예금보험의 대상이 아니라는 데 있었다. 그래서 헤지펀드는 투자자의 환매 사태 발생을 우려해 자본구조에서 레버리지를 함부로 높이지 못했으며 과도한 리스크를 피했다(그런데도 일부 헤지펀드는 실제로 환매 사태를 맞았다).

2000년대 초반 금리 하락 추세와 함께, 규제를 거의 받지 않은 하나의 동질적인 은행업계(은행업banking이라는 용어는 금융중개업과 사실상 같은 의미로 진화했다)가 형성되었는데, 이러한 수렴은 결과적으로 치명적인 것이었음이 판명되었다. 2003년까지 6개월 양도성예금증서^{CD}의 금리는 평균 1.17%, 30년 모기지의 평균 금리는 5.83%, 변동금리 모기지(금리가 정기적으로 조정되는 모기지 대출)의 평균 금리는 3.76%로 하락했다. 저금리 때문에 신용에 대한 수요가 치솟았다. 전술했듯이, 차입이 이루어지면 경제활동이 증가하며, 그런 경제활동 증가의 한 형태가 주택 건설과 매입의 증가다. 주택 가격은 상승했다. 전통적으로 부동산 투자는 대규모 차입을 수반하는데, 이는 부동산이 탁월한 담보물 형태이기 때문이다. 그래서 주택 가격과 함께 주택 모기지 대출 수요도 증가했다.

레버리지

레버리지는 제1장에서 서술했듯이 금리가 낮고 투자 가치가 상승하는 국면에서는 두 배로 매력적이다. 어떤 금융회사가 부채 없이 100만 달러의 자기자본으로 연 7%의 수익을 올리는 대출을 한다고 가정하자. 이 회사는 연간 7만 달러를 벌어들인다. 이제 이 회사가 200만 달러를 금리 3%(연간 지급 이자 6만 달러)로 차입하고, 300만 달러가 된 총자산을 유사한 대출에 투입했다고 가정하자. 300만 달러의 7%는 21만 달러이며, 지급 이자 6만 달러를 공제하면 연간 수익은 15만 달러가 되고 차입 이전 수익의 두 배가 넘는다. 저금리와 부동산(그리고 기타 자산) 가치의 상승 국면에서 은행업계는 레버리지를 늘렸다. 저금리하에서는 은행 고객의 차입 수요가 증가하는 동시에, 은행이 추가 대출 재원을 조달할 때 자기자본을 늘리기보다는 차입금을 늘리는 것이 더 싸게 먹힌다. 그래서 은행의 레버리지가 증가하는 것이다.

레버리지는 매력적이지만 위험하다. 만일 앞서 예시한 금융회사가 대출 수익률이 -5%로 악화되는 사업 연도를 맞이하면 차입이 없을 경우 5만 달러(100만 달러의 5%)의 손실을 내게 된다. 그러나 200만 달러를 차입했다면, 300만 달러의 대출에서 15만 달러의 손실이 나고 200만 달러에 대한 6만 달러의 지급 이자가 가산되어, 총 21만 달러의 손실이 발생한다(레버리지의 유리점과 불리점은 모두 지급 이자 채무가 고정되었다는 단순한 사실에서 연유한다. 지급 이자 채무는 수입이 는다고 증가하지 않지만, 수입이 준다고 해서 감소하지도 않는 것이다). 레버리지가 높은 대출기관(비은행 대출기관의 부채 비율, 즉 부채 대 자기자본 비율은 30대 1이나 그 이상이 될 수 있었으며, 상업은행의 부채 비율도 25대 1까지 도달할 수 있었다)이 저소득에 저축도 없이 빚이 많은 생애 최초 주택 구입자처럼 레버리지가 높은 차입자에게 대출한다면 금융의 재앙을 자초하는 것이다. 그러한 대출기관은 극히 위험한 대출에 자본을 투입함으로써 자본구조를 더욱 위태롭게 만들고 있었다.

모기지담보부증권

주택 거품이 형성된 기간에 은행의 레버리지가 더욱 위험해진 이유는 은행이 설정하거나 매입한 모기지 대부분을 대차대조표상에 보유하기보다는 매각을 하면서 해당 모기지가 담보로 붙은 증권으로 교환하여 보유한 데 있었다. 때로는 은행이 스스로 모기지를 모아서 패키지로 담보부증권을 발행하기도 했다. 그리고 이렇게 발행한 증권이 다수의 다른 은행에 팔려 나가면서, 각 은행이 발행한 모기지담보부증권Mortgage-Backed Security: MBS 의 선후순위채 부분이 타행분과 섞여서 다수 은행 간에 유통되었다. 이리하여 모기지담보부증권 포트폴리오가 은행의 자기자본 일부를 구성하게 되었다. 만일 모기지 채무자들이 상환을 불이행하여 모기지담보부증권의 가치 (모기지 차주들이 상환하는 원리금에 좌우된다)가 하락하면 은행의 자기자본이 손상받게 된 것이다.

모기지담보부증권들은 매우 안전하다고 신뢰받았는데, 실제로 일부는 안전했다. 모기지 대출을 원래 행한 다수의 은행이 패니메이 또는 프레디맥에 모기지를 매각하고서 패니메이와 프레디맥이 지급을 보증한 우량prime 모기지담보부증권들을 대가로 받았다. 그러나 서브프라임 모기지 (Alt-A 및 기타 리스크 높은 모기지 포함)가 일부 담보로 붙은 모기지담보부증권에는 문제가 있었다. 그러한 모기지담보부증권은 애초에 다른 금융중개기관 사이에 매매되었지만, 상업은행도 이 분야에 진입하여 서브프라임 모기지담보부증권을 패키지해서 매각했다. 주택 거품이 터지고 서브프라임 모기지 시장이 붕괴했을 때, 은행은 자신이 창출한 증권의 미판매 재고를 안게 되었지만, 급매 가격이 아니고서는 전혀 처분할 수가 없었다.

금융위기 이전에 우량 모기지뿐만 아니라 서브프라임 모기지를 유동화한 모기지담보부증권까지도 안전하다고 간주되었던 이유를 이해하려면, 그러한 증권은 우리가 '유가증권'이라는 용어를 접할 때 떠오르는 종류의 증권이 아니라는 사실을 먼저 언급해야 한다. 각 증권에는 수억 달러, 때로는 수십억 달러에 달하는 액면가격이 책정되고, 수백 또는 수천 건의 주택 모기지가 담보로 활용되었다. 담보로 활용(유동화)한다는 것은 담보부증권 보유자에게 모기지에서 나오는 수입에 대한 권리가 있다는 의미다. 따라서 증권의 가치는 모기지로부터 발생하는 수입에 좌우된다. 각 증권을 담보하는 다수의 모기지가 하나의 풀pool을 형성함으로써 채무불이행 위험이 지리적으로 분산되고 전체적으로 감소하는 효과가 발생했다. 예를 들어, 플로리다 주에서 연체가 증가하더라도 뉴욕 주에서 연체가 감소하면 상쇄된다는 논리였다.

이때까지는 리스크 관리에 문제가 없었다. 게다가 각 증권은 위험과 수익률을 다르게 조합한 여러 시리즈로 분할되어 원매자에게 팔렸다. 각 시리즈의 증권은 상환받는 서열에서 차등 대우를 받으며, 투자자 측에서는 이들 중에서 선호도에 따라 골라 가질 수 있었다. 시리즈의 최선순위 채권은 결집된 모기지에서 발생한 수입액에 대해서 1순위 청구권을 확보하고, 이에 따라 가장 높은 신용등급을 부여받아 발행 금리도 가장 낮았다. 시리즈의 최후순위채권은 결집된 모기지로부터의 수입액에 대해 최하위 청구권을 가지므로 최하위 신용등급을 부여받고 가장 높은 발행 금리가 설정되었다(시리즈 내의 개별 선후순위채 각 종목을 프랑스어로 '조각tranche'이라고 부르지만, 필자는 금융 전문용어 사용을 피하고자 한다).

이러한 계층화 구조를 이해하는 가장 쉬운 방식은 모기지담보부증권을 1순위 모기지와 2순위 모기지가 설정된 주택으로 간주하는 것이다. 1순위 모기지 권리자는 2순위 모기지가 우선 손실 처리로 완전히 소멸할 때까지는 안전하다. 그리고 2순위 모기지 권리자는 저당된 주택 소유주가 채무불이행을 하지 않는 한은 안전하다(모기지담보부증권의 시리즈는 리스크를 달리하는 3개 이상의 계층으로 쪼개지지만, 필자는 예시로서 3개 계층만을 제시했다). 1순위 모기지는 모기지담보부증권의 최선순위채에 해당하며, 2순위 모기지는 중순위채에 해당하고, 주택 소유주의 지분은 최후순위채에 해당한다.

1순위 모기지가 100만 달러, 2순위 모기지가 50만 달러, 소유주 지분이 50만 달러, 따라서 주택의 가치가 200만 달러라고 가정하자. 그리고 소유주가 채무불이행을 하고, 주택이 경매에 들어가면 125만 달러에 팔린다고 가정하자. 그러면 2순위 모기지 권리자가 담보권을 행사하고, 주택은 125만 달러에 경매 처분될 것이다. 이때 소유주는 모든 지분을 상실하며, 2순위 모기지 권리자는 대출액의 절반을 상실하지만, 1순위 모기지 권리자는 경매 낙찰액이 대출액을 상회하므로 손실을 전혀 입지 않는다.

따라서 모기지담보부증권은 주식과는 전혀 다르며 기능적으로는 리스크 수준이 다양한 모기지의 일부 지분에 의해 담보된 채권債券이다.

모기지담보부증권을 뒷받침하는 모기지 풀은 개별 모기지에서 연체가 너무 많이 발생해 후순위채가 손실 전액을 흡수하지 못할 가능성이 희박하다는 것을 전제로, 최선순위채가 신용평가회사로부터 AAA 신용등급을 받을 수 있도록 구성된다(때로는 최선순위채가 AAA보다 더 높은 신용도를 가지기도 하지만, 필자는 그렇게 세세한 부분은 무시하기로 한다). 이러한 구조의 의미는 모기지담보부증권에 포함된 우량 모기지가 적거나 전혀 없더라도 최선순위채가 AAA 신용등급을 획득할 수 있다는 것이다. 최선순위채의 금액이 적을수록 모기지 연체 발생이 누적되더라도 증권을 담보하는 모기지 풀의 전체 가치가 최선순위증권 보유자의 청구권보다 부족해질 가능성이 적어지기 때문에 그러한 등급을 받을 수 있었다.

전통적인 은행은 각 모기지담보부증권의 최선순위채를 매수하는 경향이 있으며, 비은행 금융중개기관은 더 큰 위험 부담을 선호해 후순위채권을 매수하는 경향을 보였다. 모기지담보부증권 매수자 다수가 이중의 안전장치로서 일종의 보험인 신용부도스와프 Credit Default Swap: CDS를 매수했는데, 이에 관해서는 뒤에서 설명한다.

1990년대 말에 시작된 주택 거품이 지역적으로 균일한 정도는 아니었지만 미국 내에 널리 확산되었기에, 거품이 터졌을 때 모기지 풀이 지리적으로 분산되었다고 해서 모기지담보부증권 가치의 비참한 폭락을 막을 만큼 모기지 부도 위험이 전반적으로 감소하지는 않았다. 주택 가격이 급락하고 채무자 연체와 주택 경매(주택 가격 상승 시에는 희소했다)가 급증하자, 모기지담보부증권의 AAA 등급 시리즈조차도 추정 가치의 반 토막 이하로 거래되었다.

모기지를 증권화하면서 이루어진 지역적 분산은 금융위기를 어느 정도 완화하는 효과를 발휘하기도 했다. 그렇지만 모기지의 증권화는 나중에 너무 위험한 것으로 판명될 자산을 은행의 대차대조표에 올림으로써 애초 금융위기 발생에 일조했다. 주택 가격의 하락과 이에 따른 연체 및 경매의 급증은 캘리포니아, 애리조나, 네바다, 플로리다 주에 집중되었다. 캘리포니아 주 정부도 당시 지급불능 직전에 이르렀으며, 캘리포니아 거주 모기지 채무자들의 연체에 따른 비용 부담이 모기지 증권화를 통해 다른 주로 분산되지 않았더라면 지급불능 상황이 초래되었을 것이다.

여기서, 경제위기가 발생하는 데에 모기지 유동화가 얼마나 큰 역할을 수행했는가 하는 질문이 제기된다. 대공황 당시에는 리스크 높은 대출(예컨대 주식의 신용 매입자에게 대출액의 10%에 상당하는 증거금만 징수했다)이 채무의 증권화가 없이도 대공황을 야기했다. 그렇다면 이번에 은행들이 서브프라임과 Alt-A 모기지를 증권화하거나 다른 데에서 증권화한 모기지담보부증권을 매입하는 대신 그냥 보유했더라면 지금보다 형편이 나아졌을까? 그렇다면 그것은 주로 투자자(특히 외국 투자자)로부터 추가 자금을 미국 주택산업에 끌어들인 증권화의 힘 때문일 것이다. 사실 그 투자자는 타인의 모기지를 성가시게 실물로 보유하는 것은 바라지도 않고, 리스크를 평가하기 어렵게 만드는 모기지담보부증권의 복잡성을 좋아하지도 않을 이들이었다.

하지만 저금리와 강한 신용 수요로 인해 리스크 높은 대출이 유발된 상황이었다면(실제로 그러했다), 모기지 대출이 보유되는 형태(증권화 여부)가 은행이 붕괴하는 데에 치명적인 요인은 아니었을 것이다.

  투자자들이 모기지담보부증권의 복잡성을 파악하기 어렵다는 점을 제외한다면, 채무의 증권화, 즉 채무를 증권으로 재구성하는 데에 잘못된 것은 없다. 어떤 은행이 30년 모기지를 설정하고 대출을 했다고 가정하자. 은행은 30년을 기다려서 원리금을 회수하기보다는 모기지를 현재 가치로 할인한 가격에 매도하여 새로운 대출 재원을 확보하고 싶을 것이다(현재의 1달러가 미래에 받을 1달러보다 가치가 더 있다는 사실을 반영한다). 모기지를 대량 매집하여 모기지 풀을 만들어 모기지담보부증권을 발행하고 시리즈로 매각하는 주체는 모기지를 다른 은행에 매도하는 경우보다 더 높은 수익을 얻을 수 있다. 모기지 풀을 만드는 것은 채무자 연체 위험을 분산·축소함으로써 투자의 안전성을 높일 수 있을 뿐만 아니라, 증권의 후순위채는 은행보다 위험 선호도가 높은 투자자 또는 위험을 선택하는 다른 은행에 판매할 수 있다.

  그러나 이처럼 위험을 분산시키는 구조에서 간과되는 문제점은 이러한 구조에 의하지 않았더라면 안전했을 시장에까지 위험을 전파한다는 점이다. 모기지담보부증권은 전 세계적으로 매매되면서 미국의 주택 거품 기간에 창출된 모기지 대출의 위험성을 외국 은행과 투자자에게 안겨주었고, 단지 미국만의 공황이었을 위기를 전 세계로 확산하는 데 기여했다. 미국 경제의 규모를 감안할 때, 타국 경제가 어느 정도 부정적인 영향을 받았을 것이다. 그리고 모기지 채무가 증권화되는 바람에 외국 대출기관으로부터 신용이 유입되었는데, 계약 내용과 행정 절차가 매우 복잡한 미국 주택 모기지(또는 다른 민간 채무)를 보유하고 싶지 않았을 외국 대출기관들이 모기지에 의해 담보되고 신용평가기관의 AAA 등급을 부여한 증권을 기꺼이 매입한 것이다. 미국 국내 보험회사, 연금기금 및 기타 투자자에게도 모기지담보부증권이 팔려 나갔는데, 이러한 기관도 직접 모기지를 거래하기는 껄끄러웠을 것이다.

상업용 부동산에 대한 모기지뿐 아니라 부동산과 관련이 없는 신용카드 채무, 학자금 대출 등 다른 형태의 채무도 증권화되었다. 필자는 단순화를 위해 이 책에서 분석하는 대상을 주택 모기지담보부증권에 국한할 것이며, 이는 부분적으로는 다른 채무 증권화도 시차는 있지만 주택 모기지 채권을 뒤따라 부실화되었다고 보기 때문이다. 모기지담보부증권이 주택 거품의 붕괴로 가장 먼저 폭락하자 경기 침체가 촉발되어 증권화 여부를 불문하고 다른 채무마저 삼켜버렸다.

신용부도스와프

신용평가회사에서 미국 모기지담보부증권에 기꺼이 신용등급을 매겨준 덕분에 투자자는 각자 고유한 처지에서 신중히 판단해 리스크의 많고 적음을 선택할 수 있었다(투자자는 그러한 투자가 합리적이라고 생각했다). 그리고 투자자는 모기지담보부증권 및 다른 투자의 가치 하락에 대비해 일종의 보험을 매입할 수 있었으며, 실제로 다수가 그렇게 했다(많은 회사, 특히 AIG 보험회사가 이러한 보험을 대량으로 판매했다). 이러한 형태의 보험은 신용부도스와프라고 불렀다. 신용부도스와프는 원래 채권 부도 리스크에 대한 보험으로 출현했고, 오랜 역사를 바탕으로 상당히 신뢰할 수 있는 보험료를 산출할 수 있었다. 그러나 AIG와 다른 금융회사(증권화된 채무에 대한 신용보험과 구별되는 전통적인 모기지 대출의 신용보험[2]을 판매하던 보험회사와 상업은행에 국한되지 않는다)는 그러한 보험료 산출의 경험이 존재하지 않는 모

---

2   전통적인 모기지신용보험은 모기지담보부증권이 아니라 원 모기지 대출의 차주 개인에 대한 보증보험이다.

기지담보부증권의 가치 손실에 대해 보험을 제공하는 신용부도스와프를 판매하기 시작했다. 스와프라는 상품의 한 가지 장점은 대출기관이 차입자의 상환불이행에 대비해 보험을 확보하는 계약에서 사전적으로 담보를 제공해야 부담이 없다는 점이다. 스와프 형태가 아닌 다른 파생상품이라면 대출기관은 파생상품 계약에서 거래 상대방과 이행을 강제하는 담보를 넣어야 하지만, 신용부도스와프라는 상품은 정기적으로 보험료만 내면 된다.

스와프는 대출기관의 리스크를 줄여준다고 인식되었고(실제로 그러한 역할을 많이 수행했다), 레버리지를 높임으로써 리스크의 분명한 증가 없이 수익률을 제고한다고 인식되었다. 그리고 스와프 거래 자체가 증권화됨으로써 전 세계 기관들이 모기지담보부증권의 보험자가 되었다. 증권화된 스와프 신용연계채권Credit Linked Note[3]은 보험에 가입할 실수요 자산은 없지만 스와프 피보험 기업의 부도 가능성에 대해 투기하고 싶은 주체에게 판매될 수 있었다.

스와프 시장의 거래가액은 곧 수십조 달러에 이르렀다. 스와프 거래는 규제 감독을 받지 않았으므로, 규제를 받는 보험회사와 달리 스와프 매도자들은 부보付保 대상 기업에 이어서 스와프 거래 상대방까지도 파산할 경우에 대비한 준비금을 적립하도록 요구받지 않았다. 스와프의 부보 대상인 모기지 채무의 지급불이행이 급증했을 때, AIG의 준비금은 스와프 보상 채무를 감당하는 데에 부족한 것으로 판명되었다.

은행도 증권화된 신용부도스와프인 신용연계채권을 매입했는데, 이는 은행 스스로가 보험자가 되었다는 의미이며, 다른 은행이 피보험자가 되는 경우가 흔했다. 이러한 거래는 위험했다. 스와프 약정을 이행하다가 은행이 쓰러질 수 있으며, 한 은행이 약정을 불이행하면 신용부도스와프의 상

---

3 신용연계채권은 금융위기 당시 부실화된 금융기관에 대한 투기 거래 수단(신용도를 공매도하는 투자)으로 많이 활용되었다.

대 은행은 지불 능력을 유지하는 데 필요한 보험금을 받을 수 없게 된다. 이로써 도미노 효과가 발생할 것이었다.

모기지 평가의 어려움

신용평가회사와 신용부도스와프로 보험을 매도한 측은 모기지담보부증권의 가치를 판정하는 데 매우 많은 어려움을 겪었다. 투자자가 개별 모기지 대출의 위험도에 관해 가진 정보는 제한되어 있었고, 대규모 대출이 이루어진 서브프라임 모기지의 부도 리스크를 신뢰도 있게 평가하기에는 경험이 부족했다. 리스크 평가는 경험보다는 금융모델에 근거할 수밖에 없었다. 부득이하게 신용평가회사는 보험회사가 사용하는 방식인 과거의 경험치 관찰 위주로 리스크를 추정했고, 그러한 경험조차도 주택 가격의 상승 기간에 축적되었다는 한계성이 있다. 모기지담보부증권을 재포장해 판매하는 은행에는 증권을 담보하는 모기지의 위험도에 대해 신중하게 추정할 유인이 없었는데, 이는 모기지의 부도 리스크가 증권 매수자에게 전가되기 때문이었다.[4] 증권 매수자는 사전에 모기지의 부도 리스크를 평가할 유인을 당연히 가지고 있으나, 증권 발행자보다 보유한 정보가 더 적었다.

모기지담보부증권 시리즈의 일부를 보유한 은행조차도 보유 중인 여러 가지 모기지의 가치를 쉽사리 판정하지 못했는데, 은행이 일부 모기지를 애초에 취급했더라도 모기지가 증권화된 이후에는 차주와 직접적인 관계가 전혀 없기 때문이다. 모기지담보부증권의 발행자 또는 매입자는 모기지관리회사servicer를 고용해 원리금을 차주로부터 회수하고 부도가 발생할 경

---

[4] 2010년 「월스트리트 개혁 및 소비자보호법」에서는 유동화 주체에게 후순위채 보유를 의무화하는 조치를 취함으로써 리스크를 관리할 동기를 부여했다.

우에 담보권 실행 업무를 위탁했던 것이다. 각 모기지담보부증권별로 다수 시리즈 종목 간에 소유주가 달리 존재함에 따라, 증권화된 모기지 대출에서 담보권 행사율이 비정상적으로 높아졌다. 모기지관리회사는 선순위와 후순위 채권 보유자 다수를 고객으로 두고 있었는데, 이 고객들 사이의 이해상반으로 임무 수행에서 갈등을 겪었다. 이에 따라 채무불이행이 발생했을 때 모기지관리회사가 담보권 실행을 회피하고자(특히 다수 주택이 동시에 경매되면 회수율이 현저히 떨어진다)[5] 모기지 조건을 변경하는 워크아웃 노력이 어려워졌다. 모기지담보부증권의 AAA급 선순위채 보유자는 모기지 풀의 모기지 조건에 조정이 이루어진다면 후순위채 시리즈는 권리가 상실될 것이고 담보권 실행 필요가 없어지지만 자신에게는 손실이 발생하지 않기 때문에 만족할 것이다. 그러나 후순위채 소유자는 채무자 구제로 손실을 확정하기보다는 경매를 하면 조금이라도 건질 것이라는 바람에서 담보권 실행을 주장할 것이다. 이러한 갈등 탓에 모기지관리회사가 연체된 모기지의 채무를 조정하기 어려웠다(제5장 '모기지 구제책' 참조).

새로운 금융상품 리스크 수준을 판정하는 것의 어려움으로 금융위기가 얼마나 심화되었는지를 이해하려면, 경제학자 프랭크 나이트Frank H. Knight[6]가 오래전에 구분한 두 가지 리스크를 살펴볼 필요가 있다. 그가 '리스크'라고 부른 한 가지는 확률을 부여할 수 있는 리스크로서, 보험회사가 리스크를 커버하는 보험료를 산출해낼 수 있기 때문에 보험을 받아준다. 또 하나는 그가 '불확실성'이라고 부른 것으로서, 계량화할 수 없는 리스크다. 이러한 리스크에 대해 보험을 부보해주는 것은 도박을 하는 것이며, 신용

---

5 한국에서는 경매가 효율적이나, 미국에서는 경매 비용 부담이 큰 탓에 모기지 부실 채권의 워크아웃(합의에 의한 유입) 비중이 크다.
6 1885년에 태어난 미국의 경제학자이며, 저서로는 *Risk, Uncertainty, and Profit*(Hart, Schaffner & Marx; Houghton Mifflin Co., 1921)이 있다.

등급(AAA, BB 등)을 매긴다면 추측을 하는 것이다.

은행업은 레버리지가 높고, 은행 자본은 대부분 평가하기 곤란한 증권으로 구성되어 있었기 때문에, 주택 거품이 붕괴하자 은행의 자본이 손상되었지만 가치 평가의 문제로 얼마가 축소되었는지는 알 수는 없었다. 은행은 자기자본 쿠션이 얼마나 취약해졌는지도 몰랐으며, 따라서 대출의 위험이 가중되는 상황에서 얼마까지 대출해야 파산 위험에 도달하지 않을지도 몰랐다. 대출기관의 자본구조상 레버리지가 높을수록 대출의 위험성이 커진다는 것은 상식이다. 더욱 복잡해진 상황 탓에 신용부도스와프의 보험을 매수한 은행은 자신의 익스포저(발생 가능한 손실 총액)가 얼마인지 알지 못했다. 리먼브러더스가 많은 스와프를 매수했었기에, 리먼브러더스가 파산하자 전 세계 신용부도스와프 매도자들이 활동 정지 상태에 들어갔다. 리먼브러더스는 스와프의 매도 물량도 컸으며, 대량으로 보유하던 모기지담보부증권의 붕괴로 자기자본은 이미 잠식되어 자사가 보증한 채무를 이행하기에 불충분했다.

리먼이 X 달러의 손실에 대해 A 은행에 보험을 제공하고, B 은행은 X 달러의 손실에 대해 리먼에 보험을 제공했다고 가정하자. 두 은행이 모두 리먼의 파산에 얽혀들기보다는 A 은행이 B 은행에 X 달러를 지급하면 청산된다.[7] 그러나 파산이 워낙 갑자기 발생해 A와 B 은행은 서로의 존재를 파악할 시간이 없었고, 파산과 관련해 자신의 포지션을 알지 못했다.

한 회사가 소멸의 길로 들어섰다는 것을 스스로 알 수 있는 것은 신용등급이 하락하면 채무자가 추가 담보를 제공해야 한다는 대출계약서의 공통

---

7 도산법에서는 스와프와 같은 다자간 금융상품 거래 잔고에 대해 파산자에게도 상계를 예외적으로 허용한다. 리먼 사태 이후 다자간 상계를 통해 포트폴리오를 압축(compression)하는 제3자 서비스가 도입되었고, G20에서는 장외파생상품의 중앙청산소(CCP)와 중앙거래정보저장소(CDR)를 2012년까지 도입하도록 조치했다.

조항이 있기 때문이다. AIG의 신용부도스와프에 대한 보험금 지급 채무가 부풀어 오르기 시작했을 때, 신용평가회사들은 AIG의 신용등급을 격하시켰다. AIG는 신용등급 하락에 따라 추가 담보 제공을 요구받음으로써 연방정부에서 1,300억 달러의 구제금융을 수혈받지 않고서는 생존할 수 없는 지경에 몰렸다.[8]

은행은 모기지 관련 자산과 스와프 보험의 가치 및 스와프 채무액이 불확실하기 때문에 정부가 대출을 독려하는 개입을 할 때까지 대출을 축소했다. 이것이 '신용경색'이었다. 신용경색에 따라 경제활동이 즉각 위축되었으며, 이에 대한 반응 그리고 경제활동이 가까운 장래에 추가 위축될 것이라는 전망에 따라 주식시장이 폭락했다. 신용경색이 위험한 소용돌이를 일으킨 것이다.

일반적인 상황에서는 신용경색이 스스로 교정되기를 기대할 수 있다. 은행의 자기자본 쿠션이 축소되어 대출 재원이 부족하다면 은행은 새로운 자본을 끌어들여 쿠션을 복구할 수 있다. 그러나 자본 확충 여력도 쿠션이 얼마나 축소되었는지, 그리고 대출 수요가 감소할 정도로 신용경색이 경제를 위축시켰는지 여부에 좌우될 것이다. 실제로 은행은 지급 능력을 확보할 만큼 충분한 신규 민간 자본을 유치할 수 없었다. 워런 버핏Warren Buffett이 2008년 9월 골드만삭스에 50억 달러의 대출을 제공한 사례만이 그 예외였다. 그다음 달 도쿄미쓰비시은행이 모건스탠리에 90억 달러를 투자한 것은 연방정부가 보증을 섰기 때문에 민간 거래가 아니었다.

---

8 연방준비제도는 AIG 지분의 79.9%에 해당하는 신주인수권(stock warrant)을 받게 된다. 그 후 연방준비국과 미국 재무부는 AIG의 투자와 지원을 늘렸고, 결국 AIG 보통주 약 77.9%의 의결권을 갖게 되었다. 미국 재무부는 2012년 8월 AIG 지분을 매각해 124억 달러를 회수했고, 매각 가격은 매입 가격인 28.72달러를 넘는 32.5달러다. 재무부의 보유 지분은 19%로 하락했다.

TARP에 의한 모기지 매입 계획

연방준비제도는 최소한 미국 달러화가 세계의 주요 준비통화(발권국가의 국내 은행뿐만 아니라 외국 은행도 보유하는 통화로 국제거래에서 주요한 매개수단으로 사용된다)인 동안에는 과세권과 차입권, 발권력을 등에 업고 무제한에 가까운 자본력을 가지고 있으며, 이익을 내야 한다거나 생존 비용을 충당해야 한다는 등의 제약을 받지도 않는다. 애초에 미국 정부 관리들은 이번 신용경색이 일종의 공포 상태에 연유한 것으로서 은행이 자기자본 쿠션의 두께를 알지 못해 대출을 겁낸 결과라고 생각했다. 그렇다면 정부는 은행에서 모기지담보부증권을 매수함으로써 공포 상태를 일거에 해소하고 얼어붙은 대출을 풀 수 있을 것이었다. 그리고 정부는 매입한 채권을 보유하다가 가치가 명확해지면 매각하고 매수 가격을 회복시키면 될 것이었다.[9] 이러한 사고가 2008년 10월 초에 통과된 최초의 구제금융법(「2008 긴급경제안정법 the Emergency Economic Stabilization Act of 2008」)의 근저에 작용했다.

누가 매우 가치 있는 조각품을 가지고 있지만, 그것이 장물이라는 잘못된 의심을 받고 있어 아무도 매입하려고 들지 않는다고 가정하자. 이 조각품은 장물 혐의가 제기되기 전에는 소중한 것이었고, 혐의가 벗어지면 가치를 회복하겠지만, 당장에는 팔 시장이 없다. 즉, 현금과 교환될 수 없는 것이다. 그리고 이 조각품이 비유동적인 것은 시장이 작동하지 않기 때문이다. 만일 어떤 수집가가 조각품을 매도하는 측의 권리에 의구심을 품고 있더라도 그러한 권리 의혹을 반영하는 할인 가격에 매수할 의사가 있다면

---

9 한국의 경우 외환위기 당시 공적자금으로 한국자산관리공사가 은행으로부터 부실 채권을 할인 매입하고, 은행이 부실 채권 매각손으로 자본을 잠식당한 금액은 예금보험공사가 출자하는 양면 지원을 했다. 반면 중국 국영은행은 국가가 외환 보유고를 활용해 은행 증자에 참여하고 해외 증권시장에 기업공개를 하는 방식으로 부실 채권을 희석했다(이는 국영은행이기에 가능한 방식이었다).

유동성은 회복될 수 있다.

  은행이 보유한 모기지담보부증권은 유동성이 없다고 간주되었고, 증권의 가치에 대한 불확실성 탓에 매각이 불가능했다. 참조할 역사적 경험이 없는 상황에서 증권을 담보하는 모기지의 부도 위험을 측정할 수 없고, 이에 따라 증권의 현재 가치도 추정할 수 없었다. 이렇게 가치가 불확실한 유가증권에 대해 베팅하여 시장을 형성할 투자자는 거의 없었다. 잠재 매수자들은 매물에 대해서 정보를 가진 것도 없는 데다가, 매물의 가치에 대해 매도자가 보장하거나 자신의 평판을 걸더라도 이에 의지할 수 없다면 매수를 꺼릴 것이다. 투자자가 모기지담보부증권 매수를 꺼리게 된 또 다른 이유는 매도자가 설정해놓은 가치를 의심해서가 아니라 투자의 성과가 나쁠 경우 과거의 교훈을 새기지 못했다는 소리를 듣고 자신의 이미지가 나빠질 것이라는 우려 때문이었다. 9·11 테러 이후 미국 정부가 항공 보안에 과다하게 투자한 것에도 이와 동일한 사고방식이 작용했다. 즉, 만일 동일한 테러 공격이 재발하는 것을 결과적으로 막지 못한다면, 미국 정부가 아무리 합리적으로 대응했더라도 극단적인 비판을 피할 수가 없을 것이라는 사고방식이 작용한 것이다.

  모기지담보부증권 시장이 부재하여 은행은 그 증권을 가치 파악이 가능한 자산으로 교환할 수가 없었고, 자신이 얼마의 자기자본을 가졌고 얼마까지 안전하게 대출할 수 있는지 판단할 수 없었다. 가장 안전한 방식은 대출을 전혀 하지 않고 자본을 연방국채에만 투입하는 것이었다. 그 이유는 특히, 위험한 자산의 가치는 추정할 수 있더라도 오류 가능성이 너무 큰 그 추정치를 은행이 신뢰할 수가 없다는 데에 있었다. 추정치는 단지 가능한 가치 분포의 중간치일 것이었다. 은행은 자산의 실제 가치가 최선의 추정치보다도 훨씬 낮을 가능성이 상당하다는 점을 고려하지 않을 수 없었을 것이다.

무분별하게 매입한다고 해서 파산을 걱정할 필요가 없는 정부가 은행의 불투명한 자산을 매입함으로써 은행을 마비시키고 있는 불안감을 떨쳐버릴 수 있을 것이라는 추론도 나왔다. 그러나 은행 자산이 동결되는 것 또는 은행 자산이 유동성이 있더라도 자기자본 쿠션의 확실한 일부로서 대출의 확실한 토대로 간주되기에는 너무 위험하다는 것이 문제가 아니라, 은행 자산의 가치 자체가 거의 없다는 것이 문제라면, 그러한 논의는 타당하지 않을 것이다. 왜냐하면 이때 정부가 최선의 추정치(가정에 의해 자의적이지만)로 은행 자산을 매입할 경우 정부의 조치로 은행의 지급불능이 적나라하게 노출되어 전 세계가 놀라서 주목하게 될 것이며, 정부가 방어할 수 있는 추정 가치보다 높게 매입할 경우 무고한 납세자의 부담으로 은행 주주의 배를 불리는 결과가 되기 때문이다. 그리고 정부는 불량 자산을 가진 불량 은행 주주의 배를 더 많이 불리게 되고, 따라서 장래 경영 실패 기업이 정부에 손을 내밀 수 있게 하는 매우 나쁜 선례를 남길 것이다.

모기지의 부도율이 15%에 지나지 않는데도 모기지담보부증권의 AAA 등급 선순위채의 시세가 액면가의 약 40%로 떨어졌다는 사실은 시장이 아마도 금융위기에 대해 과잉반응, 즉 '공황상태panic'에 빠졌을 것이라는 추가적인 증거로 제시되었다. 그러나 그러한 시세 하락은 부도율이 상승할 것이라는 기대를 반영했을 것이다. 거품 기간에 주택 가격이 너무 상승했다가 이후 너무 하락했기 때문에, 거품 기간에 주택을 매입하면서 상당액의 모기지 선납금을 납입했던 채무자도 모기지 잔고가 주택 가치를 초과하는 평가손 상태에 들어갔을 것이다. 2년 전에 주택을 50만 달러에 구입하면서 20%의 선납금을 납입했더라도 현 주택 가치가 구입 가격의 70%에 불과할 수 있었다. 이때 그는 35만 달러짜리 주택 위에 40만 달러 모기지(첫 2년 동안 분할 상환한 소액의 원금 무시)를 부담하고 있는 셈이다.

부실 자산 매입에서 은행 자본 확충으로 계획 수정

미국 은행이 안고 있는 문제는 불확실성에 따른 유동성 부족이라기보다는 실제적 또는 잠재적 지급불능임이 곧 명백해졌다. 일부 은행은 거덜 났고, 다른 은행도 거덜 나기 직전이었다. 위험 헤지 능력이 뛰어난 대형 은행들은 위험자산에 투자 매력을 느꼈기 때문에, 규모가 큰 은행일수록 한계선상에 있었다. 은행은 회계규칙에 따라 모기지담보부증권 등 이종 자산 평가액을 현행 시장가치를 합리적으로 추정한 가액으로 매겨야 했다. 이러한 재평가 절차(시가 평가)를 통해 은행의 위태로운 재무 상태가 놀랍도록 명확하게 노출되었다. 은행이 대출을 꺼린 기본적인 이유는 불확실성을 두려워해서가 아니라 지급불능을 두려워했다는 데 있다. 대차대조표가 건전한 은행조차도 높아진 영업 환경 리스크 때문에 더 많은 건전 자본을 필요로 했다. 따라서 미국 정부의 구제금융 계획은 기존의 부실 자산 매입 계획에서, 은행에 자본을 출자해 우선주를 받는 조치로 급변경되었다(미국은 곧 혹스럽게도 영국 총리에게서 신호를 받아 계획을 바꾸었다. 부실 채권을 매입하려던 기존 계획은 이후에 수정된 형태로 부활했으며, 이에 관해서는 제5장에서 설명한다).

어떤 회사가 처한 곤경이 자산의 유동성 결여 때문인지, 아니면 지급불능 때문인지는 시장의 반응, 즉 시간이 지나면서 그 회사의 '동결된 자산' 가격이 어떻게 움직이는지를 보면 알 수 있다. 만일 모기지담보부증권의 낮은 시장가격이, 시장이 작동하지 않아 진정한 시장가치를 반영한 것이 아니었다면 나중에 그 가격이 반등했어야 하지만, 그렇지 못했다.[10] 이 사

---

10 TARP 구제금융 조치가 시행된 후, 2009년 3월 민관공동투자펀드(Public-Private Investment Program for Legacy Assets)가 발표되어 민간 자본 유치를 통해 매수를 추진하던 시점에야 가격이 반등했다.

실은 은행의 근본적인 문제가 지급불능이었음을 시사한다.

당시에 불확실성, 주요 투자은행의 은행지주회사로의 전환, 헤지펀드의 높은 환매율 등이 얽히면서 자본시장이 일시적으로 마비되기는 했다. 하지만 정부가 부실 증권을 은행으로부터 형편없는 시가보다 훨씬 높게 매입할 경우 비판을 받았을 것이다(설사 매입이 좋은 투자인 것으로 판명되더라도 그러했을 것이다). 그리고 만일 정부가 하락한 시장 시세대로(대략이라도 시세를 추정할 수 있는 한) 자산을 매입했더라면, 그러한 시세 하락의 사유가 무엇이었든 간에 정부의 저가 매입은 단지 은행의 위태로운 상태를 재확인시켰을 것이다.

자본 확충을 받은 은행의 대출 기피

모기지담보부증권 등 부실 증권의 매입 계획을 어설프게 자본 투입으로 전환하는 일을 시행한 폴슨 재무장관은 자본을 투입받은 은행에 자본을 쌓아놓지 말고 대출하라고 간곡히 당부함으로써 더욱 파문을 일으켰다. 장관의 당부는 설득력 면에서 헛수고였다. 은행은 대출이 본업이고, 돈을 비축해서는 수익이 없는 것이 정상이다(예컨대 은행이 단기국채를 매입하면 매우 낮은 수익률을 얻으며, 이는 근래에 제로에 가깝다). 따라서 리스크가 너무 크지 않은 한, 은행에 대출을 하라고 굳이 재촉할 필요는 없다. 리스크가 너무 큰 경우에는 대출을 재촉해도 효과가 없을 것이며, 또 당연히 효과가 없어야 한다. 그리고 만일 당시에 은행이 디플레이션을 우려했다면 대출 독려는 더욱 헛수고였을 것이다. 디플레이션의 경우에는 대출이나 투자 없이도 현금의 가치(구매력)가 증가하기 때문이다.

이러한 원리는 은행의 현금 비축에 대해 주된 설명을 제공하지는 않더라도 매우 걱정스러운 또 다른 일면이 있음을 설명해준다. 은행의 현금 비축이 걱정스러운 것은 디플레이션이 매우 위험하기 때문만이 아니라, 자본이 부족해진 은행에 국한되지 않고 현금을 보유한 모든 주체가 그 유혹을 받기 때문이다.

은행 대출이 완전히 중단되지는 않았다. 필자는 은행 대부분이 기존에 설정해놓았던 신용한도 약정을 이행했고,[11] 최고의 기존 고객 및 신용도가 우수한 소수 신규 고객에게는 대출을 했다고 믿는다. 은행이 취한 주요 조치는 신용 기준을 강화하고 금리를 인상한 것이었는데, 이는 자동적으로 대출 총액을 감소시키는 효과가 있었다.

은행은 과거의 느슨한 대출 행태를 신중하게 재개하기 전에 자기자본 쿠션을 확충해야 했으며, 정부의 자본 투입액을 주로 이 목적에 사용한 것으로 보인다(정부가 은행에 투자한 기본 형태인 우선주 매입은 기술적으로 증자가 아니지만, 만기가 없기 때문에 안전한 자본 확충 수단이 되었다).

이러한 이유로, 당시 은행에 대출을 강요했다면 이는 다시 지급불능의 나락으로 밀어내는 실수가 되었을 것이다. 실제로 은행은 안전성을 위해, 대출을 하는 것보다는 자기자본 쿠션을 확충하는 데에 구제자금을 사용해야 했는데, 이는 대출의 위험이 과거보다 커졌기 때문이었다. 개인 대출의 위험을 키우는 실업의 증가뿐 아니라 기업의 생산 하락 때문에도 대출 위험이 커졌다. 기업은 생산이 감소할 때 수입으로 기존 채무와 고정비용을 충당하는 데 급급할 것이고, 따라서 신규 차입을 상환할 여력이 줄어들 것이다. 자동차업계의 매출 감소는 부분적으로는 신차 구입을 위한 금융이 어려운 데에 기인한 것이지만, 매출이 감소한 디트로이트의 자동차 생산업체들은 신규 차입은 고사하고 기존 차입의 상환도 불가능하게 되었다. 자

---

11 상업어음(Commercial Paper: CP) 발행이 중단되면서 은행은 대기업에 대한 상업어음 인수 한도 약정을 지켜야 했다. 이와 관련해서는 제8장을 참조할 것.

동차업계의 회사채가 액면가를 하회하는 부실 채권 수준으로 매매되는 상황에서 어떤 은행이 추가 대출하겠는가?

부도를 예상해 경제 전반에 걸쳐 채권 가격이 하락했다. 그러나 채권의 높은 수익률(금리가 고정인 채권을 싸게 살수록 투자 수익이 커진다)은 은행의 관심을 끌지 못했고, 대출이 얼마나 위험한지를 상기시켜주었을 뿐이다.

익명을 요구한 월스트리트의 한 금융업자는 은행들이 진퇴양난에 빠진 상황에 대해서 다음과 같이 생생하게 표현했다.

어떤 보수적인 은행이 서브프라임 대출 보유 잔고나 부실 자산 구제 프로그램TARP(7,000억 달러 규모의 구제금융)의 수혜 금액이 별로 없고, 연방준비제도의 할인창구를 이용할 수 있는 입장에 있다고 하자. 이렇게 건재한 은행이라면, 민간 기업에 대한 신규 대출 영업을 활발하게 하여 정부의 저리 자금과 현행 시장금리 사이에서 차익을 취하는 것이 맞다. 그러나 이 은행의 행장은 계속 쏟아지는 나쁜 경제 뉴스를 보면서 GDP의 급감에 따라 실업이 급증할 것이고, 실업은 우량 모기지의 연체와도 상관이 있음을 머릿속에서 되뇐다. 항상 보수적으로 보였던 모기지 장부가 약간 위태롭게 보였다. 그때 은행장은 크고 작은 지역 기업들에 대출한 기업 대출 장부로 눈을 돌린다. 이 은행은 여기저기서 건설 대출을 시도하기는 했지만 대출 기준을 엄격하게 유지했다. 그러나 은행장이 대출 만기를 점검하고는 일부 대출이 가까운 장래에 만기가 도래한다는 것을 인식한다. 은행장은 또한 이러한 기업 가운데 일부는 곧 만기가 도래하는 2순위 담보대출을 받았거나 무보증 채권을 보유하고 있는 것도 안다. 만일 자본시장의 동결 상태가 지속된다면 이 기업들이 대출 상환 자금을 어디에서 조달하겠는가? 이 은행장은 자신이 그러한 고객 기업을 파산 처리할 (그리고 대출을 출자로 전환할) 여력이 없으며, 그들을 파산시키지 않으려면 만기가 도래할 때 대출을 갱신할 수밖에 없을 것임을 알고 있다.

이러한 점을 고려하고, 특히 은행장이 은행의 자산 가치와 기존 대출 간의 장래 요구 사항을 파악할 길이 아직 없는 상황임을 감안하면, 그가 현시점에 신규 대출을 하는 것은 말이 안 된다. 우리의 가설 속의 은행장은 만일 은행의 지불준비금이 손상되었다는 티를 조금이라도 내면 은행에 어떤 사태가 벌어질지 잘 알고 있으므로, 상황이 가시화될 때까지는 부실 자산 구제 프로그램 자금을 쌓아두고 연방준비제도로부터의 차입은 하지 않기로 결정한다.

이것이 시티은행으로부터 지방의 작은 은행에 이르기까지 미국 전체의 은행 내부에서 오가던 대화 내용이다. 그리고 그 의미는 유동성을 퍼뜨리려는 정부의 시도가 실제 대출을 독려하는 데에 별다른 효과가 없다는 것이다.

A FAILURE OF CAPITALISM

제3장

공황의 근본 이유

필자는 위험한 대출과 부족한 개인 저축의 결합이 이번 공황의 직접 원인이었으며, 따라서 리스크가 현실화되자 은행의 지급불능이 발생하고 신용경색으로 재화와 용역에 대한 수요가 감소했을 때, 개인들이 저축을 소비로 돌릴 수 없었으며, 결국 수요의 감소로 고용 및 생산이 하향 소용돌이 속에 빠졌다고 설명했다. 좀 더 깊이 들어가 보면, 우리는 다음과 같은 원인을 발견한다.

- 주택 거품이 터지면서 발생한 채무자 부도 사태로 은행의 지급 능력이 위태로워졌다.
- 초저금리가 은행으로 하여금 레버리지를 높이게 했다.
- 복잡한 금융상품이 사람들이 생각한 것보다 더 큰 리스크를 내포한 것으로 판명되었다.
- 금융 서비스에 대한 규제가 완화되면서 위험한 대출에 대한 견제 기

능이 상실되었다.

(주택 거품이 터짐으로써 주택 건설시장 또한 곤두박질했으나, 경제에 더 큰 위협을 주는 것은 재화와 용역에 대한 전반적인 수요 위축이었다.) 장래의 공황을 미연에 방지하거나 공황으로부터 신속한 회복을 기대하려면, 이러한 현상 역시 단지 가정하기보다는 설명할 필요가 있다.

실수라는 주장

공황의 근본 원인에는 인간의 실수(인지심리학에서 말하는 기벽 때문에 생기는 종류의 실수) 또는 '탐욕'과 같은 인성의 결함이 한 자리를 차지하고 있을지도 모른다. 예를 들면, 은행이 새로운 금융상품의 안전성을 오판했거나 실제로는 위험한 자산에 대해 AAA 등급을 부여한 신용평가회사에 속아 넘어갔고, 일반인들은 변형 모기지 대출(다운페이가 없거나 변동금리)에 내포된 위험을 이해하지 못했기 때문에 주택 거품이 생겼다고 일반적으로 널리 인정된다. 거품은 비합리적 낙관주의, 즉 금융 전문가조차도 단순한 추정 이상으로 정교하지 못한 예측 능력의 부족을 반영하며, 따라서 주택이나 주식 가치가 상승할 때에는 소비 대중뿐 아니라 금융시장도 끝없이 상승할 것으로 기대하게 된다고 설명되었다. 금융업계 종사자들이 어리석다는 말까지도 나왔다.

은행의 행동은 합리적이었다는 주장

필자는 미국 경제가 붕괴한 주원인이 피할 수 있었던 실수를 저질렀거나, 합리적으로 행동하지 못했거나, 필자보다 지능지수가 높은 금융업 경영자들의 지능이 부족했기 때문이라고는 생각하지 않는다.

은행산업을 쓰러뜨린 실수가 피할 수 있는 것이었다면 피했을 것이다. 주택 거품이나 금융기관의 과도한 레버리지에 대해서는 2003년부터 수많은 경고가 제기되었다. 그리고 2003년 10월 토머스 헬블링Thomas Helbling과 마르코 테런스Marco Terrones가 발간한 이상할 정도로 선견지명적인 「거품이 터질 때When Bubbles Burst」[1]라는 논문처럼 낭패 상황에 대해 훨씬 더 정확한 예측이 출현했다. 로버트 실러Robert Shiller[2]와 애비내시 퍼소드Avinash Persaud[3]는 2004년 4월에 각각 유사한 논문을 썼다(제8장 참조).

≪이코노미스트Economist≫는 2002년 9월에 주택 거품을 포착하여 곧 미국 경제 전반과 금융 시스템에서 거품이 갖는 의미에 대해 집착하게 되었다. 2004년 7월 3일 자 ≪이코노미스트≫ 기사에서는 이렇게 지적했다.

---

1 지은이 — Thomas Helbling and Marco Terrones, "When Bubbles Burst," *World Economic Outlook*, April 2003, Chapter II.
2 예일 대학교 교수로, 국가경제조사국(NBER) 연구원을 역임했다. ≪뉴욕타임스(New York Times)≫ 선정 베스트셀러인 그의 저서 『비이성적 과열(Irrational Exuberance)』(Bantam Dell Pub Group, 2000)은 주식시장의 거품을 경고했고, 2005년 CNBC에서는 주택 가격의 상승이 지속하지 못할 것이라고 언급했다. 2003년 브루킹스연구소(Brookings Institution)에서 발간한 공동 보고서 「주택시장이 거품 속에 있는가(Is There a Bubble in the Housing Market?)」와 『비이성적 과열』의 개정판(2005)에서는 주식과 주택 가격의 하락을 예고했다. 2006년 8월 ≪월스트리트저널≫에 기고한 글에서도 예상을 뛰어넘는 불황이 올 것을 예고했다.
3 퍼소드는 스테이트 스트리트 뱅크(State Street Bank)와 JP모건(JP Morgan)에서 조사부장을 역임하고, 현재는 런던의 투자은행인 엘라라 캐피털(Elara Capital)을 운영하고 있다.

"주택시장의 낙관주의자는 ≪이코노미스트≫ 등 예언자들이 1년 전부터 부동산 거품에 대해 경고했는데도 가격 상승세가 지속되었음을 들어 이러한 우려를 묵살하고 있다. 그러나 가격 상승으로 주택시장이 안전해진 것이 아니라 더 취약해진 것이다. 거품의 첫 번째 법칙은 모든 사람이 기대하는 것보다 훨씬 더 오래 팽창한다는 것이다. 두 번째 법칙은 언젠가는 터진다는 것이다." 2004년 10월에 ≪이코노미스트≫는 "이번에는 다를 것인가 Will It Be Different This Time"라는 제목의 특출하게 우수한 기사를 실었다. 곧 ≪파이낸셜타임스≫도 다시 거품을 보도하기 시작했다. 이 신문은 거품과 관련한 주체로서 취약한 미국 은행 시스템과 불충분한 은행 감독 문제를 자주 논했다.

미국 은행들은 틀림없이 자신들의 업황에 대해서 경제학자와 금융기자들만큼 잘 알고 있었다. 그들은 자신들의 자본구조에 리스크가 많고, 과거가 미래에 항상 반복되는 것은 아니므로 주택시장과 신용시장의 역사적 경험에 근거한 부도 위험 모델은 신뢰할 수 없으며, 또한 신용평가회사는 평가 대상인 기업으로부터 수수료를 받으므로 은행과 이해가 상충되고, 금융 중개업은 단기차입해서 장기대출을 해야 이익이 나기 때문에 본질적으로 불안정할 수밖에 없다는 사실을 분명히 알고 있었다. 그렇다면 은행가는 어떻게 할 것이었는가? 그들이 재앙 발생의 리스크를 측정할 때 고려해야 할 핵심적인 요소는 주택 가격 상승이 거품일 확률과 거품이 터지면 주택 가격이 최소한 20% 이상 하락할 확률이었다. 두 가지 상황이 모두 발생하면 지급불능이 나타날 것이었다. 가격 상승이 거품일 확률이 10%이고 거품이 맞는다면 주택 가격이 20% 이상 하락할 확률도 10%라는 추정이 최선이었다고 가정해보자. 그렇다면 주택 가격이 20% 이상 하락할 확률은 1%(10%×10%)에 불과했다. 따라서 재앙은 몇 년간 발생할 것 같지 않았고, 재앙을 당할 리스크도 감수할 만한 수준으로 보였을 것이다. 1%의 은행 도산 리스크는 1%의 핵전쟁 발생 리스크와는 다르다. 도산은 아주 흔한 일이고, 실제로는 자본주의사회의 필수불가결한 제도다. 리스크와 수익이 정표의 상관관계를 갖기 때문에, 은행이 너무 안전하게 영업한다면 투자자가 등을 돌림으로써 역설적으로 실패하게 된다. 영업은 도산의 위험을 조금은 안고 가야 한다. 은행이 대거 도산하는 사태는 경제를 멈출 수 있다. 하지만 개별 은행은 그러한 결과를 회피하는 조치에 대한 유인이 없다.

금융기업 내부의 이해상충 관계를 고찰해보면, 독자는 현명한 인재들이 합리적으로 의사 결정을 내렸는데도 왜 재앙이 발생할 수 있는지를 더 잘 이해할 수 있다. 은행은 리스크 관리자와 증권 매매 전문 직원을 고용한다(필자는 매매 전문이라는 용어에 대출 담당자를 비롯해 은행을 위해서 대출이나 투자 결정을 하는 모든 인력을 포함시킨다). 그러나 이 두 가지 부류의 직원은 근본적으로 상반된 목적을 가지고 있다. 매매 직원은 이익에, 리스크 관리자는 안전에 목적을 두며, 두 가지 목적은 반비례 관계에 있으므로 이익이 늘려면 안전이 희생되어야 한다. 리스크 관리는 증권 매매와 달리 사내에서 이익 창출 부문으로 취급되지 않는데, 이는 사내의 회계사와 변호사가 창출한 이익을 구별해내기가 어렵듯이 리스크 관리자의 기여도도 측정하기 어렵기 때문이다(회계사와 변호사도 실질적으로는 리스크 관리자다). 따라서 금융기업은 리스크 관리자보다는 성과 높은 매매 전문직의 견해를 중시하는 경향을 보인다.

2000년대 초에 금융 부문이 급성장하면서, 충분한 훈련을 받고 경험을 갖추지 못한 젊고 미숙한 매매직과 분석가가 은행 내의 책임 있는 위치에 앉았다. 그리고 조직이 팽창할 때에는 부하에 대한 통제가 약해지기 마련이며, 이에 따라 직원의 경험 부족 문제가 더욱 악화된다. 필자는 여기에서 금융위기 발생을 젊은이 탓으로 돌리려는 것이 아니다. 은행에서 대출과 투자 포트폴리오의 리스크 수준을 높이는 의사 결정은 고위직에서 내리는 것이 보통이었으며, 그러한 사례로 로버트 루빈Robert Rubin 전 재무장관이 시티그룹에 재직하던 당시 경영진을 설득하여 리스크와 수익을 높인 일이 있다. 잘 경영되는 회사(거대 시티그룹이 잘 경영된다고 생각하는 사람은 없다)에서는 하의상달이 장려될 것이다. 예를 들면, 리스크 관리를 수학적으로 처리하는 첨단 도구가 지닌 한계에 관해서는 고위 경영진보다 더 많이 아는 똑똑한 분석가의 의견이 존중될 것이다. 하지만 조직의 규모가 커지면 의사소통과 통제에서 고질적인 문제가 발생하며, 이번 위기를 부르는 데 이런 문제가 일조했다는 것이 필자의 논점이다.

필자가 언급한 조직 내 문제의 출현 시기는 모기지담보부증권, 신용부도스와프, 기타 복합금융상품을 포함하는 신금융상품의 탄생 시기와 일치했다. 1920년대 금융기관은 당시 새로운 금융 방식인 소비자의 할부 구매, 은행의 주식 매입 대금 신용대출 등이 출현하자 긴장했다. 이와 비슷하게, 최근 급팽창에 따른 스트레스에 시달린 조직들이 새로운 금융상품 출현으로 제기된 분석적 도전 과제 때문에 스트레스가 가중되었다. 조직상의 문제(또 하나의 문제는 전술했듯이, 리스크 관리자보다 매매직의 의견이 중시되는 경향이다)는 실수의 가능성을 높인다. 그러나 조직의 문제는 회피하거나 해결할 문제이지 비합리성을 나타내는 것은 아니다.

모든 사람이 그렇듯이, 기업인과 소비자의 행동은 감정의 영향을 받는다. 그러나 사람의 감정이 반드시 또는 늘 비합리적인 것은 아니다. 감정은 직관처럼 일종의 단축된 사고이며, 의식적으로 분석하는 절차보다 우위에 있는 경우가 많다. 운전자가 보행자와의 충돌을 피하고자 깜짝 놀라 핸들을 급히 꺾는 것을 두고 핸들을 꺾기 전에 비용·편익 분석을 하지 못했다고 해서 비합리적이라 할 수는 없는 것이다.

금융 행태가 비합리적이라고 주장하기 위해서 제시되는 사례는 대부분 피상적인 것이다. 예를 들면 많은 사람이 주식을 시장의 꼭짓점에서 사고 바닥에서 파는 모습을 보이는데, 원래는 정반대 행동을 해야 맞다. 하지만 시장에 매수세가 없으면 꼭짓점이 도래할 수 없고, 매도자가 없으면 바닥도 다가오지 않는다. 어느 누구도 시장이 꼭짓점에 도달했는지 알 수 없다. 꼭짓점에 이를 때까지 가격은 상승하며, 거품 속에서도(거품임을 확인하는 사람도 없지만) 한동안은 상승을 계속할 것이라고 추측하는 것은 타당하다. 마찬가지로 누구도 주가가 바닥을 쳤는지 알 수 없다. 그리고 주가가 더욱 하락할 경우에는 손실이 더 커지므로 그러한 리스크를 제거하기 위해 하락장에서 손절매하는 것은 신중을 기한 행동일 것이다. 사람들이 상이한 기대치를 가지고 있고, 리스크에 대한 수용 태도도 다르기 때문에, 주가의 변동이 가능한 전 범위에 걸쳐 매매를 하면 차익을 얻을 기회가 생긴다.

물론 시장의 추세가 매번 끝없이 지속할 것이라고 기대한다면 바보이며, '합리적 기대rational expectations' 이론을 정립한 영향력 있는 경제학파[4]가 이를 증명했다. 그러나 불확실성이 큰 상황에서는 내일이 오늘과 같을 것이라고 상정하는 것보다 더 잘 예측하기는 불가능할 것이다. 케인스는 기업활동의 불확실성이 지닌 또 다른 의미를 다음과 같이 언급했다.

개인적이거나 정치적 또는 경제적이든 인간의 장래에 영향을 미치는 의사 결정은 엄격한 수학적 기대에 의존할 수 없으며, 이는 그러한 계산을 할 토대가 존재하지 않기 때문이다. 그리고 세상 일이 굴러가게 만드는 것은 우리의 선천적인 행동 욕구다. 왜냐하면 우리의 합리적 자아는 가급적 계산을 통해 최선의 대안을 선택하지만, 때로는 일시적 기분이나 감정 또는 우연에

---

4 이 학파를 대표하는 로버트 루커스는 정부가 어떤 효과를 기대하고 정책을 펼 때 경제 현실은 예측한 방향으로 움직이지 않는다고 했다. 어떤 효과를 목적으로 한 정책이 과거 자료를 토대로 만든 것인 반면, 사람들은 그러한 정책이 몰고 올 변화까지 예측해 반응하기 때문이라는 것이다. 루커스는 1995년에 노벨 경제학상을 받았다.

의해 움직이기 때문이다.⁵

　큰 불확실성 속에서의 선택이란 숫자의 합계를 계산하는 상황이 아니라 어둠 속에서 총을 쏘는 행동과 같다. 따라서 우리는 그처럼 불확실성 속에서도 기꺼이 행동하는 일부 사람들의 성격 특성('성격 결함'이 아니다)을 검토해야 한다. 그들은 불확실성에 대한 회피 성향이 평균보다 낮은 사람들이며, 우리가 논의하는 기업활동 측면에서 보면 그들은 돈벌이를 좋아하는 정도가 평균 이상인 사람들이다. 앨런 그린스펀Alan Greenspan 의장의 통화정책으로 말미암아 영리한 사람들에게 큰 위험을 취하면 막대한 재산을 모을 기회가 주어진 시대에, 당연히 이들은 금융중개업에 떼 지어 진입하게 되었다. 이러한 금융업자들은 비합리적인 사람들이 아니다. 하지만 이들이 금융중개업에 모여든 시점이 위험성 있는 대출을 감싸고 있던 포장이 벗겨진 시점과 일치했으므로, 그 업종에 고유한 불안정성이 커졌다.

　불확실성 속에서의 행동에서처럼, 다른 사람의 행동을 따라 하는 것도 흔히 비합리적이라고 생각하지만, 사실 비합리적이지 않다. 시장에서 매매되는 어떤 자산의 가격이 상승세를 지속할 것으로 보지 않는다고 하자. 그러나 가격이 상승하고 있다는 사실은 시장 내의 타인들이 당신과 다른 의견을 가지고 있음을 의미한다. 그들은 독자가 알지 못하는 어떤 정보를 보유할 수가 있으며, 실제 그러한 경우가 많다. 무리를 따라 가면 위험하지만, 그것이 비합리적이지는 않다(그리고 무리 속의 안전함을 포기하는 것도 위험하다. 야생 영양의 경우가 그러하다). 이 때문에 남들이 매수하는 주식을 쫓아 사서 주가를 올리는 추세 추종 행동은 비합리적이지 않다.

　이와 유사하게, 정부 관리들과 경제학 교수들이 이데올로기에 얽매여

5　지은이 — John Maynard Keynes, *The General Theory of Employment, Interest and Money* (Palgrave Macmillan, 1936), pp. 162~163.

공황을 예측하고 효과적으로 대응하는 데 실패한 사례(제8장에서 설명)에서 나타나듯이, 선입견에 사로잡히는 것이 매우 위험한 반면에, 선입견이 없이 생각하는 것도 비합리적이다. 선입견이 편견뿐만 아니라 필수 지식도 포함하고 있기 때문이다.

이러한 사례는 합리성과 비합리성 간의 경계선이 분명하지 않다는 것을 시사하며, 필자가 경제적 행위의 비합리성에 큰 비중을 두지 않는 이유 중의 하나다. 더 중요한 이유는 지금의 공황에 대해 일정 수준의 무작위성(우연성, '불운')을 가정하지 않고 설명할 수는 없지만, 비합리성을 가설화하지 않고도 설명할 수 있다는 데 있다.

거품에 관해

주택과 신용의 거품부터 살펴보자. 수요와 공급의 기본 요소가 불변인데, 일부 종류의 자산 가격이 폭등했다가 폭락하는 자산 가격 거품은 왠지 비합리적인 것처럼 들린다. 사실, 거품은 중요한 혁신이 일어났지만 그 영향력이 불확실한 데 대한 합리적 대응으로 나타나는 경향이 있다. 1920년대에는 제조업 생산성이 빠른 속도로 증가하고 새로운 자금 차입 방식이 개발되었기 때문에, 미국이 장기간 지속될 고속 성장기에 들어섰다고 믿을 근거가 있었다. 투자자들이 미국이 그러한 성장기에 확실히 들어선 것이 아니라 어쩌면 들어섰을지 모른다고 옳게 판단했다고 가정하자. 불확실성은 기업의 기대 주가, 특히 신생기업의 기대 주가를 증가시키는데, 그것은 주가의 상승 한도는 무한대이지만(구글을 보라), 손실 한도는 영(0)으로 제한되기 때문이다(이러한 비대칭성은 기업의 유한책임, 즉 주주들이 회사의 손실을 부담하라는 소송을 당하지 않는다는 사실에 따른 결과로서 의도되지 않은 것이다). 따라서 1920년대에 사람들이 주식에 투자하고 무한대의 이익을 추구하는 것은 당연했다.

같은 상황이 1990년대에도 발생해 정보통신 기술의 혁신과 함께 새로운 시대가 열린다고 떠들썩했다. 그리하여 다시 한 번 주식의 거품이 발생했다. 2000년대의 주택과 신용 거품은 채무의 증권화가 널리 이루어진 데다 세계적 자본 잉여로 저금리가 무한히 유지될 것이라는 기대가 확산된 데 따른 결과로서, 금융의 새로운 시대가 열릴 것으로 보고 이에 대응한 것이다. 실제로 연방준비제도는 인플레이션을 유발하지 않고 저금리를 유지하는 비결을 가지고 있다고 여겨졌다.

시대마다 거품은, 불확실하지만 밝은 장래에 대한 합리적인 베팅으로 시작되었다. 그 거품은 진짜 거품이라는(즉, 가격 상승이 펀더멘털fundamental의 변화를 반영하지 않는다는) 우려의 소지가 나오기 시작했을 때에도 계속 팽창하다가, 새로운 시대에 대한 기대가 다시 한 번 잘못되었음(또는 성급했음)을 시장이 깨달았을 때 터졌다. 어느 단계에서나 발생한 상황을 설명하기 위해 합리성을 상정할 필요는 없다.

레버리지는 리스크를 높이지만 기대수익도 높인다. 따라서 이번에 발생한 거품에 대해 시장 참여자들이 지난번 겪었던 거품에서 활용했던 레버리지 수준을 초과하지 않는 범위 내에서 레버리지의 상충 효과를 활용하겠다고 판단한 것은 비합리적이지 않았으며, 특히 신금융상품이 리스크를 최소화해준다고 믿었기 때문에 더욱 그러했다. 신금융상품은 저금리 및 낮은 물가 상승률과 마술적으로 결합해 이 시대를 새롭게 보이게 만든 핵심적 혁신이었다. 특수목적회사Special Investment Vehicle도 그러한 핵심적 혁신이었다. 은행이 위험한 자산, 예컨대 부채담보부증권Collateralized Debt Obligation: CDO(모기지담보부증권을 더욱 복잡하게 변형한 것)을 발행한 후 그 자산을 직접 보유하여 기장記帳하기보다는 그 자산을 보유할 목적으로 설립된 별도 법인(특수목적회사)에 넘김으로써 그 자산이 폭락하더라도 은행의 자본은 손상되는 일이 없게 한 것이다. 은행이 해당 특수목적회사가 입는 어떠한 손실에 대해서도 보증하지 않는다고 사전에 공시하는 한, 특수목적회사 보유 자산에 투자한 투자자는 손실을 보더라도 자신이 판단하여 행동했기 때문에 은행에 대고 불평할 수는 없었다. 따라서 특수목적회사는 특정한 투자자에게 그들의 위험 선호 또는 회피 성향에 따라 위험을 분산하는 또 하나의 장치가 되었다.

금융기업이 금리가 매우 낮을 때 대거 차입해 확대되는 시장 쪽에 대출하면 얻을 수 있는 수익이 너무나 컸으며, 이러한 수익 기회는 금융기업으로 하여금 파산 위험이 작기는 하지만 무시할 수 없을 정도로 인식되는 수준까지 레버리지를 높이게 하는 유인을 제공했다. 경제학 공식에 의해, 합리적인 회사는 레버리지를 더 늘렸다가 파산할 때 그 기대비용(경영자와 주주의 입장에서 파산 비용에 확률을 곱한 것) 증가분이 기대수익 증가분을 넘게 되는 한계점까지 레버리지를 높일 것이다. 달리 말해, 합리적인 회사는 파산 위험에 대한 보험료(레버리지 축소에 따른 이익 감소의 형태임)가 파산할 때의 기대 비용보다 작아지는 한계점까지만 레버리지를 낮추는 방식으로 보험을 들 것이다.

특히 금리가 낮을 때에는 거품 상황을 인식하더라도 거품에 편승하는 것이 합리적이다. 왜냐하면 거품이 언제 터질지는 알 수 없으며, 터질 때까지는 거품이 확장을 지속하여 가치가 상승하므로, 거품에서 벗어난다면 큰 수익 기회를 포기하게 되기 때문이다. 2007년 7월 시티그룹의 당시 CEO는 "음악이 멈추면 유동성 면에서 상황이 복잡해질 것이다. 그러나 곡이 연주되는 동안에는 우리는 일어나서 춤춰야 한다. 우리는 아직 춤추고 있었다"라고 말했다(그는 몰랐지만, 연주는 중단되어 있었다). 그리고 당신이 거품에 올라타고 있음을 알고 거품 편승이 두렵더라도, 큰 대가를 치르지 않고 거품에서 빠져나오기는 어렵다는 점을 필자는 곧 설명할 것이다.

"당신이 거품에 올라타고 있음을 알더라도……"라고 했지만, 거품이 터지기 전에 어떻게 안다는 말인가? 시장 동향을 비판하는 것은 어렵다. 예를 들어 주가수익비율 PER이 터무니없이 높을 정도로 주가가 올랐다고 해서 주가가 너무 높다고 말하기는 어려우며, 1년 동안 국부, 인구 및 건축비가 별로 증가하지 않았다고 해서 집값이 1년에 20% 뛴 것이 지나치다고 말하기는 어렵다. 오늘날 우리가 주택 거품 시기였다고 판단하는 과거의 기간 당시에 임대료 대비 주택 가격 비율이 상승한 것은 미국인들이 정말로 주택 투기를 하고 있음을 시사하는 것이었다. 주택 임차는 소유와 밀접한 대체 관계에 있기 때문에, 투기세력이 없었다면 이 비율이 불변이었을 것이다. 그러나 투기자들은 주택 투기를 위해서 실제로 주택을 보유했고, 투기는 내재가치에 맞춰 시장가격을 조정하는 데 유효한 방식이다. 이제 우리가 과거의 가격 상승이 거품이었음을 아는 것은 가격이 상승을 중단한 데 그친 것이 아니라 중단 후에 폭락했으며, 그러한 급등락을 설명할 기초적인 경제적 변동이 없었기 때문이다. 그리고 가격이 급락하기 전에는 거품의 존재를 의심할 수 있을 뿐, 확인할 수는 없었다. '비이성적 과열'(제3장 각주 2에서 설명한 실러의 저서 참조)을 쉽게 받아들일 인물이 아닌 벤 버냉키 Ben Bernanke 연방준비제도이사회 의장은 거품이 터지기 직전인 2005년 가을(그가 대통령 경제자문위원회 의장이던 당시)에 주택 가격 상승은 거품이 아니며, 적어도 일차적으로는 주택산업에 영향을 미치는 기초적 경제 요소가 변동한 결과라고 언급했다.

투자자가 거품을 인식하더라도 그 거품에서 빠져나오기 어렵다는 점을 설명하려고 어떤 은행 경영자가 주주들에게 이렇게 말한다고 가정하자. "우리는 모기지담보부증권에 대거 투자하고 있어서 주택 거품을 타고 있다고 생각되며, 거품이 곧 터질 수 있으므로 우리의 레버리지를 줄이거나 리스크가 좀 더 낮은 자산에 주로 자본을 배치할 것입니다. 그리고 이러한 결정은 여러분의 단기 수익률이 낮아질 것임을 의미합니다. 그러나 장기적으로는 좋아질 것으로 생각하지만, 확신할 수는 없으며, 얼마나 오래 기다려야 할지도 모르겠습니다."

이렇게 설득하더라도 은행의 주주들은 다른 은행이 계속해서 거품을 타고 있는 동안에는 수긍하기 어려울 것이다. 은행 주주들은 경쟁 은행의 주주들이 많은 돈을 계속 벌어들이는 것을 보면서, 은행 경영진이 단순히 실패에 대한 핑계를 대고 있다고 인식하기가 쉽다. 더구나 투자자는 자신의 포트폴리오 자체를 다변화함으로써 자신의 리스크를 낮출 수 있다. 따라서 그들은 가변비용 대비 고정비용 비율이 매우 높아 파산할 위험이 있는 기업의 주식을 보유하고 있다고 해서 우려하지 않는다.

거품에 대한 공매도 가능성

거품 상황임을 인식한 투자자들이 모기지담보부증권을 공매도함으로써 거품이 너무 커지기 전에 터뜨릴 것이라고 생각할 수 있다.[6] 그러나 시장의 거품 속에서 이루어지는 공매도는 거품이 곧 터질 시점이 아닌 한 매우 위험하다. 공매도자는 통상 가격이 떨어질 것이라고 판단되는 증권을 차입해 즉시 특정 가격(아마도 현 시가에 근접)으로 매도한다. 예측대로 가격이 하락하면 공매도자는 동일 증권을 저가에 재매수하여 대여자에게 현물로 상

---

[6] 존 폴슨(John Paulson)이라는 헤지펀드 매니저는 서브프라임 모기지담보부증권을 공매도하여 2007년 헤지펀드 매니저 소득 랭킹에서 37억 달러로 1위에 올랐으며, 운용 자산은 280억 달러에 달했다. 존 폴슨도 주택 가격이 보합에만 머물러도 부도가 쇄도한다는 조사에만 200만 달러의 비용을 투입하고 1년 이상을 기다리는 과정을 겪었다.

환한다. 만일 가격 예측이 잘못되어서 빌려온 증권의 인도 기일에 가격이 더 높다면, 공매도자는 기존 매도가보다 높은 가격에 동일한 물량을 매수하여 상환해야 하므로 돈을 잃는다. 그리고 그의 손실 가능 액수는 무한한데, 이는 주가 상승에 한계가 없기 때문이다. 당신이 주식을 10달러에 산 후 폭락했더라도 당신이 10달러를 넘어서 손해 볼 일은 없다. 그러나 당신이 10달러에 공매도한 후 주식을 인도할 기일에 주가가 100달러로 상승한다면 당신은 90달러의 손실을 본다. 반면, 이때 당신이 매수자라면 엄청난 수익을 올릴 수 있다. 케인스가 말했듯이 "시장은 당신이 지불 능력을 유지하는 기간보다 더 오래 비합리적일 수 있다".

거품 속에서의 단기 이익 추구 행동

2006년에 이미 미국의 주택 거품이 터진 상태였는데, 그 후에도 미국 은행들이 위험한 대출을 계속했다는 사실에 독자들이 혼란스러울 수가 있다. 그러나 저금리가 지속되어 차입 수요는 계속해서 많았다. 은행이 모기지담보부증권이 불안하고 자기자본 쿠션이 취약함을 인정했었다면 대출을 줄였을 것이고, 이에 따라 이익도 축소되었을 것이다. 또한 여기에는 '음악이 멈추면 의자에 먼저 앉기 게임'의 문제가 존재했다. 은행은 모기지담보부증권을 발행하기 위해 원原담보인 모기지대출채권도 매매했는데, 발행은행이 모기지담보부증권 매수자를 신속하게 찾아낸다면 리스크를 그 매수자에게 전가할 수 있었다. 하지만 폭락이 너무나 갑작스러웠던 탓에, 다수의 발행 은행은 마치 게임에서 의자에 먼저 앉지 못한 아이처럼 모기지담보부증권으로 매각하지 못함으로써 급속히 가치가 떨어지는 자산을 안게 되었다. 그래서 주택 거품에 뒤이어 신용 거품이 발생했으며, 주택 거품이 터진 후 1년쯤 지나자, 신용 거품에서도 공기가 빠지기 시작했다.

　기업 경영자들이 거품에 매달려 최고의 성과를 내려는 성향, 즉 단기 이익을 극대화하려는 경향은 호황기의 월스트리트같이 경영진의 보수가 매우 후하면서 부진할 때 삭감되는 업계에서 더욱 심화된다. 왜냐하면 경영자는 현직에 오래 남아 있을수록 더 많은 돈을 벌게 되고, 거품이 터지더라도 이사회에서 두둑한 퇴직금을 보장받아 든든하기 때문이다. 유한책임도 또 하나의 요인이다. 스톡옵션을 많이 받은 임원이나 어느 주주도 회사가 파산할 경우에 개인적으로 부담하는 손해배상 책임은 없다.

　그리고 임원들은 이처럼 매력적인 조건을 어떻게 확보하는가? 이사회가 고용한 보수 책정 자문사들은 경영진 보수를 후하게 주도록 권고하고, 그 일환으로 퇴직 시의 많은 퇴직금('황금낙하산')이 포함된다. 자문사는 이사회가 고위 임원들을 관대하게 대우하면 임원들이 고마운 마음에 다시 그 자문사에 다른 컨설팅 용역을 줄 것이기 때문에 그렇게 권고하는 것이다. 그리고 이사회는 임원 보수에 관대한 성향이 있어 그 자문보고서를 기꺼이 따른다. 이사회 구성원 다수가 임원을 겸하고 있기 때문이었다. 그리고 기업의 최고경영자CEO가 이사회 구성원의 재선임 여부에 대해 발언권을 가지고 있기 때문에, 이사들은 최고경영자의 보수가 높아야 연임할 기회가 많다고 생각한다.

　따라서 이사회 구성원들에게는 임원 보수 결정 안건에서 개인의 이익과 회사의 이익이 충돌하며, 금융산업에서 발생하는 이해충돌은 이뿐만이 아니다. 은행권으로부터 선거자금 후원을 많이 받는 워싱턴의 의원들이 느슨한 은행 규제를 선호하는 것도 그렇게 하지 않는다면 후원금이 줄기 때문이다. 그리고 공인회계사들은 자신이 감사하는 회사로부터 보수를 받기 때문에 고객사의 부도 위험을 부각하기를 꺼린다. 이러한 리스크는 회계감사 과정에서 공인회계사가 검토하는 서류에 나타나지 않는 것이 당연하지만,

때로는 드러난다.

　임원 보수가 후할수록, 그리고 임원 보수가 회사가 처할 수 있는 곤경으로부터 절연되어 있을수록, 그 임원이 단기 이익을 극대화할 유인이 더욱 커지며, 특히 단기적 이익이 크고 장기적 결과는 재앙인 거품 상황에서는 더욱 그러하다. 그 거품이 주택 거품이라면 임원들의 단기 업적 지향 유인이 훨씬 더 클 것이다. 위험한 모기지에는 모기지 권리자(또는 모기지담보부증권 구입자)에게 상환불이행 리스크를 보상하기 위해 높은 금리가 설정된다. 그러나 채무자 부도의 발생 위험은 시간적으로 대출 전체 기간에 분산되기 때문에, 높은 금리는 초기에는 확실히 고수익을 창출한다. 은행의 이익은 앞으로 부도율이 증가한 이후에야 손상을 받을 것이다. 그리고 독자들은 수많은 모기지 부도가 발생하기 이전에 모기지담보부증권의 발행자가 발행 주선 수수료를 선취한다는 점도 감안해야 한다.

　단기 이익 극대화 유인은 기업의 고위 경영진과 처지가 다른 매매직의 경우도 특히 높다. 다음의 예를 보자(딘 포스터 Dean Foster와 페이튼 영 Peyton Young[7]이 최근 논문에서 제시한 것이다). 한 매매 직원이 1억 달러의 자금을 할당받았다. 그는 이 돈을 국채에 투자해서 3%를 받고, 7%의 연간 부도율을 가진 신용도의 주체에 대해 1억 달러의 신용보험을 제공하여 일종의 보증료로서 연간 700만 달러를 받는다. 보험료와 수입 이자의 합계는 1,000만 달러로, 그의 투자는 연 10%의 수익률을 올린다.

　그가 판매한 신용보험에 대해 5년 이내에 1억 달러를 물어주어야 할 가능성은 불과 30%다. 그리고 신용을 보장해준 사건(부도)이 5년 내에 발생하지 않는다면 그는 투자에서 높은 수익률을 시현해 두둑한 보너스를 받을 것이다. 사실 그는 높은 리스크를 부담하고 있으며, 회사의 리스크 관리자

7　영은 게임이론을 발전시켰고 확률적 안정(stochastic stability) 개념을 개발했다.

들은 아마도 그의 거래를 중단시킬 것이다. 그러나 이 예시에서 나타난 거래가 단순한 것인 반면, 대체로 매매 직원이 리스크 관리자보다 상급자에 대해 더 강한 영향력을 행사하는 상황에서, 매매 직원은 그 거래를 가급적 복잡하게 포장하면서 자금을 운용할 것이다.

그리고 어떤 회사가 리스크 높은 투자 때문에 재앙이 다가오고 있음을 인식하면 '부활을 위한 도박' 현상이 나타나게 된다. 경영진이 ① 6개월 후 파산(투자 없이), ② 파산을 8개월 동안 연기할 수 있는 안전한 투자, ③ 1개월 후 80%의 확률로 파산이 발생하지만 20%의 확률로 파산을 면하게 할 위험한 투자 가운데 하나를 선택한다면, 세 번째 선택이 가장 위험하지만 경영진에게 가장 매력적일 것이다. 이것이 거품이 터질 때는 가공할 속도로 터지는 이유이며, 2008년 9월 신용 거품이 그런 속도로 붕괴했다.

임원 보수의 문제

거품 상황에서 기업 임원이 단기 이익을 극대화하려는 유인을 억제하기 위해 임원 보수 지급을 이연(퇴직금 지급과는 효과가 반대다)할 수 있다. 예를 들면 현금 대신 회사 주식으로 지급하되 상당 기간 매도를 금지하는 것이다(이사들이 퇴직금을 보장받는 경우, 이들은 주주들이 허용하는 최대의 리스크를 회사에 부담시켰다가 맞이할 면직 등 최악의 결과에 대비해 보험을 든 셈이다). 기업은 실제 이러한 보수의 이연 지급을 활용하지만, 그것만으로는 단기 실적에 대한 이사들의 과도한 집중을 막는 데 불충분하다.

그런데 금융위기가 발생하기 이전에 발표된 다수의 경제 문헌에서는 임원 보수와 관련해 임원들로 하여금 그들이 원하는 수준보다 더 높은 리스크를 부담하게 권장해야 한다고 주장했다. 이러한 주장은 임원의 금전적

'달걀(주주의 금전적 달걀과 구별되어야 한다)'의 전부 또는 상당 부분이 보수라는 한 바구니에 담겨 있기 때문에, 임원 보수가 기업의 성과에 더 많이 연동될수록 임원들이 리스크를 더욱 회피하려 할 것이라는 논리에 기초했다. 이러한 논리에 따른다면, 주가에 연동되는 보수와 넉넉한 퇴직금이 결합되는 비대칭적 보수 체계가 주주에게 득이다. 그러나 이러한 보수 체계가 공황이 발생할 리스크를 높인다면(실제로 높였다) 국가 전체로는 득이 아닐 것이다.

채무의 모기지 유동화 또한 단기 이익 극대화 현상에 기여했다. 은행은 25년 내지 30년을 기다려 주택 모기지를 전액 상환받는 대신, 모기지를 모기지담보부증권과 교환함으로써 대출의 현재 가치를 현금화해 경상이익을 높이게 되며, 그 이익의 일부는 급여, 상여금, 수당 또는 자사주 등의 형태로 임원들에게 지급되었다. 은행은 항상 모기지를 매각해왔었지만, 모기지 증권화 덕분에 모기지 시장의 유동성이 더욱 높아졌다

필자는 임원, 특히 대기업의 고위 경영진이 1~2년 사이에 자신의 회사가 파산하고 자신은 면직될 것을 알면서도 현행 소득의 극대화를 추구한다고 주장하는 것은 아니다. CEO는 보수를 이연해 지급받는 체계가 명시적으로 존재하든 존재하지 않든 간에, 자신의 회사 주식에 거액을 투자하고 있는 경향이 높다. 리먼브러더스와 베어스턴스 같은 회사의 고위 경영진은 회사가 쓰러졌을 때 개인적으로 큰 손실을 입었다. 그러나 단기 고수익을 창출할 리스크를 취해서 많은 이익을 올릴수록, 그리고 경영자가 실직할 경우의 퇴직금 보장이 클수록, 경영자가 더 많은 리스크를 취하는 것이 합리적일 것이다.

그리고 전술했듯이, 금융의 재앙은 다른 형태의 재앙과 마찬가지로 희소한 사건이라는 점을 기억하라. 경영자의 임기는 제한되어 있다. 이 때문에 경영자에게는 발생 확률은 낮지만 만일 발생한다면 재앙적인 결과를 가

져올 리스크를 부담할 유인이 생기는데, 그러한 일이 자신의 임기 중에 발생할 것 같지는 않기 때문이다.

임원들이 사업상의 의사 결정에서 너무 먼 미래까지 내다보려 하지 않는 마지막 이유는 일기예보가 그러하듯이 사업 가치에 대한 정확한 장기 예측이 불가능하다는 것이다. 그러므로 사업가들은, 특히 변동성이 큰 금융시장에서는 단기에 집중하는 것이 타당할 것이다. 그러나 이 때문에 사업가들은 거품을 회피하기가 더욱 어려워진다.

필자는 경영진의 이해상충 요소를 논하면서 상장회사의 경영진에 초점을 맞추었지만, 이러한 분석은 정도는 덜하지만 대다수의 헤지펀드, 사모펀드 등 비공개기업에도 적용되는 것이다. 비공개기업이 규모가 작고, 따라서 소유주와 경영자 간에 이해가 덜 상충되지만, 이들 역시 조직체다. 사실 이들은 경기 하강기에 상장된 대형 금융회사만큼 성과가 나쁘지는 않았다. 이 점은 상장회사 임원의 과잉 보수 체계 때문에 생성된 리스크 부담 유인이 금융위기의 한 요인이 되었음을 부분적으로 입증한다.

관대한 보수는 고위 경영진에게 국한된 것이 아니라 투자 결정 실무를 담당한 하위 임원에게도 적용되었다. 이들의 높은 보수에 대한 유일한 그럴듯한 설명은 기업이 매우 유능한 분석가와 매매직을 유치하기 위해 경쟁하기 때문이라는 것이다. 이러한 인재 영입 경쟁은 은행산업이 쓰러진 것이 언론에서 점차 거론되는 은행가들의 어리석음 때문이 아니라, 시스템적인 요인 때문이었음을 입증한다.

주택 투기

독자들은 필자가 공황의 근본 원인 중에서 심리적인 요소를 전혀 언급하지 않았음을 주목하시라. 똑똑한 사업가들이 합리적으로 환경에 대응했지만, 이에 따라 참혹한 몰락의 전제 조건을 형성했다는 것이 필자의 해석이다. 독자들은 공황으로 이어지는 출발점이었던 주택 거품 자체에 비합리성이 내포되었다고 반박하고 싶을 것이다. 즉, 미국인이 변동금리 조건으로 선납금 없이 100% 대출받는 모기지를 설정하지 말았어야 했고, 모기지 중개인과 대출기관은 더욱 신중하게 대출심사를 했어야 하는바, 각자가 신중하게 행동했더라면 주택 가격이 투기 광풍 속에서 내재가치를 초과해 급등하지는 않았을 것이라고 주장하고 싶을 것이다.

그러나 부동산 중개인, 모기지 중개인 및 모기지 권리자뿐 아니라, 모기지 채무자(차입자)도 다년간 재미를 보았다. 그리고 주택 구입자에 대한 무지(정보 부재)가 주택 거품 형성에 일조했다면(실제로 일조했다), 그것은 정보에 비용이 수반된다는 사실을 의미한다. 정보에는 비용이 수반되기 때문에, 시장이 항상 소비자가 '올바른' 의사 결정을 내릴 수 있도록 충분한 정보를 제공하지는 않는다.[8] 여기에 '올바른' 의사 결정이란 완전한 정보를 가지고 있을 때 내리는 의사 결정을 의미한다.

한편, 자신의 집을 담보로 맡기고 대출을 받는 사람은 흔히 두 가지 위험한 행태를 보이는데, 우리는 이 두 가지를 구분해야 한다. 첫째는 주택 소유주가 소비할 돈이 더 필요해서 홈에퀴티론home equity loan(차입자의 주택을 담보로 한 대출이라는 점에서 모기지와 동일)을 받는 경우다. 이렇게 함으로써 그는 마이너스 저축을 하여 채무불이행, 파산 및 신용도 추락 위험을 자초한다. 그리고 그는 재테크에 둔하고 채무불이행의 가능성과 결과에 대해 대출기관으로부터 진솔한 경고를 들을 수 없기 때문에 위험을 인식하지 못

---

[8] 미국은 대출을 받는 금융소비자 보호 문제에 대응해 2009년 12월 「월스트리트 개혁 및 소비자보호법」을 근거로 금융소비자보호청(Consumer Financial Protection Agency)을 설립했다. 한국에도 2012년 금융소비자보호원이 설치되었다.

할 수 있다.

그러나 필자는 홈에퀴티론 차주 대부분이 적어도 개략적으로나마 차입 위험을 인식하고 있으면서 그저 운에 맡기겠다는 심산이라고 본다. 아이들을 좋은 학교에 보내려고 무리해서라도 좋은 동네에 집을 사는 행동은 전혀 비합리적이지 않다. 필자는 개인이 차입할지 여부 또는 차입금액과 조건을 결정할 때 기만과 단순 무지가 물론 작용할 수 있지만, 인지적 특성이 주식시장에서처럼 중요한 영향을 미치지는 않는다고 본다.

위험한 주택 구매 행태의 두 번째 형태는 현재 무주택 세입자로서 신용이 낮은 사람이 선납금 없이 변동금리에 다액의 모기지를 안고 집을 사는 것이다. 그 금리는 최초 2년간 시장금리를 밑도는 저리에 고정되어 있다가 이후 시장 실세금리 수준으로 재조정될 것이다. 주택의 가치가 상승한다면, 주택 소유자의 지분이 증가해 대출기관의 리스크가 감소할 것이다. 구매자가 집값 50만 달러를 100% 모기지로 지급했고 2년 후에 주택 가치가 75만 달러로 상승했다고 가정하자. 모기지 대출 잔고는 이제 주택 가치의 3분의 2에 불과하며, 구매자가 2년간 원금 일부를 상환했다면 그만큼 더 감소했을 것이다. 차주는 주택에 대한 자기 지분이 늘었기 때문에, 대출기관으로서는 채무자 부도 리스크가 감소했으며, 이에 따라 금리가 합당한 수준으로 재조정되거나 채무자가 아예 모기지 대출을 적당한 수준에서 차환refinancing할 수 있다. 어느 경우에나 이는 성공한 주택 투자가 될 것이다.

만일 주택 가치가 불변하거나 하락한다면, 주택 소유주는 주택을 포기하고 세입자로 돌아갈 수 있다. 대출 잔고에 대한 그의 채무가 남아 있지만, 이는 대다수 주에서 모기지 채권자(대출기관)가 대출 잔액에서 경매 낙찰가를 공제한 금액에 대해 법원으로부터 잔여 채무 판결deficiency judgment을 받아야 함을 의미한다(잔여 채무란 모기지 설정자의 채무액과 모기지 권리자가 경매 결과 받을 금액의 차액을 의미한다). 그러나 모기지 설정자가 부자가 아니라면 모기지 권리자가 그에게 잔여 채무 판결 소송을 제기할 가능성이 적은데, 소송에 비용이 많이 들고 돈이 나올 곳이 없기 때문이다. 또한 모기지 설정자가 상환채무를 불이행하면 신용도가 악화되겠지만, 이것이 대수는 아니다. 신용이 우량한 사람이라도 불황기에는 차입하기가 어려워지며, 오히려 저축을 회복하려고 차입을 원하지 않을 수도 있다. 그리고 어쨌거나 주택 가치보다 모기지 빚이 더 많은 사람은 신용도가 좋기 어렵다. 주택 구입자의 투기적 투자와 관련된 부정적 측면은 이러한 신용도 문제로 끝난다는 점에서, 그의 일견 '무모한' 행태는 합리적일 뿐만 아니라 리스크에 관해 잘 알고 행한다는 사실과 앞뒤가 맞게 된다. 더구나 캘리포니아와 같은 일부 주에서는 모기지 권리자가 차주에 대해 잔여 채무 판결을 받아낼 수도 없다. 즉, 모기지는 비소구non-recourse 대출이다. 따라서 부도를 낸 채무자가 소송을 당할 우려도 없다.

이러한 분석은 다수의 서브프라임 및 Alt-A 모기지 차주의 행태가 비합리적이 아니었음을 확인시켜주는 동시에, 주택 가격 상승이 왜 거품이 되었는지를 부분적으로 설명해준다. 시장금리 수준으로 금리가 재조정되는 시점까지 집값이 상승하지 않으면 감당할 수 없는 주택을 구입했다면, 집값이 하락하거나 제자리에만 머물러도 채무자는 권리자가 잔여 채무 판결을 법원에 청구하지 않을 것으로 보고 금리 재조정 시 부도를 내기 쉽다. 주택 가격은 언젠가 상승을 멈출 것이고, 그 시점이 도래하면 모기지 채무가 집값을 상회하는 주택이 속출하고 채무자 부도가 잇따를 것이었다. 이러한 주택은 자발적이든 강제적이든 경매에 매물로 나올 것이다. 다량의 매물로 말미암은 공급 과잉으로 주택 가격이 하락하면서 부도를 더욱 유발했고, 이는 다시 가격의 추가 하락을 부채질했다. 2008년 말 미국 주택 평균 가격은 3년 전과 비교해 거의 30% 하락했다.

원인은 저금리

위기의 주범은 소비자나 기업가의 비합리적 행동이 아니라 값싼 신용이었다. 값싼 신용은 경제활동을 촉진함으로써, 미국 자산 기반의 거대한 부분을 차지하는 주택을 포함해 자산 가격을 올렸다. 자산 가격 상승을 활용하기 위해 매수 세력은 차입을 늘리고, 대출기관은 대출을 늘려서 가격 상승을 부추긴다. 더 나아가 대출기관은 더 많이 대출할 수 있도록 차입을 늘린다. 레버리지가 높아지는 경향이 나타나고, 은행산업의 급팽창으로 경제에 압박이 가해진다. 어느 지점에 도달해서는 가격 상승이 지속될 수 없을 것이지만, 아무도 그 지점을 알지 못한다. 정점(그다음에는 불가피하게 급락이 뒤따른다)에 도달하기 직전이라는 것을 느끼기 전에 탈출함으로써 두둑한 수익 기회를 포기한다는 것은 이성적으로 내키지 않는 일이다. 이러한 패턴이 여러 번 반복되고 각국에서 잇따라 발생했다.

그 일반적인 결과는 불황이었다. 그러나 불황은 안전한 저축이 부족한 데다 은행업의 레버리지가 높은 상황에서는 공황으로 심화될 수 있다. 과도한 레버리지로 거액의 손실을 본 은행이 대출을 축소하면 소비자는 자신의 소비를 유지하는 데 필요한 돈을 빌리기가 매우 어려워질 것이다. 개인 소비지출이 대폭 줄면 가격 할인이 심화되어 경제가 디플레이션에 들어갈 수 있다. 물가가 하락하면 개인은 현금을 쌓아두게 되는데, 독자들은 현금을 쌓아두면 직접 소비를 감소시킬 뿐만 아니라 대출 재원 감소를 통해 간접적으로도 소비 감소에 작용한다는 점을 기억하라(쌓아놓은 현금은 대출되지 않는다).

금리가 낮을수록 안전한 채권 투자에서 나오는 수익이 적어지며, 차입 비용도 싸진다. 따라서 저금리 상황에서는 싸게 빌린 돈을 주식시장이나 거품이 일고 있는 주택시장에 투자하게 된다. 그러나 이는 자산 가격이 하락할 때의 몰락을 동시에 준비하는 것이다.

외부 비용

이 장에서 설명했던 종류의 위험한 행태는 거품 기간에 개별적으로는 합리적이었다. 그러나 집단적으로는 비합리적이었다. 개인이 저축을 줄이기로 결정한 때 자신의 결정이 경제 전체에 미칠 미미한 영향을 고려하지 않듯이, 은행도 자기 자본구조상의 레버리지를 얼마나 올릴지 결정하는 과정에서 국가 경제를 고려하지 않는다. 개별 주체가 자신의 영업과 소비 행태가 초래하는 간접적 결과에 무관심한 탓에 정부에는 더 큰 임무가 주어진다. 즉, 정부는 금융활동을 감독할 때 사기, 절도, 기타 재산권과 계약권 침해 행위를 예방하는 것(이는 자유지상주의자들이 주장하는 유일한 정부 임무다) 이상으로 더 많은 임무를 맡아야 하는 것이다. 자유지상주의자[9]의 주장 이상으로 강력한 금융 규제가 없다면, 금융인과 소비자가 개별적으로 법을 지키면서 합리적인 행동을 했더라도 집단적으로는 경제에 재앙을 불러일으킬 수 있다.

경쟁이 기업가에게 이윤 극대화를 추구하도록 강요하는데, 이는 전술했듯이 기업인이 파산을 당할 위험성을 조금은 감수한다는 의미를 내포한다. 또한 기업인이 이윤 극대화를 추구하는 행위는 경제 발전의 원동력이라는

---

9 자유지상주의(libertarianism)는 자유방임주의를 기본 이념으로 삼아 체계화된 자유주의로서, 자유지상주의 권리 철학은 토마스 홉스(Thomas Hobbes)와 존 로크(John Locke)의 사상에서 유래했다. 루트비히 폰 미제스(Ludwig von Mises)와 프리드리히 하이에크(Friedrich von Hayek)의 자유주의에서는 자유지상주의의 생존, 자유, 재산권을 지키는 특성으로 말미암은 경제적 효율성과 사회복지 시스템이 충돌해서는 안 된다고 주장했으며, 훗날 그 사상은 신자유주의로 이어졌다.

점에서 바람직하기도 하다. 그러나 이 예에서, 개인의 선이 공공의 악이 되었는데, 이윤을 극대화하는 기업인은 자신의 행동이 다른 경쟁자의 행동과 결합해 경제 전체를 쓰러뜨릴 수 있는 작은 확률을 무시하고 행동하는 것이 합리적이기 때문이다. 마찬가지로 불경기에 사람들이 소비를 줄이고 저축을 늘리는 것은 합리적인 행동이며, 경기 하락에 대한 합리적 대응이다. 그러나 사람들이 이렇게 함으로써 불경기가 심화된다. 사회 전체의 관점에서는 대중이 호경기에 저축하고 불경기에 지출하는 것이 바람직하지만, 개인의 관점에서는 원칙적으로 그 반대로 행동하는 것이 타당하다. 개인의 선과 공공의 악이 매우 뚜렷하게 대조되는 예는 불황이 극심할 때 자신의 검소함을 보여주기 위해서 사치품 구매를 줄이는 경우다. 이러한 행동은 개인의 도덕성 측면에서는 좋은 행동이지만, 많은 사람이 똑같이 그렇게 행동한다면 소비지출이 대폭 줄어 공황이 심화될 것이다.

이러한 사례는 '외부성 효과externality'라는 유용한 경제 용어를 설명해준다. 외부 비용이란 한 당사자가 잠재적 또는 실제적 계약관계가 전혀 없는 타인(들)에게 부과하는 비용이다. 그러한 관계가 없기 때문에 당사자는 그 비용을 부담하지 않으며, 따라서 의사 결정 시 그러한 비용을 고려하지도 않는다. 특히 당사자의 행동이 여러 타인의 유사 행동과 결합할 때에만 상당한 외부 효과가 나타나는 상황에서는 더욱더 무관심하다. 이러한 상황은 소비자가 사치품에 대한 구매력이 충분히 있으면서도 구매를 자제함으로써 자신의 검소함을 자랑하려는 경우이며, 또한 기업인이 경제 전체에 도움이 되는 이윤 극대화(높은 리스크)를 추구하기보다 낮은 리스크를 취하기로 결정하는 경우다.

저축이 줄어드는 원인

경제가 추락하기 이전에 저축 감소가 확산된 또 하나의 원인은 마케팅의 고도화 및 기술 진보가 급속히 이루어진 데 있었다. 여기에 인터넷이 기여했고(소비자 상품의 온라인 구매가 얼마나 용이한지를 고려해보라) 인지심리학도 발전했다. 판매자는 재화와 용역의 마케팅을 고도화함으로써 소비자들로 하여금 장래 소비를 위해 모아둔 저축을 꺼내 지금 구매하도록 유도했다.

막스 베버 Max Weber가 한 세기 전에 설명했듯이 현대화란 합리성의 규칙 안으로 더 많은 활동을 끌어들이는 과정이다. 이러한 현대화의 예는 과거 주먹구구식이었던 의료, 재고 관리, 결혼 정보, 선거 유세 및 기타 판매 활동이 점점 전문화되고 있는 데서 볼 수 있다. 전문화된 마케팅 덕분에 사람들은 장래의 구매를 위해 저축하기보다는 지금 구매하고 싶어진다. 예를 들면 주택 가격에 상당하는 저축이 쌓일 때까지 기다렸다가 주택을 구매하기보다 대금 대부분을 차입해 당장 주택을 구입하는 것인데, 전자의 의미는 내 집 소유의 기쁨을 먼 장래로 연기하는 것이다. 소비자가 자기 자신을 더 행복하게 만들 모든 종류의 제품에 눈뜨게 하는 것이 오늘날 상업사회의 주된 경제활동이다. 경제학자인 프랭크 나이트 Frank Knight는 "최대의 빈곤은 재화의 빈곤이 아니라 욕구의 빈곤이다"라고 언급했다. 적어도 그러한 욕구의 빈곤은 미국에서는 사라졌다.

케인스는 『고용, 이자 및 화폐에 관한 일반이론』(p. 108)에서 소비의 여섯 가지 동기(즐거움, 근시안, 관대함, 계산 착오, 과시 및 사치)를 저축의 여덟 가지 동기(예비, 선견지명, 계산, 개선, 독립, 사업, 자부심, 탐욕)와 대비했다. 미국인에 대한 마케팅은 (일본인과 대조적으로) 저축 동기보다는 소비 동기에 호소할 때 성과가 더 높았다.

금융 리스크 계량 모델

합리성의 규칙이 점점 더 많은 활동을 지배할 것이라는 베버의 예언은 금융 리스크 측정의 계량 모형들에서도 실현되었는데, 그러한 계량 모델 또한 금융위기에 일조했다는 비판을 받는다. 어떤 매매 직원이 차입금으로 주식 매입을 검토하고 있다고 가정하자. 주가가 조금이라도 하락하면 손실이 클 것이다. 그는 과거 2년간의 주가 등락에 기초해 앞으로 며칠 또는 몇 주 동안의 주가 변동의 확률 분포를 예측하는 통계 모형을 원용할 수 있다. 여기서 그 모형은 주가가 상승한 기간의 시장 동향을 기반으로 예측했을 것이므로 모형 수립자가 주식의 리스크를 충분히 반영하려면 1980년대나 그 이전 시기까지 고려했어야 한다는 비판이 나온다. 그러나 이러한 비판은 도움이 안 된다. 모형은 과거로 멀리 갈수록 주가의 움직임에 대한 예측력이 떨어지는데, 그것은 기업과 경제 환경이 많이 변화했을 것이기 때문이다. 계량 모형에서는 가까운 장래가 지금으로부터 오래전인 1929년(대공황)이나 1987년(블랙먼데이)보다는 가까운 과거와 비슷할 것이라고 가정하는데, 이러한 가정은 통상 맞으며, 그러므로 모형은 유용했다.

따라서 공황을 예측한 계량 모형이 없었으며, 그러한 예측에 필요한 데이터가 수집된 바가 없었다. 공황을 예측하지 못한 것은 모형의 설계가 잘못되었기 때문이 아니라, 경고 신호를 받아들이고 필요한 데이터를 찾지 않았기 때문이다(이에 관해서는 제4장에서 설명한다). 또한 공황 예측의 실패는 전술했듯이 근시안적 속성을 지닌 기업인들의 몫이 아니라, 정부와 경제학계의 몫이었다.

결론

제3장을 요약하면, 기업인과 소비자가 재산권과 계약권의 체계 내에서 다소 지능적으로 자기 이익의 극대화를 추구하는 합리적 행동이 경제적 재앙을 부르는 토대가 될 수 있다는 것이다. 공황 원인을 분석할 때 인지적 특성, 감정의 영향 또는 성격 결함 등은 고려할 필요가 없다. 이것은 공황에 대한 분석을 단순화하고, 정부가 기업인과 소비자의 사고방식이나 성격을 변화시킬 수 있는지의 정책 수단을 쓸데없이 조사하는 헛수고를 막아준다는 점에서 중요하다.

핵심은 어떤 단일 금융기업이 위험한 대출로 파산할 1%의 확률과 선두권 금융기업들의 동반 파산이 야기될 1%의 상관관계로 말미암아 공황이 발생할 1%의 확률 간의 차이에 있다. 개별 기업 차원에서는 리스크를 수용해도 합리적이지만, 사회 전체로는 비합리적이다.

보수주의자들은 경제위기가 경제 전반의 재앙 비용을 내부화하지 못한 시장의 실패라는 데에 동의하지 않는다. 그들은 원인이 정부에 있다고 주장한다. 또한 은행이 모기지 설정 요건과 대출 조건을 완화해 주택 소유를 촉진하도록 입법적 압력이 가해졌음을 지적한다. 그러한 입법의 또 다른 사례로는 모기지 이자 지급과 주택담보대출 이자에 대한 재산세 및 소득세 공제, 1997년 주거용 부동산에 대한 양도소득세 폐지 등을 들 수 있다. 이러한 입법적 압력에 대해서는 뒤에 설명한다. 일단 여기에서는 당시 집권 세력이었던 '작은 정부'를 지향하는 보수주의자들이 이러한 정책을 지지했다는 사실을 인정하는 것으로 충분하다. 부시 대통령은 '공감하는 보수주의' 정치 철학의 일환으로서 '소유권 사회'를 주장하고, 그 초석으로 주택 소유 촉진 정책을 (공황을 설명하기 위해서 정부 내에 희생양이 필요해지기 전까지) 추진했었다.

주택 거품과 위험한 대출 관행은 정부가 더욱 적극적으로 규제하고 주택 소유주에 대한 세제 혜택을 제거했더라면 예방할 수 있었다. 그러나 이러한 조치를 포함한 여러 가지 예방 대책의 부재는 너무 큰 정부가 아니라 너무 작은 정부 때문에 빚어진 결과였다. 다시 말해서, 정부가 주택과 금융 문제에 개입해 강압적으로 규제한 결과가 아니라, 규제 완화, 과세와 정부 역할에 대한 반감, 일반적인 자유방임주의 태도 등 현재 통용되는 말의 의미 그대로 '보수주의적' 흐름의 결과였다. (보수주의자들은 세율을 낮추고 규제는 가볍게 하기를 원했다. 그들은 시장이 자율규제를 한다고 보았기에, 거품, 위험한 대출, 채무불이행 등 시장 동요가 정부가 개입하지 않더라도 자율 교정될 것이라고 보았다. '보수주의적'이라는 말의 옛 의미로 보면 위험한 대출, 위험한 차입, 과다한 부채, 거품 및 투기는 보수적인 경제 운용과 상반된다고 간주되었을 것이다.)

이러한 상황은 자본주의사회에서 산업공해 문제와 매우 유사하다. 정부가 산업공해 피해에 대해 (사법적이든 행정적이든) 아무런 대책을 취하지 않는다고 가정하자. 이때 합리적으로 이윤 극대화를 추구하는 제조업체는 어느 정도의 오염을 배출할지를 결정할 때 자사와 실제적 또는 잠재적 관계가 없는 사람들에게 오염이 미칠 영향을 고려하지 않을 것이다. 그러나 이러한 영향까지 고려한다면 오염 배출에 따른 사회적 비용은 제조업체가 오염을 통제하지 않음으로써 획득한 비용 절감액을 초과할 수 있다.

만일 정부가 오염에 대한 조치를 거부한다면, 혹자는 정부의 거부가 오염의 원인이라고 말할 수 있겠지만, 산업계가 초래한 오염에 대해 정부가 아무런 조치를 취하지 않았다고 하는 것이 좀 더 정확하다. 같은 맥락에서, 불황이나 공황의 사회적 비용은 합리적으로 이기적 의사 결정을 내리는 금융기관에는 외부적인데, 이는 개별 금융기관이 그런 사건을 방지하기 위해 할 수 있는 일이 전혀 없기 때문이다. 이러한 금융기관들의 이기적인 의사 결정이 모두 합쳐지면 일종의 도미노 효과에 의해 경제위기가 초래된다. 그 도미노 효과는 정부만이 예방할 수 있는데, 미국 정부는 그 예방에 실패했다. 이것은 정부의 중대한 실패였으며, 그 결과 금융시장의 실패가 발생해 사회 전체에 재앙적인 결과를 가져왔다.

정부의 실패가 발생한 근본 원인은 1970년대부터 공공기업, 운수통신업, 은행업, 투자 등에 대한 규제를 포함해 경제 규제 전반에 대한 불만이 확산된 데 있다. 당시에 규제 완화 움직임을 고취한 경제학자들은 거시경제를 전공한 이들이 아니었고, 따라서 규제 대상으로서 은행업을 철도·항공 같은 다른 업종과 구분하지 않았다. 이들은 은행업계의 경쟁이 거시경제에 미칠 영향을 인식하지 못했고, 나중에 설명하겠지만 거시경제학자들은 공황 문제가 이미 해소되었다고 믿었다.

우리는 규제의 비용을 무시해서는 안 된다. 시장 실패 가운데 어떤 경우는 시정하는 데 드는 비용이 시장 실패의 사회적 비용보다 더 많이 소요되며, 이럴 때는 무시하는 것이 최선이다. 그러나 공황이라는 것이 무시해도 될 그런 시장 실패에 해당하는가? 공황이 80년마다 한 번 발생할 뿐이라고 우리가 확신할 수 있더라도(2009년은 1929년 10월 증시 대폭락이 벌어진 지 80주년이 되는 해다), 공황은 무시할 수 있는 것이 아니며, 공황의 80년 주기설도 물론 확신할 수 없는 것이다. 전 세계적인 공황으로 발전한 1930년대의 대공황은 미국인 수천만 명과 그보다 많은 세계인에게, 그들에게 가해진 고통과 별도로 끔찍한 비용을 발생시켰다. 그러한 비용 중에는 과도한 뉴딜정책이 포함되는데, 이는 보수주의자들이 유념해야 하는 대목이다. 그리고 대공황이 없었다면 나치 독일과 제2차 세계대전도 없었을 것이다.

현행 공황의 비용에는 과도한 규제로의 회귀, 기업이 정치적·경제적으로 불건전하게 정부 지원에 의존하는 것(필자는 시티그룹을 포함한 사례를 뒤에서 설명한다), 경제적 산출의 엄청난 감소, 국가 채무의 엄청난 증가, 높은 물가 상승률, 세계 속의 미국 경제력 감퇴, 미국이 국내 경제문제 해결에 주력하는 것에 따른 지정학적 국력 약화, 전 세계 여러 지역에서 정치적 불안 증가 등이 포함될 수 있다.

   과거 10년간의 경제성장 수치에서 자산 가격 거품이 제거되고 나면 미국 경제가 정체했었다는 판단이 나올 수 있다. 즉, 미국인들은 이 기간에 생산적이지 못하고, 빌린 돈으로 살고 있었다고 재평가될 수 있다.

A FAILURE OF CAPITALISM

제4장

공황이 예측되지 못한 이유

2008년 10월 11일 자 ≪뉴욕타임스≫에서는 거의 보편적으로 금융위기를 예측하지 못한(그 심각성을 예상하지 못한) 것이 '광기', 더 정확히 말하면 과거를 중시하지 못한 심리상태 탓이라고 규정했다. 그러한 심리 때문에 사람들은 과거 호황의 다음에는 항상 불황이 뒤따랐음을 알면서도 현재의 호경기가 영원히 지속될 것으로 가정한다는 것이다. 삶의 처지가 제각기 다른 다수의 사람들이 미래를 예측하는 최선의 방법은 미래, 특히 가까운 미래가 과거, 특히 가까운 과거와 유사할 것이라고 가정하는 것이다. 필자는 오늘의 날씨와 같을 것이라고 가정하는 것이 내일의 날씨를 예측하는 최선의 방법이던 시절이 있었음을 기억한다.

그러나 연방준비위원회의 버냉키 의장과 같은 경기순환론 전문가들이 예측할 때에는 그처럼 소박한 추정을 토대로 하지는 않을 것 같다. 그렇다면 버냉키 의장과 정부 내외의 다른 전문가들이 추락이 다가오고 있다는 경고 신호를 무시했다는 것은 참으로 수수께끼 같은 사실이다. 부동산 거품은 흔한 현상이다. 단기적으로 '우량' 토지 공급은 고정되어 있으며, 기존 주택 총량은 매우 안정적이어서 수요가 늘어난다고 해서 바로 급증하지는 않는다. 토지와 건축물은 공매도가 불가능하다. 부동산 대부분이 무거운 부채를 끼고 있으며, 부동산 채무가 전체 채무의 상당 부분을 차지하기 때문에, 부동산 거품이 터지면 은행의 지급불능으로 이어질 수 있다. 1980년대 말의 일본과 1990년대 다른 동아시아 국가들이 그러한 경험을 했다. 그렇기 때문에 은행이 부동산에 의존하게 되었고 주택 가치가 전국적으로 무너지면 은행산업도 그와 함께 쓰러질 수 있는 것이다. 미국의 부동산 거품은 이번 거품이 발생하기 이전까지는 국지적으로 발생했었지만, 전국적인 부동산 거품이 발생할 수 없을 것이라고 여길 근거는 없었다. 연방준비제도가 그러한 거품의 위험에 대해 태평했던 점은 불가사의하다.

거품에 대한 경고와 연방준비제도의 대응

앞서 필자는 거품 속에 있는 사람은 터질 때까지 그것이 거품인지 모른다고 말했다. 그러나 주택 가격이 2000년부터 5년간 60% 이상 상승한 후 2005년 들어 상승세가 둔화하기 시작했을 때 일반 언론이 주택 거품을 진지하게 다루기 시작했으며, 금융 관련 언론은 그보다 훨씬 앞서 이를 언급했다. 다음과 같은 표제의 신문기사들이 나왔다. "주택 거품은 진짜이니 결국 터질 때 다치지 마라", "만일 주택 거품이 터지면 조심하라", "터지는 소리가 들리는가? 조심하라", "경제학자들에 의하면 주택 호황이 불황으로 이어질 수 있다", "미국인 열 명 중 네 명이 부동산 거품을 우려한다", "위험한 모기지 혁신을 규제하려는 노력은 지금까지 무시되었다", "위험한 대출이 거품을 키운다" 등등이 그것이다. 특히 2005년 7월 6일 자 ≪뉴욕타임스≫는 "위험한 모기지 영업Risky Mortgage Business"이라는 제목으로 선견지명 있는 사설을 실었다. 그러나 2005년 10월 버냉키 의장은 "이러한 가격 상승은 주로 튼튼한 경제적 펀더멘털을 반영한다"라고 하면서 주택 거품의 존재를 부인했다. 그가 언급한 펀더멘털의 하나는 토지 공급이 제한적이고 비탄력적일수록, 즉 공급 확대가 어려울수록 수요 증가가 가격에 미치는 영향이 크다는 논리였다. 이 논리는 맞다. 하지만 주택 가격은 애리조나 주, 캘리포니아 주, 플로리다 주, 네바다 주에서 급등했는데, 이 지역은 주택을 지을 택지가 넘쳐났다. 이것이 거품의 증거였다. 주택시장에 대한 버냉키 의장의 이해는 불완전했다.

거품 경보는 더욱 2006년과 2007년, 그리고 2008년 상반기에 더욱 크게 울렸다. 그러나 2008년 9월에 금융위기가 전면적으로 미국을 덮쳤을 때 3년 동안 조성되었던 것인데도 정부나 금융계, 경제학계, 대중은 모두 경악했다.

연방준비제도는 2006년 들어 주택 가격에 대해 약간 우려하기 시작하여, 연방기금Federal Fund 금리를 그해와 이듬해에 인상했다. 이 금리는 은행 간에 지불준비금을 대차하는 것이다. 이 금리는 은행의 대출 능력이 지불준비금에 의해 제한되기 때문에 다른 금리에 영향을 준다. 연방기금 금리가 높을수록 은행이 다른 은행에서 지불준비금을 빌려다가 대출에 응하는 비용이 높아진다. 연방기금 금리는 단기금리이며 장기금리는 때때로 독자적인 경로를 따라 변동한다는 복잡성은 있지만, 어쨌든 그러한 단기 비용 증가가 금리를 상승시킨다.

연방기금 금리는 2006년 6월 5.25%로 인상되었다(2009년에 0%와 0.25% 사이로 내려갔으며 연방준비제도는 대출을 필사적으로 유도했다. 0% 연방기금 금리는 지불준비금의 가격이 제로라는 의미). 그러나 당시에 인상 조치의 목표는 신용거래를 줄이는 것이 아니라 인플레이션을 막는 것이었다. 장기금리인 모기지 금리는 큰 영향을 받지 않았다.

연방준비제도는 상업은행의 지불준비 요건을 강화하거나 국채를 상업은행에 매각할 수 있었을 것이다. 어느 방식을 쓰더라도 은행의 대출이 억제되었을 것이다. 그 첫 번째 이유는 지불준비금을 대출에 쓸 수 없다는 것이며, 두 번째 이유는 연방준비제도가 국채를 은행에 팔고 수령한 매각 대금을 그대로 보유하고 있으면 은행으로서는 대출할 가용 재원이 그만큼 적어진다는 것이다. 연방준비제도는 두 가지 조치를 모두 취하지 않았다. 모기지 금리는 연방기금 금리 인상의 간접적인 영향으로 약간 상승하기는 했는데, 이러한 상승은 아마도 주택 거품 붕괴의 한 요인이었을 것이다. 그러나 2007년 8월까지도 연방준비제도는 경제성장세가 지속될 것이라고 예측했고, 소비자물가지수 상승으로 나타나는 인플레이션에 대해서만 우려를 표명했다.

2007년 9월부터 인플레이션에 대한 우려가 불황 가능성에 대한 우려로 바뀌면서, 연방준비제도는 연방기금 금리를 낮추고 은행에 신규 신용을 제공했다. 그리고 2008년 초 의회는 평범한 수준(1,680억 달러)의 세금 환급법[1]을 입법했다. 이러한 조치는 너무 작게 그리고 너무 늦게 이루어졌다. 이러한 조치는 완만한 불황 우려를 반영했으며, 그나마 인플레이션 유발을 염려해 축소되었다. 거기에 공황을 촉발할 수 있는 전면적인 금융위기에 대한 우려는 없었다. 연방준비제도가 주택 거품을 터뜨리기 위해서는 금리를 더 일찍 올려야 했고, 은행 붕괴를 막기 위해서는 더 일찍 내려야 했다. 그러나 유명한 거시경제학자인 앨런 멜처 Allan Meltzer 는 2008년 4월에 한 인터뷰에서 버냉키 의장의 금리 인하 결정에 대해 "도래할 수도 있지만 아직 오지 않은 불황을 막기 위한 어리석은 정책"이라고 비판했다. 그리고 연방

---

[1] 2008년 「경기부양법(Economic Stimulus Act of 2008)」을 가리키며, 2008년 2월 13일에 부시 대통령이 서명했다.

준비제도는 은행들이 쓰러진 2008년 6월부터 9월 중순까지는 다시 인플레이션을 우려해 연방기금 금리를 낮추지 않았다.

경고가 무시된 원인

전문가들이 왜 경고 신호에 눈을 감았는지를 이해하는 데에는 로버타 월스테터Roberta Wohlstetter 의 「진주만: 경고와 대응Pearl Harbor: Warning and Decision」 (1962) 등 기습공격에 관한 문헌이 도움이 될 수 있다. 월스테터의 설명대로 일본이 석유가 풍부한 네덜란드령 동인도(현재의 인도네시아) 등 동남아시아의 서방 식민지를 공격하려 한다는 경고가 1941년에 많이 나왔다. 네덜란드령 동인도, 버마(현 미얀마), 말레이반도 등에 대한 공격 라인의 동쪽 측면을 보호하기 위해 대형 항공모함 선단의 기동 범위 내에 있는 하와이 주둔 미 해군을 공격하는 것이 일본으로서는 논리적인 수순이었을 것이다.

미국이 경고 신호를 무시하게 된 요인으로는 사전 확신(선입견), 불확실한 위험에 대비해 효과적인 방어 수단을 강구하는 데 수반되는 비용과 어려움, 여러 출처에서 나오는 경고 첩보를 종합·선별·분석하여 정부의 정책결정자들에게 보고하는 메커니즘이 부재한 것 등이 있었다. 1941년 당시 정보를 가진 관측통들은 대부분 일본이 너무 약해 미국과 전쟁을 하면 승리할 가능성이 거의 없기 때문에 미국을 공격하지 않을 것이라고 생각했다. 그들은 국가의 생존보다 명예가 더 중시되는 일본 문화를 이해하지 못했던 것이다.

그리고 일본의 공격 표적이 될 수 있는 모든 것을 안전하게 보호하려면 막대한 비용이 들고, 독일과의 전쟁 준비가 분산되는 것이 불가피하다고 보았을 것이다. 일본의 공격을 방어하는 엄청난 난제에 직면하기를 회피하는 데에는 일본의 위협을 부인하는 것이 심리적으로 끌리는 방법이었다. 그리고 공격 경고 신호를 취합하고 분석하는 일을 전담할 미국 중앙정보국 CIA과 같은 기관이 없었다.

이와 유사한 요인으로 말미암아 이번 금융위기에서도 경고 신호에 주의를 기울이기가 어려웠다. 다수의 명망 있는 재계 지도자, 경제학자 및 경제부 기자들이 미국 금융기관의 레버리지가 과도하다고 여러 해에 걸쳐 경고했으나, 이는 정부 관리, 주식시장 또는 일반 대중의 주목을 거의 끌지 못했다. 금융 쓰나미가 몰려오기 한 달 전인 2008년 8월 17일 ≪뉴욕타임스 매거진≫(일요일판 부록)은 "운명 박사Dr. Doom"라고 바보스럽지만 계시적인 제목을 붙인 기사에서 뉴욕 대학교의 저명한 경제학자인 누리엘 루비니 Nouriel Roubini 교수에 대해 보도했는데, 당시 그는 실제 발생할 사건에 대해 다년간 신비스러울 정도로 정확하게 예측했다(제8장 참조). 그 기사에 따르면 금융위기가 발생하기 2년 전이지만 주택 거품이 터지던 2006년 9월에 이미 루비니 교수가 "위기가 태동하고 있음을 발표했다"라면서 미국이 일생에 한 번 겪을 주택 폭락에 직면하고, 나아가 오일 쇼크, 소비자 신뢰 급락, 깊은 불황에 빠질 가능성이 있다고 경고했다. 그는 주택 소유자들이 모기지 상환불능이 되고, 수조 달러의 모기지담보부증권이 전 세계적으로 풀려나오며, 세계 금융 시스템이 흔들려서 중단되는 순서로 무시무시한 사태가 전개될 것이라고 내다보았다. 해당 기사는 루비니 교수가 이러한 사태 전개로 헤지펀드, 투자은행, 패니메이와 프레디맥과 같은 주요 금융기관이 불구가 되거나 치명상을 입을 수 있다는 말을 덧붙였다고 보도했다.

자신의 조국에서 존경받지 못한 예언자는 루비니 교수만이 아니었다. 또 다른 경제학자인 딘 베이커Dean Baker[2]는 ≪이코노미스트의 목소리Econo-

---

2 경제·정책리서치센터(Center for Economic and Policy Research)의 공동설립자다. 로버트 실러의 통계에 근거해 주택 거품을 2002년에 이미 예언했다.

mist's Voice≫ 2006년 3월호에 실린 "견제되지 않은 주택 거품의 위협The Menace of an Unchecked Housing Bubble"이라는 글에서 다음과 같이 언급했다.

주택 가격이 하락하면 많은 주택 소유주의 모기지가 주택 가치를 초과할 것이고, 이 상황은 부도율을 높일 것이 거의 확실하다. 이렇게 되면 모기지 채권을 다량 보유한 대출기관은 위험에 처할 것이고, 이러한 모기지의 대부분을 보증한 패니메이와 프레디맥의 지불 능력은 위태로워질 것이다. 이 모기지 거인들이 쓰러진다면, 수천억 달러가 소요되는 정부의 구제금융(저축대부조합의 구제 사례와 유사)이 사실상 불가피할 것이다.

베이커의 예측도 루비니 교수의 예측처럼 적중했다. 그러나 수년 전에 나온 ≪이코노미스트≫의 경고를 아무도 들어주지 않았듯이, 이러한 '족집게 예언'에 주목한 사람은 정부 내 책임자급 중에는 아무도 없었으며, 재계에서도 극소수였다. 연방준비제도가 나중에 문제가 생기면 경제에 돈을 풀어서 해결할 수 있다고 믿고 자산 가격의 거품이 확산되도록 허용한 정책에 대해 2007년 6월 권위 있는 국제결제은행BIS이 매우 날카로운 경고 — 사실 대공황을 원용한 경고 — 를 보냈으나, 이것 역시 무시되었다.

금융위기의 조짐

2008년 3월 베어스턴스가 붕괴한 직후, 혹은 그보다 1년 전에 베어스턴스의 2개, 프랑스 BNP 파리바의 3개 모기지 헤지펀드가 붕괴한 직후에 특히 많은 경고가 제기되었다. 금융위기에 대한 가장 큰 경고 신호는 그보다 훨씬 이전인 1998년 3월, 롱텀캐피털매니지먼트Long Term Capital Management:

LTCM이 쓰러져 연방준비제도의 주선으로 채권단에게 인수된 후 청산되었을 때 나타난 것이다. LTCM은 레버리지가 매우 높았던 헤지펀드로, 대량으로 파생상품(선물, 옵션, 스와프와 같이 다른 증권의 가격에 기초하는 증권)을 거래해 리먼브러더스처럼 전 세계 금융기관과 얽히게 되었다. LTCM은 투자하면서 부담하게 된 리스크를 어느 정도 분산시켰지만 그 분산도를 과대평가했으며, 이러한 실수의 결과로 러시아가 갑자기 국가 및 민간 채무 상환을 유예했을 때 투자자들이 안전자산으로 도피함에 따라 투기적 증권이 폭락하면서 거액의 손실을 입었다.

LTCM의 몰락을 통해 위험한 매매 활동이 어떻게 금융 시스템 전체를 위태롭게 할 수 있는지 드러났다. 그러나 위험이 신속하게 통제되고, 파생상품 매매에 대한 일정한 통제(담보 요구 등)가 자율적으로 제도화되었기 때문에 유사한 사태가 (아마도 처리하기 쉽지 않은 더 큰 규모로) 재발할 가능성은 무시되었다. 상품선물거래위원회 Commodity Futures Trading Commission 의장이던 브룩슬리 본 Brooksley Born 여사가 새로운 장외파생상품을 선물거래소 내의 선물계약과 같은 기존 파생상품과 동일하게 규제하자고 제안했으나, 클린턴 행정부의 고위 경제 관료들이 이를 거부했다. 로런스 서머스 Lawrence Summers[3] 당시 재무차관은 의회에서 다음과 같이 발언했다. "장외파생상품 계약 당사자들은 대부분 고도화된 금융기관들로서, 사기 및 상대방의 지급불능으로부터 자신을 보호할 능력이 뛰어난 것으로 보인다." 그러나 상대방의 지급불능에 관한 그의 발언은 사실이 아닌 것으로 판명되었다.

LTCM의 붕괴는 다른 측면을 이해하는 데도 도움이 된다. LTCM을 중심으로 계약관계에 있는 전 세계 회사들로 구성된 금융 네트워크는 외관상

---

3 서머스는 1999~2001년 클린턴 행정부에서 재무장관을 지냈고, 이후 2006년까지 하버드 대학교 총장을, 2009년 1월부터 2010년 12월까지는 오바마 대통령의 경제자문위원장을 역임했다.

안정적이었으나, 충격을 받자 수개월 만에 거의 와해될 만큼 취약했다. 이러한 상황이 전혀 놀랄 일이 아니었던 것은 금융중개기관 간의 상호 연계 시스템이 본질적으로 불안정하기 때문이다. 단기로 차입해 장기로 대출하는 금융기관은 고객들이 대거 이탈하는 '런run'의 위험을 항상 안고 있으며, 런이 발생해 해당 금융기관이 붕괴한다면 조달을 한 대출금융기관, 자금차입자, 서로 얽힌 다른 금융기관으로 연쇄적으로 전파된다. 만일 A가 B에게 차입하여 C에게 대출했는데, C가 부도를 낸다면 B는 C가 A에 미치는 영향을 우려해 대출금을 전액 회수하러 나설 것이고, 이는 다시 A가 다른 채무를 불이행하게 해 결국 여러 채권자가 연쇄적으로 위태로워질 것이다. 이러한 리스크를 피하려면 은행이 단기자금 대신 장기자금을 차입해야 한다고 보일 수 있다. 그런데 그러면 대출의 수익성이 저하된다. 단기금리는 거의 항상 장기금리보다 낮다. 단기대출자는 돈이 단기간 묶일 뿐만 아니라 큰 유동성을 확보하고 있기 때문에, 이러한 혜택의 대가로 낮은 금리를 수용한다.

즉, 현금이 필요할 경우 대출금 상환을 오래 기다릴 필요가 없기 때문에 리스크가 적다. 그렇다고 해서, 단기차입하여 장기대출하는 것이 확실하게 돈을 버는 공식이라는 말은 아니다. 이는 금융중개업의 고유한 위험성 때문에 그렇다. 장기대출의 고금리는 상환불이행 리스크가 더 높은 데 대한 보상인 만큼, 진정한 비용을 반영하는 것이다. 은행은 이익을 내려면 (그리고 비용을 충당하려면) 시장금리가 반영하는 부도율보다 부도 가능성이 낮은 잠재 채무자를 찾아내거나 다른 대출기관보다 리스크를 더 잘 분산할 수 있어야 한다.

그러나 단기금리와 장기금리 간의 재정거래(아비트라지arbitrage)로 생기는 은행 이윤은 레버리지의 힘을 빌리지 않으면 미미할 것이다. 가령, 은행이 10억 달러의 자본을 보유하지만 자기자본은 4,000만 달러라고 가정하자.

자본의 차입비용과 그 자본을 대출해서 받는 이자(리스크를 감안해 조정된 이자)의 평균 차이가 1%에 불과하더라도 10억 달러의 1%는 1,000만 달러이고, 이는 자기자본에 대해서는 25%의 큰 수익률을 의미한다. 물론 그중 많은 부분이 차입비용 이외의 다른 영업비용으로 나가기는 하지만 말이다.

그러나 레버리지는 수익과 함께 리스크도 높이며, 은행들이 금융거래로 상호간에 얽혀 있기 때문에 하나가 붕괴하면 연쇄반응으로 다른 은행도 쓰러뜨릴 수 있다. 옛날 은행이 주로 요구불예금으로 재원을 조달하던 때에는, 그 예금의 일정 비율에 상당하는 지불준비금(현금 또는 현금 상당물)을 보유해야 한다는 법적 의무가 있어(아직도 시행 중이다) 은행의 레버리지가 제한되었다. 그러나 지불준비 의무가 적용되는 예금은 더 이상 은행의 재원 조달의 주된 원천이 아니다.

독자들은 경쟁이 심화되고 궁극적으로 규제가 완화되면서 은행의 안전에 치명타를 가했다는 사실을 상기하시라. 규제 완화로 비은행 금융회사가 은행 서비스를 거의 대체하는 상품을 제공하게 되면서, 은행업계의 경쟁이 심화되었다. 심화된 경쟁은 다시 은행이 빌린 대출자금에 대해 지급하는 금리와 차입자에게 부과하는 금리의 차이를 축소시켰다. 그 차이가 적을수록 은행은 차입비용 공제 후에 기타 경비를 충당하고서 주주들에게 돌려줄 순수익을 얻고자 더욱 높은 레버리지를 필요로 한다.

상업은행들은 과거에 단기대출에 집중해도 수익을 낼 수 있었는데, 이는 주된 재원이 이자가 없는 요구불예금으로 구성되었기 때문이었다. 그러나 규제가 완화되자, 은행들은 30년 모기지와 같은 장기대출을 하기 시작했는데, 다른 방도가 없었다. 은행 고객들이 MMA로 예금을 옮기고 기업 고객은 스위프 계정을 운용하면서 수신이 감소해 은행은 장기대출을 해야 했다. 상황이 이렇게 흐르자 은행은 높아진 자본 조달 비용에 대응해 장기대출을 통해 높은 수익을 추구하게 되었다(그러나 은행이 스위프 계좌에서 덕을 보는 측면도 있다. 스위프 계좌는 요구불예금의 일정 비율로 설정되는 지불준비금을 줄이며, 따라서 대출 재원을 늘리기 때문이다). 비은행 금융중개기관들이 규제의 제약 없이 단기차입을 하여 장기대출을 할 수 있었기 때문에, 은행도 동일한 권리를 요구해 대체로 쟁취했다.

'도미노 효과'는 금융 네트워크가 붕괴하는 모습을 표현하는 데에 적합한 비유가 아니다. 도미노는 하나만 쓰러지든지, 아니면 약간의 충격으로 다른 모든 도미노를 쓰러지게 만든다(둘 중 하나다). 1998년 LTCM에서, 그리고 2008년 가을 다수의 다른 금융중개기관에서 발생한 사태에는 혼돈이론chaos theory이 들어맞는다. 일찍이 어빙 피셔는 '혼돈이론'이 나오기 전에 보트의 전복을 예로 들어 그 원리를 설명했다. 피셔의 예를 조금 변형해 독자가 카누에 앉아 있다가 몸을 약간 기울여본다고 하자. 카누는 처음에 기울기만 했다가, 계속 몸을 기울이면 갑자기 뒤집어진다. 미리 예측하기 어려운 이러한 순간이 올 때까지는 카누가 안정적으로 보이지만, 실제로는 약간의 힘만 가해도 취약하다. 금융 시스템도 이와 같다. 단지 시스템 전복을 촉발하는 정확한 조건을 계산하기가 불가능하고 이러한 불확실성 때문에 정확하게 전복을 예측하기가 불가능하다는 점이 다를 뿐이다.

이번 장에서 필자는 앞서 언급한 내용을 많이 반복하고 있는데, 그 목적은 신용 시스템에 관해 우려를 표명한 루비니 교수의 견해가 저금리와 은행업 규제 완화의 치명적 결합과 금융중개기관의 경제원리에 확실한 근거를 두고 있었다는 점을 최대한 명백하게 밝히는 데 있다. 그리고 그것으로도 부족하다면, 영국 일간지 ≪타임스Times≫가 루비니 교수에 관한 기사를 실었을 무렵, 그의 예측이 대부분 이미 현실화되었는데도 그가 계속해서 무시를 당했었다는 사실을 밝혀둔다. 2008년 9월에 거대한 금융기업들이 쓰러질 때까지 위기의 규모가 정부, 재계, 미국 경제학자 대부분, 특히 금융경제학과 거시경제학 분야의 전문가들에게조차 가시화되지 않았다. 버냉키 의장은 주택 거품 붕괴 이후에 가속화된 모기지 부도가 금융 시스템 또는 비금융 부문으로 확산될 가능성은 적다고 선언했다. 예컨대, 2007년 5월, 버냉키 의장은 "서브프라임 시장의 문제가 은행이나 저축기관 전반으로 파급되는 심각한 현상은 나타나지 않고 있으며, 이 점이 중요하다"라고 언급했다. 그러나 그 무렵 다수의 은행과 저축기관들이 지급불능 상태에 있었다. 2008년 2월, 버냉키 의장은 "나는 일부 도산이 발생할 것으로 본다"라고 모기지담보부증권에 집중 투자한 소형 지방은행을 언급했지만, "대형 은행은 자기구조가 여전히 양호하며, 나는 국제적으로 활동하면서 미국 시스템의 중추를 구성하는 대형 은행이 그러한 심각한 문제를 겪을 것으로 예상하지 않는다"라고 언급했다. 베어스턴스는 그다음 달에 쓰러졌다.

9월에는 미국 경제정책을 좌지우지하는 버냉키 의장과 폴슨 장관이 리먼브러더스가 쓰러지게 두었는데, 그 도산의 결과로 야기될 전 세계적 신용 동결과 주가 폭락을 인식하지 못했음이 분명하다. 리먼브러더스가 쓰러지기 전에는 불황인지 여부가 확실하지 않았다가, 리먼브러더스가 붕괴한 이후에는 공황이 닥칠 것 같았다. 그러나 10월까지도 버냉키 의장과 폴슨 장관은 은행산업의 문제가 유동성 부족이지 지급불능이 아니라고 주장하고 있었다. 11월 말이 되어서야 연방준비제도는 공황 상황에 걸맞은 대출 프로그램을 강구했다. 2008년 가을에 시도된 구제 대책이 만일 6개월 전 베어스턴스가 쓰러졌을 때 강구되었더라면 공황을 막을 수 있었겠지만, 이 시점에 공황은 불가피했다. 왜냐하면 은행의 구제는 발표한 날 바로 효과가 나타나는 것이 아니기 때문이다. 심각한 경제 위축을 예상해 조정을 시작한 생산자와 소비자가 은행 구제가 발표되자마자 방향을 전환할 수는 없었다. 그들은 구제금융이 언제 집행되고 어떤 조건과 결과를 가져올지 알 수 없었다. 그들은 2009년에 들어서서도 알지 못했다.

이데올로기와 선입견의 영향

경고와 경고 신호를 신뢰하지는 못하더라도, 너무 늦기 전에 최소한 조사도 하지 않고 무시했던 이유는 무엇인가? 여기에는 선입견이 작용했다. 정책 결정 시 어느 정도 이론적 선입견, 세계관, 이데올로기 등에 근거를 두는 것은 유혹적이며, 특히 불확실한 상황에서는 정말 뿌리칠 수 없다. 만일 어떤 정책 결정자가 '나는 정해진 의견이 없다'는 태도를 취한다면, 이는 유용한 지식을 버렸다는 의미이므로 합리적이지 못하다. 그러나 과거의 경험을 기초로 형성된 선입견이 새로운 도전에 대응할 때 방해가 될 수 있다. 만일 정부 관리들과 그들이 그렇게도 의존하는 경제학자들이 시장의 회복력에 대해서 그토록 과신하지 않았더라면, 그들은 시장 실패의 경고 신호에 반응해 주택시장과 금융시장 조사에 나섰을 것이다. 그러나 대다수 경제학자와 공화당 대통령이 임명한 관리들은 경쟁적인 시장에서는 대체로 자율 교정이 이루어진다고 가르치는 자유시장 이데올로기에 깊이 몸을 담그고 있었다. 이러한 관리들과 자문을 맡은 경제학자들은 경제가 '간질병 환자처럼 예측 불가의 이상한 발작을 일으킬 수 있다'고 보는 것을 좋아하지 않았다.

그리고 이는 공화당 관료와 그들에게 자문을 제공한 경제학자뿐만이 아니었다. 필자는 이 책의 다른 장에서 클린턴 대통령을 레이건 혁명을 공고히 한 사람이라고 서술했다. 클린턴의 경제정책은 루빈 재무장관 등 지금은 욕을 먹는 월스트리트 거물 출신 인사들이 주도하고, 보수적인 그린스펀 연방준비제도이사회 의장, 온건한 서머스 재무차관 등 경제학자 그룹이 가세해서 만들었다. 규제 완화와 민영화의 긍정적인 경험, 공산주의 붕괴 이후의 많은 경제적 성공 사례, 경제적 자유를 축소한 다수국들의 실패 사례 등에 힘입어, 이러한 신념체계가 초당적으로 지지를 받았다. 그리고 금융시장에서는 신금융상품이 개발됨으로써 이러한 신념체계가 강화되었는데, 당시 충분한 근거도 없이 신금융상품이 금융 시스템의 충격 흡수력을 높였다고 믿은 것이었다.

의사 결정에서 선입견의 역할을 체계화한 베이스의 정리Bayesian decision theory에 따르면, 어떤 결정의 근거가 되는 증거가 약할 때 선입견이 새로운 상황에 대한 의사 결정자의 반응에 영향을 미치게 되지만, 그 선입견이 근거한 범위 내에서만 영향을 미쳐야 한다. 앞서 필자는 선입견에는 지식이 들어 있다고 이야기했다. 그러나 선입견은 정치적 이데올로기를 떠나 기질, 개인적 이력과 가족력, 두드러진 인생 경험, 종교적 신념, 민족성 등 비합리적인 요소에 의해서도 형성된다. 기업인에게는 이러한 요소가 제한적으로 작용하는데, 그것은 이데올로기에 근거해 사업상 결정을 내리면 경쟁에서 밀리기 때문이다. 정계와 학계도 경쟁적이기는 하지만, 그 종사자에게 적용되는 규율은 기업의 최종 결산처럼 가혹하지는 않다.

사전 조치의 부담

이데올로기 다음으로 경고와 경고 신호에 주목하지 못한 요인은 경고된 위험을 줄이기 위해 대책을 마련할 경우 재계 지도자들과 정부 내 친기업 세력으로부터 극심한 반대가 제기되고, 또한 막대한 비용이 소요될 것이라는 사실이었다. 연방준비제도가 금리를 미리 인상했더라면 주택 거품의 붕괴가 가속화되었을 것이지만, 어느 누구도 거품인지를 확신하지 못했으므로, 주택 가격이 하락하고 모기지 부도와 담보주택 경매가 증가하는 상황에 대해 의회와 행정부로부터 비난을 받았을 것이다.

연방준비제도가 단지 물가를 안정시키고 경기 침체를 막거나 완화하기 위해 금리를 조절하는 한, 다시 말해서 인플레이션이 우려될 때 경제활동을 냉각시키기 위해 금리를 인상하고 경기 침체가 우려될 때 경제활동을 촉진하고자 금리를 인하하는 한, 연방준비제도의 조치는 비교적 논란의 여지가 적으며, 따라서 연방준비제도의 정치적 독립성에 대해서도 시비가 없다. 그러나 만일 연방준비제도가 전통적인 금리정책에 추가하여, 주택 가격이 치솟을 때 은행 대출을 억제함으로써 부동산 거품을 터뜨리려고 한다면 정치적 반발이 일어날 것이다. 거품으로부터 이익을 보는 집단은 거품 상황이 아니라고 부인할 것이고, 때로는 그들이 옳기도 하다. 하지만 그들의 부인이 그릇된 경우로서, 거품이 확산되기 전에 터뜨렸다면, 연방준비제도는 사후적으로 거품이었음을 증명하는 데 많은 어려움을 겪을 것이다. 따라서 연방준비제도가 1990년대 말에 주식의 신용 매입 증거금 비율을 인상해 닷컴 주식 거품을 터뜨릴 수 있었는데도 그러지 못했다고 해서 심한 비판의 대상이 될 수 없듯이,[4] 2005년에 주택 거품을 터뜨리는 데 실패했다고 해서 너무 극심한 비판을 받아서는 안 된다. 정작 연방준비제도가 강하게 비판을 받아야 할 측면은 2008년 3월 베어스턴스 붕괴 이후 9월에 참혹한 붕괴 사태가 발생할 때까지 수동적 자세를 견지한 것과 리먼브러더스의 파산(재무부와 공동 책임이 있다)을 막지 못한 점이다.

필자가 강조하려는 것은 연방준비제도가 나쁜 사건의 발생을 막았더라도 그 발생 확률을 모르는 한 칭찬을 받기는 매우 어려우며 비난을 피하기는 더욱 어렵다는 점이다. 만일 발생 가능성이 희박한 사건이 발생하지 않았다면(그리고 그러한 사건은 통상 잘 발생하지 않는다) 어느 누구도 감명을 받지 않는다. 그러나 사람들은 어쨌든 발생하지 않았을 사건을 예방하는 데 수반된 비용에 대해서는 부정적으로 깊이 새긴다.

---

[4] 헤지펀드 업계의 원로인 폴 존스(Paul T. Jones)가 닷컴 주식 거품 문제가 제기될 당시 연방준비제도에 주식 신용 증거금 인상 건의 서한을 보낸 바 있었다.

불행한 사건을 예언하는 카산드라가 혐오의 대상인 이유는 그들의 경고에 대응해 조치를 취하는 것이 통상 타당성이 없기 때문이다. 만일 예언된 재앙이 발생한다면, 경고에 대응해 예방 조치를 취할 수 있었으나 취하지 않은 사람들은 자신들의 지식을 토대로 정당한 결정을 내렸더라도 결과적으로 비난을 피할 수 없다.

그리고 거의 모든 경고란 섣부른 것일 수가 있다. 경고되는 사건의 발생 시기가 불확실하며 더 이상 좁힐 수가 없기 때문이다. 루비니 교수를 포함해 어느 누구도 거품이 터질 날짜는 고사하고 어떤 주, 어떤 달 또는 어떤 연도까지도 예측할 수 없었다(《이코노미스트》는 2002년에 늑대를 외치고 이후 양치기 소년 노릇을 계속했지만, 4년 후에야 늑대가 문밖에 나타났다고 스스로 인정했다). 더구나 만일의 사태가 발생할 확률을 알 수 없다면 그 예방책에 관해 설득력 있는 비용-편익 분석을 수행하기가 불가능하다. 재앙의 발생 확률을 줄이는 데 얼마의 예산을 투입할지 결정하려면 재앙 발생 시의 비용을 그 발생 확률로 할인해야(곱해야) 한다. 우리가 경험한 금융위기의 발생 확률을 계산할 수 있는 사람은 없었을 것이다.

어떤 불행한 사건의 확률을 알고 있고 그 확률이 상당히 높더라도 그 사건이 발생할 때에 치를 비용이 그리 클 것 같지 않다면 예방을 위한 노력은 실익이 없을 것이다. 은행들은 위험한 주택 대출에서 주택 거품이 터지면 금융시장을 중심으로 불황이 도래할 것이라고 당연히 예상했어야 마땅하다. 그러나 단순 불황은 재앙이 아니다. 공황은 재앙이 틀림없지만, 주택 거품, 위험한 대출 및 위험한 저축이 복합된 결과가 공황이 되리라고는 예상하기 어려웠을 것이다. 이러한 조건이 불황을 초래한 것은 분명하지만, 불황이 우리가 겪은 공황으로 바뀐 데에는 금융위기가 대통령 선거운동이 절정일 때 터져서 새 대통령의 당선과 취임 사이 두 달 반 정도의 공백기에 심화되었다는 사실 등 추가적 조건이 작용했을 것이다.

컨트롤타워의 문제

그 밖에도 이번 위기와 관련해 우연한 일이 많았는데, 레임덕 신세의 의회와 대통령이 경제문제에 관심이나 능력을 결여했으며, 80년 만의 최대 경제위기에 대한 정부의 대응을 지휘하고 국민에게 설명하기보다는 회고, 은퇴 계획, 업적 치장, 해외여행 등을 선호했던 것으로 보인다. 정부 관리들은 우유부단하고, 즉흥적이며, 불분명하게 (결국은 공격적으로) 위기에 대응했다. 그리고 유가 급등 효과가 뒤늦게 나타난 데다 신용경색이 가중됨으로써(미국인의 3분의 2는 차량 구입 시 신용에 의존한다) 자동차산업이 갑자기 붕괴했다. 또 하필이면 추수감사절(11월 27일)이 늦어져 성탄절 쇼핑 시즌이 단축된 데다 시즌 중에 경제위기가 심화되었다. 소매점들은 성탄절 쇼핑객을 유치하고 재고 누적을 막기 위해 필사적으로 유례없는 할인을 제공했다. 그 할인폭은 실제로 성탄절 이후에 더 커져서, 일부 할인가는 소매가의 3분의 2에 달했다(가장 극적인 할인은 차량 한 대 가격에 두 대를 주는 50% 할인이었다). 이러한 할인은 전반적인 소비자물가 수준을 낮춤으로써 가장 불길한 공황 현상인 디플레이션 우려를 낳았다.

이처럼 여러 가지 공황 유발 요소가 경기 하강의 가속화와 함께 집중될 확률은 분명 매우 낮았다. 그러나 9월에 들어서면서 극심한 불황이 도래할 가능성이 커졌고, 이는 정부가 비용을 무릅쓰고 그 예방 대책에 착수하는 것이 마땅할 만큼 충분히 컸다. 그래도 관료들은 머뭇거렸다. 그들은 위기에 놀랐지만, 그것에 대처할 비상 계획을 세워두지 않았다. 금융위기에 대응할 때 머뭇거리게 되면 공황이 가져오는 역풍 때문에 비용 부담이 엄청나게 커진다. 수요 감퇴, 해고, 수요의 추가 하락, 해고 증가 등으로 이어지는 소용돌이는 일단 발생하면 외부의 힘이 작용하지 않아도, 다시 말해서 경제에 충격이 추가적으로 가해지지 않아도, 자생적으로 확대된다.

공황을 예측하지 못한 또 하나의 이유는 베커-포스너Becker-Posner 블로그의 통찰력 있는 독자인 재미슨 데이비스Jamison Davies가 제시했는데, 그는 우리에게 일본의 진주만 기습에 관한 월스테터의 주장을 원용하여 '신호-잡음signal-to-noise' 비율이 중요함을 일깨워주었다. 월스테터에 따르면 일본의 진주만 기습이 성공한 이유 중 하나는 낮은 신호-잡음 비율, 다시 말해서 허위·기만 정보나 무관한 정보 등 무가치한 정보의 양에 비해 유가치한 정보의 양이 적었다는 사실이다. 쏟아져 들어오는 자료 중에서 진정으로 유용한 것과 단지 잡음인 것을 구분하기란 지극히 어렵다. 데이비스의 말을 옮겨본다.

> 우리가 정확한 경고를 접수하고 그에 응하여 행동한다면, 공격이 실현되지 않을 것이다(즉, 미국이 일본의 진주만 공격 의도를 안다면, 방어 태세를 갖추어 일본의 공격 행동을 막을 것이다). 이는 경고가 성공적으로 먹혀들면 재앙이 실현되지 않으므로 그러한 경고가 과소평가를 받게 된다는 것을 의미한다. 이 때문에 조기경보 체계가 심각한 문제를 미연에 방지했더라도 비효과적인 체계로 인식되면서 약화되는 경향이 있다. …… 경제 분야의 조기경보 체계가 규제조치다. 위기가 없었기 때문에 규제가 불필요하다고 여겨져 철폐되었다. 하지만 정책 결정자들은 규제 때문에 위기가 발생하지 않았을 것이라는 점을 고려하지 못했다.

진주만 공격에 이르는 과정에서 그랬듯이, 2008년 9월의 금융위기로 이어지던 과정에서도 대부분의 유능한 분석가들은 루비니 교수와 같은 카산드라, 경보자alarmist, 이요Eeyores(디즈니 만화 곰돌이 푸에 나오는 심각한 당나귀) 또는 운명 예언자들의 '경제 전망이 암울하다'는 주장에 동의하지 않았다(재앙을 경고하는 자를 중립적으로 표현하는 용어가 존재하지 않는다. 명사에

'경고자warner'는 없다). 전술한 모든 이유 때문에, 전문가를 포함해 미국인 대부분이 재앙 경고자들에게 설득당할 가능성이 없었다. 그러나 그들이 2005년부터 경제적 재앙의 발생 가능성을 예고하는 신호에 대해 주의를 환기했는데도, 미국 정부가 상당한 보유 자원을 투입해 그 문제를 심층 조사하지 않은 행동은 용서받을 수가 없다.

경제적 위험과 관련된 대규모 정보를 취합하고 분석하는 공적기구(시장기구가 아니라)가 없기 때문이었다는 설명이 가능하다. 연방준비제도나 재무부는 그런 기구를 설치할 수도 있었다. 그들이 금융위기가 발발하더라도 금리만 낮추면 제2의 공황을 힘들이지 않고 막을 수 있다고 과신하지 않았더라면, 아마도 그런 정보기구를 설치했을 것이다.

미국과 세계의 금융 시스템이 취약하다는 약간의 인식이 은행 등 금융기관과 감독기관 직원, 경제학자, 금융컨설턴트, 회계사, 보험계리사, 신용평가사, 모기지 중개인, 부동산 중개업자, 경제부 기자 사이에 널리 확산되었다. 퍼즐의 조각을 맞추듯이 정보를 모으고 분석할 CIA에 상당하는 정보기구가 금융 분야에는 존재하지 않았다. 더 정확하게 말하면, 연방준비제도, 재무부 또는 대통령 경제자문위원회가 그런 역할을 맡을 수도 있었겠지만, 실제로 수행한 기관이 없었다. 가치 있는 정보는 대부분 정보 생산자가 독점 소유했으므로, 기자와 학자의 접근이 차단되었다. 투자은행, 헤지펀드, 모기지 대출은행 등 다른 금융회사들은 경쟁사에 도움이 되는 자사의 사업전략에 관한 정보를 감추었고, 자사의 전망에 대해 부정적인 정보는 법률상 허용되는 범위 내에서(때에 따라서는 그 이상으로) 공개를 회피했다. 규제기관조차도 금융 시스템에 관한 핵심 정보에 접근하지 못했는데, 규제 완화의 전성시대에 규제기관의 권한을 제한하는 것이 적절하다고 생각되었기 때문이다. 금융 규제기관은 새로운 파생상품을 규제할 권한이 없었기 때문에, 금융 시스템이 얼마나 위험해졌는지를 드러냈을 정보 공개를 강제할 수 없었다. 절정기의 신용부도스와프 시장은 규모가 미국 전체 주식시장보다 컸다(단, 제2장에서 전술했듯이 스와프는 대체로 상계 정산되기 때문에 이러한 단순 비교를 하면 진실을 오도하는 측면이 있다). 그리고 스와프의 거래 당사자는 전통적인 보험회사와 달리 적정한(또는 그 목적을 위한 어떤) 지불준비금을 유지할 법적 의무가 없었으므로, AIG 부도 사태처럼 보험금 청구가 쇄도했을 때 스와프 상대방은 아무런 보호를 받지 못하고 보험을 상실했다. 주택 금융은 정부 규제를 받았지만 은행감독기관과 별개의 다른 기관이 규제를 담당했으며, 헤지펀드는 거의 규제를 받지 않았다.

혹자는 투자자들이 자사의 전략, 리스크 등을 공개하지 않는 금융기관에 대해서는 최하등급으로 간주할 것이며, 따라서 경쟁 체제하에서는 자발적인 정보 공개가 강제될 것이라고 생각할 수 있다. 이는 로스쿨 지망자가 지원하는 로스쿨에 대학 학부 성적을 제출하는 데 법적으로 동의를 유보할 권리를 가지고 있지만 한결같이 동의하는 것과 원리가 같을 것이다. 그러나 우리는 어떤 회사가 정보 공개를 꺼린다고 해서 반드시 악재를 숨기고 있다고 추론할 수는 없으며, 그 회사가 단순히 자사의 전략, 통찰력 및 영업 비밀을 경쟁사로부터 보호하고 있을 수도 있다.

결론

제4장의 분석을 통해, 2005년부터 주택 거품이 터지기 시작했는데도 2008년 가을에 가서야 미국 정부가 은행산업이 재정적으로 곤경에 처한 것을 알았다는 놀라운 사실이 설명된다. 거품이 해소되어 은행의 모기지담보부증권에 영향이 미치기까지 어느 정도 시차가 있기 마련이었다. 주택 가격이 횡보하다가 하락했어도, 주택 가격 하락이 채무자 부도를 촉발할

때까지는 대출기관이 영향을 받지 않았다. 다만 모기지담보부증권이 위험 분산에도 불구하고 증권 구입자의 기대만큼 수익을 내지 못하고 오히려 투자 원금을 잠식할 수준까지 모기지 부도율이 증가할 것이라고 시장이 예측할 때는 주택 가격 하락이 모기지담보부증권의 가치를 떨어뜨릴 것이다. 이 시점에도 은행들은 2008년 3월 베어스턴스를 무너뜨린 것과 같은 종류의 뱅크런의 발생을 우려해 자신의 재무 상태가 위태로워졌음을 인정하지 않을 것이다. 예금보험 대상 예금주라도, 은행이 도산할지 모른다고 생각하면 연방예금보험공사의 대지급 지연을 우려해 예금을 인출할 것이다. 그리고 미국 은행에 예금한 사람 모두가 예금 전액을 보장받는 것은 아니었다. 즉, 연방예금보험 적용에 예금액 한도가 있었으며, MMF계좌와 같은 비은행 수표발행계좌는 아예 보호 대상이 아니었다(지금은 예금보험 한도가 철폐되었고, 비은행 수표발행계좌도 보호를 받는다).

일부 투자자는 주택 거품이 터지면서 모기지담보부증권에 미칠 영향을 예측하고 수십억 달러의 서브프라임 모기지담보부증권을 공매도했다.[5] 그러나 시장과 정부에 은행의 취약성을 경고해줄 만큼 공매도 세력이 충분하지 않았는데, 그것은 제3장에서 언급했듯이 공매도란 위험한 투자전략이기 때문이었다. 성급한 공매도자는 큰 손실을 보게 되며, 주택 거품이 오래 지속되면서 많은 이가 그런 손실을 입었다.

---

5 헤지펀드 매니저인 존 폴슨은 주택 가격이 보합세에만 머물러도 차주 부도가 빈발할 것임을 계산하여 투자했고, 이를 통해 900% 수준의 수익을 얻었다(세바스찬 말라비, 『헤지펀드 열전: 신보다 돈이 많은 헤지펀드 엘리트들』, 김지욱·이선규·김규진 옮김, 첨단금융출판, 2011).

A FAILURE OF CAPITALISM

제5장

정부의 대응

미국 경제의 추락에 대한 정부의 대응은 네 단계로 진행되었으며, 다섯 번째 단계는 이 책 집필 시점에 의회에 계류되어 있었다. 최초 세 단계는 모두 집단적인 '구제금융'이며, 네 번째 단계(구제금융과 동시 진행)를 필자는 '금융완화'라고 부를 것이다. 그리고 다섯 번째 단계는 '경기부양'이다. 이미 2008년 초에 의회가 1,680억 달러의 세금 환급을 승인함으로써 소규모로 경기부양을 시도했으나 효과가 없었던 것으로 판명되었다. 이 금액은 지출을 자극하기에 너무 작았다. 이 조치는 대공황 당시 프랭클린 루스벨트 대통령 집권 이전 허버트 후버Herbert C. Hoover 대통령이 취했던 미봉책을 떠올리게 했다.

미해결 현안으로 아직 구상 단계에 있는 대책은 모기지 채무자 구제와 금융산업 규제의 포괄적 개혁이다. 필자는 채무자 구제를 이번 장 끝부분에서 논하고, 규제의 개혁은 제10장에서 간단히 언급할 것이다. 금융 규제 개혁에 대해 여기에서는 금융위기 와중에 금융산업을 재편성한다는 시도는 정부가 감당할 수 있는 범위를 벗어날 위험이 있다고만 언급해둔다.

TARP

추락한 미국 경제 구출 작전은 구제금융(7,000억 달러의 TARP)과 금융완화로 시작되었다. 애초에 구제금융 개념은 정부가 은행권의 '부실 자산', 즉 주택 거품 붕괴로 가치가 불확실해진 자산, 특히 모기지담보부증권을 매입하는 것이었다. 이는 은행들이 지불 능력은 유지하고 있지만, 부실 자산의 거래시장이 동결되어 있고 은행의 자기자본 쿠션이 어느 정도인지 몰라서 대출을 하지 못하고 있다는 것을 전제로 했다. 이제 우리가 주지하다시피 이러한 전제는 잘못된 것이었는데, 은행들은 자본을 충분히 수혈받아 지불 능력을 회복한 후에도 일부 보유 자산의 가치가 불확실하기 때문에 여전히 대출을 하지 못할 상황이었다.

2단계에서 이루어진 구제금융에서는 정부가 대형 은행에 직접 투자해 은행의 지불 능력을 확충하고 그 대가로 우선주를 받았다. 그리고 나서 정부는 은행들이 새로운 자본을 쌓아만 놓고 대출하지 않는다고 불평했으며, 특히 의회가 실정을 모르고 쿡쿡 찔러댔다. 그러나 은행들이 지불 능력이 없거나 그럴 위험성이 있었다면, 대규모 대출을 재개하기 전에 자기자본 쿠션을 확충하는 것이 당연했으며, 특히 공황기에는 호황기보다 대출이 더 위험하므로 더욱 그러했다. 은행들은 또한 자산 가격이 하락할 것이니 현금을 가지고 있다가 나중에 투자하는 것이 최고(디플레이션 사고)라고 생각했을 수 있다. 그러나 은행들이 정말 이런 생각을 했는지 판단하기는 어렵다. 요약하면, 경제는 지불 능력이 있는 은행을 필요로 하고 정부만이 은행의 지불 능력을 확보하는 데 필요한 자본을 출자하려는 의지가 있었으므로, 정부가 은행에 투자한 것은 합리적인 조치였지만 단기적으로 은행의 대출 확대에 큰 영향을 줄 가능성은 희박했다.

정부가 투자한 형태도 문제다. 우선주는 만기가 없어서 발행 은행이 상환을 걱정할 필요는 없었지만, 그 명칭에도 불구하고 자기자본보다는 부채 성격이 짙다. 은행이 우선주를 발행하고 정부 투자금을 수령함에 따라 은행의 레버리지(만기가 없으므로 리스크는 없지만)가 상승했으며, 이는 은행의 보통주를 더욱 불안하게 만들어 민간 투자자들을 위축시켰다. 그 대안으로 정부가 보통주 자본을 출자했다면 정부가 은행의 채권자가 아니라 소유주가 되었을 것이다. 그러나 정부가 상업사회의 중추신경망에 그토록 깊숙이 개입하는 데에는 당연히 불안감이 높았다. 실제로 당시 은행 주가가 너무나 하락해 있었기 때문에 정부가 상당한 자본을 투입하면 지원 대상 은행의 과반수 주주가 될 상황이었다.

정부가 은행산업의 대주주가 된 사례 가운데 규모에 관한 한, 1980년대 말 파산한 수백 개 저축대부조합을 인수한 사례와 견줄 만한 것이 없다. 당시 저축대부조합은 미국의 신용 시스템에서 주변적인 존재였다. 또한 그들은 파산의 기로에 선 것이 아니라 이미 파산했었고, 정부는 그 잔해를 수습했을 뿐이다.

이후 정부는 은행이 보유한 증권화된 부실 자산을 모두 매입해 '배드뱅크bad bank'에 넣는다는 결정을 내릴 듯이 보였다.[1] 은행에 대한 현금 투입으로 대체된 애초의 매수 계획과 배드뱅크 간 차이는 '배드뱅크(미국 재무부의 다른 이름)'가 선별된 은행으로부터 부실 증권을 매입하는 것이 아니라, 모든 은행의 모든 부실 증권(및 부실 대출을 포함한 다른 부실 자산)을 매입한다는 점이었다. 이렇게 하면 은행의 대차대조표가 깨끗해지고 경영진

---

[1] 미국 정부는 결국 배드뱅크를 통한 전면적인 부실 채권 매입은 시행하지 않았다.

과 잠재적 투자자, 채무자가 각 은행이 얼마나 안전한지 판단할 수 있을 것이었다. 그리고 구제금융 자금을 신청한 은행들에 구제금융 자금을 배분하는 과정에서 나타날 수 있는 특혜 우려를 가라앉힐 수 있을 것이었다.

은행의 '부실 자산'을 평가하는 문제와 관련해 정부가 은행 장부상에 하락한 시가가 기재되어 있으면 그 가격에 부실 자산 매입을 제안하고, 시가 평가가 안 되어 있으면 매입 대신 보험을 들어줌으로써 평가 문제를 우회하는 방안이 있었다. 이 방안은 시장이 없는데 시가의 추정이 얼마나 현실적일까 하는 문제가 있었지만, 부실 자산을 입찰에 부치겠다는 실행 불가능한 애초 계획보다는 개선된 것이었다. 그래도 소요되는 전체 비용은 막대할 것이었다. 일부에서 거론된 대로, 정부가 은행을 '국유화', 즉 강제 인수하더라도 기존 주주들에게 정당한 보상을 해주어야 하므로 평가나 비용 문제를 피하지 못할 것이었다. 정부가 저축대부조합 사태 때처럼 은행을 파산시킨 이후에 잔해를 수습할 수도 있었으나, 이 역시 쉬운 일이 아니었을 것이다. 그리고 다수 은행은 파산하지 않고 납작 엎드린 상태에서 경제 전망과 규제 방향이 분명해질 때까지 현금을 쌓아놓고 있을 것이었다.

금융완화

필자는 잠시 공황에 대한 정부의 4단계 대응(금융완화)을 건너뛰려고 한다. 이는 4단계가 2단계와 밀접하게 관련되어 있기 때문이다. 2008년 11월 마지막 주에 연방준비제도는 8,000억 달러의 민간 채무를 매입하겠다고 선언했다.[2] 그 목적은 애초 구제금융 계획에서처럼 은행이 보유한 부실 자

---

2 2008년 11월 25일에 발표된 TALF는 학자금, 자동차 할부, 신용카드, 중소기업청 보증 대출을 활성화하고자 이러한 대출 자산의 담보부증권을 담보로 비소구(non-recourse)

산의 가치 불확실성을 제거함으로써 유동성을 회복시키려는 것이 아니라, 통화의 유통량을 늘림으로써 차입을 활성화하고 개인 소비지출과 생산의 감소를 방지하는 것이었다. 그러나 차입과 대출 수요는 경제 내 통화량의 함수일 뿐만 아니라, 부도율의 함수다. 공황 기간에는 채무자 부도율이 높으므로 차입하기가 더욱 위험했고(차입자가 일자리를 잃는다면 대출금을 상환할 수 없을 것이다), 내부적으로 지급 능력에 문제를 안고 있는 은행도 매우 높은 금리가 아니면 대출을 꺼리게 된다. 그리고 금리가 높을수록 차입자의 상환 능력은 떨어진다.

자동차산업 구제

3단계 구제금융 조치는 2008년 12월 제너럴모터스와 크라이슬러에 연방정부가 자금을 대출해준 것으로, 이는 이들의 파산을 막거나 최소한 지연하기 위한 것이었다. 미국 파산법상 기업 파산에는 청산과 회생reorganization의 두 가지 형태가 있음을 유의해야 한다. 청산은 파산한 회사가 문을 닫고, 모든 근로자를 해고하며 모든 자산을 매각한다. 디트로이트의 자동차회사들을 이렇게 청산하는 방안은 대형 청산이 공황에 미칠 수 있는 영향을 설사 무시한다 하더라도(무시해서도 안 되지만), 최소한 단기적으로는 자동차업계의 문제를 푸는 효율적인 해법이 될 수 없었다. 미국 자동차업

대출해주는 프로그램이다. 손실이 발생하면 TARP와 연방준비제도가 출자하는 SPV(Special Purpose Vehicle)에서 부담했다. 연방준비제도의 활동이므로 의회의 승인 대상이 아니지만, 의회는 지출 용도를 보고하라고 요구했다. 이미 발행한 ABS에 대해서는 2010년 3월까지 시한부로 운영했고, 새로 발행하는 ABS에 대해서는 2010년 6월까지 운영했다. 2008년 11월 25일에 발표한 모기지대출채권, 담보부증권 매입 프로그램을 통해서는 2010년 4월까지 1조 2,500억 달러를 매입했다.

계는 장기 전망이 매우 불투명했고 이 때문에 실의에 차 있었기는 해도 여전히 연간 수백만 대의 차량을 제조하고 판매하는 대형 산업이었다. 차량 한 대를 팔 때마다 손실을 보고 있었지만, 수요와 공급이 일치되는 수준으로 감산한다면 차량 판매 가격이 대당 생산비보다 높을 수 있었다.

자동차회사의 부채 등 다른 고정비용을 판매 대수로 나눈 금액이 1만 달러라고 가정하자. 업체는 생산을 감축하고, 근로자를 해고하며, 공장을 폐쇄하는 등 수요와 비용을 감안한 효율적인 생산수준으로 군살 빼기를 추진한다. 그래도 필자가 가정한 1만 달러의 대당 고정비용의 주범인 거대한 회사 빚은 변하지 않을 것이다. 자동차 한 대를 생산하더라도 회사의 고정비용은 증가하지 않는다. 그리고 한 대당 생산비가 자재비와 인건비를 합쳐 2만 달러라고 가정하자. 회계사는 제조원가를 3만 달러로 계산할 것이다. 그리고 회사의 판매 가능 최고 가격이 2만 5,000달러에 불과하다고 가정하자. 이때 판매 단가가 한계생산, 즉 생산을 한 대 늘리는 데 드는 비용을 충당하므로 차량을 생산하는 것이 득이며, 한 대당 5,000달러씩 부채를 갚을 수 있을 것이다.

청산의 대안인 회생 절차는 2002년 유나이티드항공이 파산했을 때처럼 정상적인 시기에 성공할 수 있는데, 그 전제로 회사가 한계비용을 충당할 수 있으며 이에 따라 무거운 빚 부담이 줄거나 없어지게 할 수 있는 확률이 상당히 높아야 한다. 앞서 든 예에서는 부채가 절반으로 탕감되면 회생할 수 있다. 파산한 회사가 회생 절차를 시작하면 파산 후 차입, 이른바 "점유를 계속하는 채무자Debtor In Possession: DIP 대출이 파산 전 채무에 우선하므로[3] 기존 회사 빚이 아무리 많더라도 운영 자금을 차입할 수 있을 것이다. 파산

---

3 이러한 DIP 대출은 한국 법에서는 존재하지 않았으나, 관련 내용이 2011년 10월 국무회의를 통과한 「채무자회생및파산법」 개정안에 포함되었다. 미국 파산법상 DIP 제도는 2006년 '기존관리인 유지제도'로 한국의 법에도 도입되었다.

절차에서 기존 채무가 일부 탕감되면 회생 절차에 있는 회사의 고정비용은 지불 능력을 회복하는 수준으로 감소할 것이다(앞서 든 예에서 감소폭은 대당 5,000달러다). 탕감되는 부채에는 직원 건강보험 및 연금 혜택을 위한 회사 기여금이 포함될 수 있는데, 자동차업계에서 이러한 복지 수당은 여러 해 동안 축소되어왔는데도 회사의 수익성에 큰 장애 요소였다.

따라서 자동차회사들이 감산 체제에서는 경제적으로 생존할 수 있고, 단지 생산을 많이 하던 과거의 부채 때문에 파산했다고 가정하면, 파산법상 회생 절차가 재정 문제에 대한 합리적인 해법이 될 것이었다. 파산법원에는 또한 자동차회사가 자동차연합노동조합과 체결한 단체협약을 폐기할 권한이 있다. 단체협약 폐기 시, 자동차회사는 급여와 복지 수당을 삭감할 수 있게 된다. 이렇게 인건비를 대폭 감축하는 것은 회사의 장기적 생존에 필수적일 것이다.

그러나 이러한 장밋빛 청사진은 공황이 아닌 정상적인 시기여야 가능하다. 미국이 공황으로 접어들면서 자동차회사의 파산 처리를 허용하는 데에는 몇 가지 문제가 있었다. 첫째, 이 회사들이 생산과 부채, 인건비를 감축하면 계속기업 가치가 있다 하더라도 청산을 피하지 못할 가능성이 있었다. 이들이 회생 절차를 진행하는 과정에서 회생에 필요한 상당 규모의 DIP 대출을 받을 수가 없기 때문에 청산이 불가피해질 가능성이 있었다. 은행들이 자동차업계를 유지시키는 데 필요한 거액의 위험한 대출을 할 가능성이 희박했다.

둘째, 디트로이트 자동차산업의 규모와 특성을 감안할 때, 이들이 파산하면 미국의 비참한 경제 상황이 더욱 악화될 수 있었다. 만일 회생 절차를 선언한 자동차업계가 필요한 DIP 대출을 끌어오지 못함으로써 회생에 실패하고 청산에 들어가면, 20만 명 이상의 근로자가 실직할 뿐만 아니라 부품공급업체와 자동차 딜러에서 일하는 수십만 명도 실직하게 될 것이었다.

모두 합해 약 300만 명의 근로자를 제너럴모터스, 포드, 크라이슬러가 직간접으로 고용하고 있었다. 그리고 이 자동차 3사가 청산하지 않고 회생에 성공하여 생산을 계속하더라도, 아마 매출은 더 빨리 감소할 것이었다. 많은 소비자들이 파산 사태, 특히 자동차 제조업체의 파산과 관련한 불확실성 때문에 위축될 것이다. 소비자들은 제품 보증이 지켜질지, 부품 공급이 원활할지, 차를 판매한 딜러가 존속할지, 서비스 수준은 유지될지, 중고차 가격은 어떻게 될지 등을 걱정할 것이다. 정부 관리들이 소비자들을 안심시키기 위해 기업이 파산하더라도 청산하지 않는 한 고객들에게 큰 문제가 없을 것임을 장담하더라도 소비자들은 신뢰하지 않을 것이었다. 그 밖에 금융위기에 관해 국민을 안심시키려는 정부의 장담이 모두 근거 없는 것으로 판명되었다. 파산 기업의 회생 절차는 금융위기 때문에 좌초할 수도 있었다. 자동차는 내구성이 매우 강하므로 고객들이 깊이 생각하고 제조업체의 미래가 분명해질 때까지 기존 차의 교체를 미루기 십상이었다.

당시 제너럴모터스와 크라이슬러가 파산변호사를 고용했으며, 북미 지역 생산을 대부분 수개월간 중단한다고 발표한 상황에서, 미국인들이 디트로이트의 자동차업계가 실질적으로 파산 상태임을 인식하게 된 것은 당연했다. 그러나 공황의 한복판에서 미국 자동차업계의 대부분(외국인 업체는 지불 능력이 있으므로)에 대해 공식적으로 파산 선언을 한다면, 그것이 미치는 심리적 영향은 클 것이었다. 그리고 그 영향은 단지 심리적인 데 그치지 않을 것이었다. 기존의 품질보증서는 파산 후에는 무담보채무에 해당하며 가치가 거의 없을 것이다. 자동차 소유자들에게는 품질보증 기간이 만료되지 않은 자차의 가치가 감소하고, 애초에 감안하고 있었던 유지비 부담이 증가할 것임을 깨닫게 된 것이다. 기존 품질보증서는 파산 후에는 가치가 없게 되지만, 파산한 자동차회사가 발행한 품질보증서는 (DIP 대출에 의한 채무처럼 파산 후 발생 채무로서) 완전한 효력이 있다는 사실을 아는 사람이라면 미국 자동차 3사에서 나오는 신차 구입을 파산이 선언될 때까지 미룰 것이다.

정부 관리들이 경제 상황의 심각성에 관해 여러 차례에 걸쳐 잘못된 인식을 드러내는 것으로 보고(관리들은 일반인들이 극심한 불황을 오랫동안 체감하고 있는데도 불황이 도래했음을 잘 인정하지 않는다) 겁이 난 소비자들이 이미 소비를 줄이고 있었음은 주지의 사실이다. 이 때문에 소매업 부문에서 해고가 늘었고, 이로써 구매력은 줄어들었으며, 이는 다시 추가 해고를 유발하는 상황이었다. 이러한 악순환은 파산한 자동차회사의 회생 노력이 실패하여 청산에 들어갈 경우, 엄청난 수의 해고자가 쏟아짐으로써 가중될 것이었다. 최소한 공황이 바닥을 치고 경제가 성장세로 돌아설 때까지는 자동차 3사의 파산을 막아야 했다. 9·11 테러 이후 승객이 급감한 항공사들이 미국 정부의 구제금융을 받았는데(항공사들은 고정비용 부담이 매우 크기 때문에 끊임없이 파산의 기로에 서게 된다), 유나이티드항공사는 구제금융에 힘입어 파산법상의 회생을 2001년부터 차근차근 추진해 2006년에 졸업했다.

자동차산업 구제금융법안[4]이 의회에서 부결된 후, 임기 말의 부시 행정부가 주도하여 연방정부의 대출을 추진했다. 부결된 법안과 거의 똑같은 구제 효과를 내는 이 방안은 공화당과 민주당 양당에 모두 승리를 안긴 정치적 묘안이었으며, 공황이 경제적 사안일 뿐만 아니라 정치적 사안이기도 하다는 사실을 부각했다. 공화당 상원의원들은 자유로운 도산이 자본주의의 근간이며, 임금과 수당은 강력한 노동조합(근로자의 카르텔로서)이 아니라 자유로운 노동시장에서 경쟁에 의해 결정되어야 하며, 정부는 기업을

---

4 「자동차산업의 금융 및 구조조정법(Auto Industry Financing and Restructuring Act)」은 자동차산업의 구조조정을 조건으로 140억 달러의 구제금융을 제공하는 내용을 바탕으로 한 것이었는데, 2008년 12월 10일 하원에서 부결되었다.

운영해서는 안 되며, 정부지출은 최소화해야 한다는 등의 원칙을 옹호했다. 공화당 상원의원들은 또한 자신들의 지역 기반인 남부에 주요 공장이 있는 도요타 등 외국인 자동차업체의 이익을 옹호했다. 게다가 공화당 상원의원들은 자동차산업 구제금융법안에 반대함으로써, 인기가 없고 공화당의 작은 정부 원칙을 저버렸다고 간주되는 부시 행정부와 거리를 두었다. 만일 국내 자동차산업이 붕괴하여 불황을 심화시키면 공화당 상원의원들이 비난을 받았겠지만, 이들은 행정부가 신규 입법 없이도 자동차산업을 구제할 것임을 알고 있었다.

공화당은 11월 대통령 선거 패배로 박살난 듯 보였다. 그러나 공화당 의원들은 재빨리 결속해 강력한 공세를 취함으로써 몇 가지 승리를 거두었으며, 오바마 행정부의 공황 대책 추진을 어렵게 하고 지연시킬 힘을 가졌다.

폴슨 재무장관은 현행법하에서는 자동차회사를 구제할 권한이 장관에게 없다는 태도를 보였다. 그러나 의회가 자동차산업 구제금융법안을 부결하자마자 그가 입장을 바꿈으로써 미국 최고위 경제 관료들이 헤매고 있다는 인상을 주었으며, 리먼브러더스를 구제할 권한이 없다는 자신과 버냉키 의장의 주장이 더욱 설득력을 잃게 되었다. 결국 리먼브러더스의 붕괴는 공황을 촉발한 주요 사건의 하나가 되었다. 만일 행정부 관리들이 파산한 자동차 제조업체를 구제할 수 있다면 그들은 파산한 투자은행도 구제할 수 있었을 것이다.

민주당은 자동차산업 구제금융법안을 추진하는 과정에서 노조 근로자 편에 서고, 자동차산업의 '친환경화greening'를 옹호하고 있어, 직전 선거에서 민주당 표밭이었고 자동차산업이 집중된 3개 주(미시간, 오하이오, 인디애나)의 이익을 대변하며 정부가 적극적으로 행동한다는 원칙에 입각해 현행 공황의 심화를 막으려는 노력을 보임으로써 유권자에게 점수를 땄다.

자동차산업 구제금융법안이 여당인 공화당 의원의 분노를 샀던 것은 이

법안이 자동차 노동조합과 체결한 단체협약을 무시한 데다 자동차산업에 대한 통제권을 업체, 그리고 이 법안에서 신설하기로 한 '자동차업계 구조조정 감독관$^{car\ czar}$' 및 간섭적인 의회의 감독으로 삼분했으며, 의회와 대통령이 국내 자동차업계를 부활시킬 수 있다는 구상에 환상적인 요소가 상당히 있었기 때문이었다. 법안의 어디에도 미국이 다른 국가에 대해 또는 자동차업체가 집중된 3개 주가 미국 내 다른 지역에 대해 자동차 제조에 비교우위를 가지고 있다는 표현은 없었다. 미국에 그런 비교우위가 없는 것은 분명하며, 미국 의회와 대통령도 그런 상황을 바꿀 수 없다. 일본은 한때 잘나가던 통상산업성(현재 경제산업성) 주도로 '산업정책'을 추진했으나 실패함으로써 정부 능력의 한계를 깨달았다. 미국 의회와 대통령이 자동차업계의 그런 상황을 바꿀 수도 없었다.

자동차산업 구제금융의 현실적인 목표는 업계를 개편하거나 재활성화 또는 구조 조정하는 것이 아니었다. 목표는 공황의 끝이 보이고 파산을 당연시할 만큼 소비자 신뢰가 회복되는 시점까지 파산을 연기하는 것이었다. 이러한 목표를 달성하려면 자동차회사들이 쓸 구제금융 자금의 용도에 조건을 달지 않아야 했다. 의회에서 부결된 구제법안을 대신해 행정부가 내놓은 약화된 대안 속에 들어 있던 이러한 조건은 경제적 필요가 아니라 정치적으로 필요한 것이었는데, 이는 업계의 무능함에 대한 분노가 확산되어 다수 미국인들이 자동차산업 구제에 반대했기 때문이었다. 정부의 자동차 구제금융 조건들은 순수하게 경제적 관점에서는 실수였다. 그러한 조건은 업계의 지급 능력을 회복하기 위한 조치와 관련해 단지 노사협상만을 요구했고, 따라서 서로 양보하지 않고 버티다가 결국 파국으로 끝날 수 있는 '치킨게임'의 무대를 만들었다. 예를 들면, 노동조합은 실질적인 양보를 거부하면서 정부에 자동차 제조업체의 파산을 허용하도록 요구할 수도 있었는데, 노조로서는 그렇게 위협하면 회사 경영진과 채권단이 파산을 피하기 위해 필요한 양보를 하게 되거나 정부가 추가적인 구제금융을 제공하게 될 것이라고 기대할 수 있었다.

적어도 오바마 행정부가 자동차회사들의 운명을 결정하도록 바통을 넘겨야 했다. 그것은 부시 행정부가 2009년 일사분기까지 자동차회사들을 살려두기 위해 170억 달러를 융자한 설득력 있는 이유였다. 그러나 이 때문에 노동조합이 자신들에게 좀 더 우호적일 것으로 기대되는 대통령과 의회가 취임할 때까지 시간을 끌 동기가 부여되었다.[5]

감세와 이전지출

공황에 대한 정부의 5단계 대응은 '경기부양 대책'이었다. 민주당 의원들이 제안해 의회에서 통과된 2009년 「미국 경제회복 및 재투자법」은 연방정부가 2년에 걸쳐 통상적인 정부지출 외에 8,190억 달러를 추가 지출하게 했다. 예산을 쪼갠 경기부양 종합대책안의 3분의 1은 감세에 배정되었으며, 나머지는 도로 건설, 탄소 배출 억제 조치 등 공공사업과 이전지출에 배분되었다. 여기에 이전지출은 실업급여, 식료품 할인 구매건food-stamp 혜택, 연방 의료보조금 등 사회복지 지출을 늘리는 것으로서, 공황으로 급감한 주 정부의 세수와 차입 능력을 보충했다.

이러한 대책의 논리는 단순한 것이었다. 개인 소비가 감소했고, 앞으로 계속 감소할 것으로 예상되었는데, 그것은 국민 다수가 기대했던 것보다

---

5   부시와 오바마 행정부는 제너럴모터스에 495억 달러, 크라이슬러에 108억 달러를 투입했다. 2011년 6월 오바마 대통령은 크라이슬러 자동차를 방문한 자리에서, 구제금융을 다 갚았으므로 크라이슬러는 100% 민간의 소유가 될 것이라고 언급했다. 크라이슬러는 부시 행정부의 대출 중 70% 미만, 오바마 대통령이 결정한 대출은 100% 상환했다.

더 형편이 어려워졌으며 충분한 저축이 없어 소비를 종전보다 줄이기로 결정했기 때문이었다. 소비자들의 이러한 의사 결정으로 공황 발생 전의 높은 소비수준을 지탱했던 생산 자원이 놀게 되었다. 잠재 공급이 실제 수요를 초과하는 상황에서, 정부는 수요를 확대하는 재정정책을 운용해 생산을 공황 발생 이전 수준으로 회복시킴으로써 균형을 회복(필자의 앞선 예시에서 X-Y에서 X로 이동)할 수 있을 것으로 기대했다.

미국 보수파 대부분은 경기부양 대책 중에서 감세를 선호하는데,[6] 이는 감세에 부의 재분배가 수반되지 않고 정부가 시장에 간섭하지 않기 때문이다. 미국 진보파 대부분은 공공지출을 선호하는데, 이는 정부의 역할을 확대하고 사회에서 가장 어려운 계층의 복지 개선을 목표로 할 수 있기 때문이다. 실업률이 높은 계층은 최빈곤계층이지만, 감세는 세수 대부분을 부담하는 부유층에 주로 혜택을 준다. 그리고 실업급여 수령자들은 실업급여에 대해 소득세를 내야 하지만, 다수의 실업자들은 실업급여까지 포함한 총소득이 소득세 면제점 이하다.

공황 대책으로서의 감세와 관련한 한 가지 문제점은 많은 사람이 빈약해진 저축을 재건하고 개인 파산을 면하기 위해 세후소득 증가분을 지출하기보다는 저축할 것이라는 점이다. 특히 사람들이 감세가 영구적이 아닐 것이라고 생각한다면 그런 경향이 더욱 강해진다. 2008년 봄에 의회가 의결한 1,680억 달러의 세금 환급금 중에서 15%만이 지출되었다. 공황이 아닌 평시에도 사람들은 일시적인 소득 증가분을 항구적인 소득 증가분만큼

---

6 공화당의 우익 5대 인사 중 극우파인 그로버 노퀴스트(Grover Norquist)는 정부 규모를 줄여서 자기 집 화장실 욕조에 버리겠다고 농을 했다. 그가 이끄는 '조세개혁을 위한 미국인(Americans for Tax Reform)'이라는 단체는 1999년 공화당 대선 경선에서 부시 후보를 지원해 부시 행정부의 감세정책의 산실이 되었고, 현재 공화당 집권을 위한 수요모임을 확산하고 있다. 2012 대선을 앞두고 실시된 공화당 경선에서도 급진적인 감세안들이 제시되었다.

지출로 돌리지 않는데, 이는 일시적인 소득 증가로 생활수준을 잠깐 높일 수 있으나 이를 유지할 수는 없기 때문이다. 케인스도 이에 관해 언급했다. "습관은 (단기간에 – 지은이) 객관적 환경 변화에 적응하지 못한다. 왜냐하면 사람의 습관적인 생활수준이 대개 가장 먼저 소득을 차지하며, 그는 실제 소득과 습관적 수준의 생활비 간의 차액을 저축하는 경향을 보인다."[7] (항상소득 가설과 습관 가설의 차이를 보면, 전자는 소득의 영구적 변화가 생기면 바로 행태가 변한다는 것을 암시하며, 후자는 습관이 사람의 행태를 변화시키는 데 장애가 되기 때문에 일정한 시차가 있다는 것을 암시한다.) 따라서 재정 적자 지출보다 감세를 선호하는 경제학자들은 모든 감세가 영구적이어야 한다고 주장한다. 그러나 영구적인 감세라는 것은 존재하지 않는데, 감세법을 통과시킨 의회는 차기 의회(2년마다 교체된다)가 그 법을 철폐하지 못하도록 구속할 수 없기 때문이다. 더구나 긴급 공황 대책으로 타당한 재정 적자 지출은 기본적으로 일시적이어야 하며 공황이 끝나면 종료되어야 한다. 그렇지 않으면 정부는 장래에 무기한으로 예산 적자에 직면한다.

의회가 2008년 2월에 승인한 1,680억 달러의 세금 환급은 소비를 진작하는 데 거의 아무런 효과도 내지 못했다. 경기부양 종합대책에 포함된 감세액[8]은 이보다 불과 3분의 2 정도만 증액된 규모였다. 이러한 증액 규모는 큰 효과, 아니 어떤 효과라도 내기에는 너무 미미했다. 납세자들은 경제적 불안감이 더 커졌으므로 과거 세금 환급의 일부(85%)를 저축한 것보다 이번 감세분에서 더 많이 저축할 판이었다.

---

7 지은이 – John Maynard Keynes, *The General Theory of Employment, Interest and Money*, p. 97.
8 민주당은 공화당의 지지를 확보하고자 법률에 자금 용도의 37% 규모의 감세 조항을 포함시켰으며, 총 2,880억 달러 중 2,370억 달러는 개인, 510억 달러는 법인을 대상으로 했다. "Getting to $787 Billion," *Wall Street Journal*, February 17, 2009.

감세액 중 저축된 부분이 대출 재원에 보태지려면 국채 등 극도로 안전한 자산에 투입되지 않아야 하지만, 현실은 이와 다를 수 있다. 개인은 기업에 직접 돈을 빌려주지 않으며, 실제 대출을 하는 은행 등 금융중개기관에 돈을 빌려준다. 금융중개기관은 자본구조상 자신의 레버리지와 리스크를 줄이기 위해, 개인이 맡긴 추가 자금을 국채에 투자할 있다. 더구나 민간 부문 대출을 증대하는 감세나 세금 환급의 효과는 감세를 보전하기 위한 정부의 차입 증가로 상쇄될 수 있다.

미국 연방정부의 감세는 각 주의 심각한 재정 문제를 완화하는 데에는 전혀 기여하지 못할 것이다. 주 정부는 이미 세수가 급감했지만 통화를 발행할 수도 없고, 고금리 차입에 의존하지 않고서는 적자지출을 시행할 수도 없었다. 만일 연방 세율이 인하된다면 주 정부가 주 세율을 올려도 주민의 조세 부담이 늘어나지 않을 것이다. 그러나 불황 속에서 세율 인상에 대한 정치적 반대를 극복한다 하더라도 이러한 조정은 장기간이 소요될 것이다. 만일 연방정부 예산으로 인프라 개선을 하는 대신에 연방은 감세하고, 주는 증세하여 주의 신규 세수가 원래 연방정부가 부담할 인프라 프로젝트에 사용된다면, 이는 역설적인 상황이 된다. 그렇게 해서 얻을 것은 경제위기 대응 조치의 지연뿐일 것이다. 다시 말해서 각 주의 프로젝트와 관련해 연방 예산을 쓸 수 있으면 바로 프로젝트를 재개할 수 있지만, 그렇지 못하면 재정난에 빠진 각 주 의회가 세법안을 통과시킬 때까지 기다려야 하는 심각한 프로젝트 지연이 발생할 것이다.

제안된 경기부양 대책에 들어 있는 이전지출 부분[9]도 정치적으로 어쩔 수 없이 포함되었지만 내용을 보았을 때는 의문스러운 것이었다.

공황 극복을 겨냥한 적자지출 프로그램의 목표는 수요를 불황 이전의

---

9 「미국 경제회복 및 재투자법」에서 822억 달러가 저소득 근로자, 실업자 및 은퇴자(직업훈련 포함) 지원에 배정되었다.

수준으로 회복시키는 것이지 그 이상으로 확대시키는 것이 아니다. 적자지출 프로그램의 영향으로 수요가 X-Y에서 X(공황 이전 수준)로 증가하는 것이 아니라 X-Y에서 X+Z까지 증가한다면, 수요가 공급을 초과하므로 인플레이션이 생길 것이다. 부를 이전하는 이전지출 프로그램은 철폐하기가 매우 어렵다. 그 주변에 이해집단이 형성되기 때문이다. 따라서 공황이 끝난 후에 초과 수요가 발생할 위험이 존재하게 된다.

그러나 미국인이 그렇게까지 멀리 볼 처지는 아니다. 경기부양 종합대책의 이전지출 부분은 감세보다 우월한 방안이었다. 이는 그 돈을 받는 가난한 사람들이 저축할 여유가 없어 그 돈을 쓰게 되고 따라서 공황 시 적자지출의 목적인 총수요를 늘리기 때문이었다. 그렇다 하더라도 실업 급여를 확대하는 이전지출 프로그램에는 다소 문제가 있는데, 그것은 혜택을 받는 실업자들이 일자리를 까다롭게 고르면서 재취업을 미루게 되기 때문이다.

필자는 이전지출 방안이 포함된 것이 '자동 안정화 장치^{automatic stabilizer}'가 공황 해독제로서 불충분함을 증명하는 것이라고 첨언한다. 경기 침체 시 사람들은 소득이 줄어 소득세를 덜 내며, 실업급여가 임금을 대체하는데(물론 전부는 아니다), 이러한 두 가지 효과는 신규 입법 또는 다른 정책의 도움 없이도 경기 침체에 따른 지출 감소를 완화한다는 것을 의미한다. 이러한 자동 안정화 장치는 대공황 초기에 존재한 흔적만 있는데, 거시경제학자 대다수는 자동 안정화 장치 등 여러 가지 정책 혁신을 들어 제2의 공황은 결코 없을 것이라고 확신했다.

공공사업

공황에서 빨리 탈출하기 위해 채택된 지출 프로그램이 연방 예산을 축내는 영구적 항목으로 자리 잡을 위험이 있는데, 공공사업 프로그램[10](경기부양 패키지의 세 번째 구성 요소)은 그럴 위험이 덜하다. 특히 도로 건설 등 인프라 프로젝트는 예산 영구화의 위험이 적고, 주 정부 또는 지자체가 기획 및 착수했다가 공황에 따른 지방 세수(및 차입 능력) 감소로 연기한 인프라 프로젝트는 더욱 그렇다. 연방정부는 공황이 끝날 때까지 이 프로젝트에 자금을 지원해줄 수 있으며, 이후 주 정부가 원하면 자체 재원으로 프로젝트를 계속할 수 있다.

공황이 끝나는 것과 동시에 값비싼 공황 대응 프로그램을 종료할 수 있는지를 기준으로 할 때, 공공사업 프로그램이 최상책이고, 비非세금 이전지출 프로그램이 최하책이다. 세금은 빈번히 올리고 내리고 하지만, 이전지출 프로그램은 특정한 소수 집단을 목표로 하므로 기대감과 특권 의식을 조성해 종료하기가 정치적으로 매우 어렵다.

재정 적자지출에 의한 공공사업으로 실업을 줄이는 것은 추가적인 이점이 있다. 공황 속에서는 일자리를 유지하고 있는 사람들도 소득이 감소하고 장래에 대해 불안을 느끼지만, 실업자는 소득이 급감하고 특히 장래의 고용을 확신할 수 없어 취업자보다 소비를 더욱 줄이게 된다. 그리고 실업률이 높을수록 현재 취업을 유지하고 있는 사람들도 일자리를 잃을까 봐 더 걱정하게 된다. 이러한 걱정 때문에 취업자들은 감세 취지와는 반대로 소비를 줄일 것이다. 즉, 그들은 감세액을 장래의 실업에 대비한 보험으로서 저축할 것이다. 이러한 이유로 공황을 다스리는 데는 실업을 줄이는 적자지출 프로그램이 감세나 다른 이전지출보다 더 효과적이라고 생각된다.

공공사업에 대한 적자지출은 다른 형태의 적자지출에서는 창출되지 않는 생산승수 효과를 나타낸다. 정부 돈으로 도로를 건설하면 노동과 자재

---

10 「미국 경제회복 및 재투자법」에서 45%인 3,570억 달러가 교통, 통신, 하수 처리, 에너지 효율, 실업자 지원, 과학연구 등에 배정되었다.

에 대한 수요를 늘려 생산을 자극할 뿐만 아니라, 건설노동자와 건축자재 공급자에게 소득이 생기고, 이들은 그 일부를 타인의 재화와 용역을 구매하는 데 사용함으로써 생산을 더욱 자극한다. 경제가 불황이나 공황일 때, 공공사업에 투입하는 돈은 1달러당 지출을 1.4달러 증가시킨다고 추정되어왔다. 다만 이는 매우 개략적인 추정치이며, 승수가 1달러 미만이라고 보는 경제학자도 일부 있다.

공공사업에 대한 적자지출에는 정부 차입이 수반되므로 금리가 상승해 공황 탈출을 가로막을 수 있다. 그러나 감세와 이전지출도 연방 재정 적자를 늘리고 정부 차입을 늘리므로 그것과 동일한 효과가 있다. 그런데 모든 형태의 적자지출에 드는 돈은 원칙적으로 정부가 차입하는 대신 연방준비제도가 지불할 수 있다. 연방준비제도는 통화 공급을 늘릴 수 있고, 새로 발권한 돈의 일부를 정부와 계약하는 사업자에게 지불할 수 있다. 그러나 연방준비제도가 공황과 싸우기 위해 통화 공급을 늘리는 데에는 현실적인 한계가 있다. 이에 관해서는 이번 장 끝부분에서 설명한다.

공공사업 접근 방식에서 나타나는 큰 문제점은 프로젝트 자금의 지출이 시작되기까지 지연이 불가피하다는 것이다. 이것은 경기부양 종합대책 중 이전지출 부분의 장점이자, 완만한 불황일 때에는 공공사업이 효과가 없는 것으로 판명된 이유이기도 하다(공공사업 프로그램이 제때 시행되어 고용과 생산에 영향을 주기 전에 불황이 끝나버리므로 그러하다). 정부가 모든 실업자를 고용해 자기 집 뒷마당의 낙엽을 줍게 하지 않는 한, 공공사업 프로젝트에는 많은 준비 기간이 필요하다. 각 프로젝트가 실제로 시행되기 전에 그 프로젝트를 물색하고 설계하며 필요한 자재를 조달하고 필요한 계약을 체결하는 데 수개월이 소요된다.[11]

---

11 2009년의 경기 대책에서 공공사업 부문은 엔지니어가 아닌 바이든 부통령이 주관했으나, 지연 문제가 발생했다. 오바마 대통령은 2011년 연설에서 지연된 공공사업을 신속

그러나 이러한 지연 문제는 완화할 수 있다. 앞서 말했듯이 경기 하락으로 중단되어 곧바로 재개할 수 있는 프로젝트에 자원을 집중하면 되는 것이다. 각 주와 지자체가 착공하거나 기획한 프로젝트 중에 이 범주에 해당하는 프로젝트가 많다. 더구나 경기 예측가들은 2008년 이래 하강한 경기가 악화될 뿐만 아니라 일반적인 불황보다 더 길어질 것으로 예측한다(불황이 길어진다는 예측은 이번 사태를 공황으로 보는 이유 중 하나다). 경기 하강이 길어질수록 공공사업을 통해 고용과 생산을 늘리기까지 더 많은 시간이 걸릴 것이다.

한편 지연의 문제는 공황에 대응한 공공사업에서만 발생하는 것이 아니다. 연방준비제도가 은행의 대출 여력을 늘린다고 해서 경제활동이 즉시 상승한다고는 기대할 수 없다. 은행은 어떤 대출을 누구에게 제공할지를 결정해야 한다(감세나 다른 혜택을 받은 개인도 늘어난 돈을 어디에 지출할지를 결정해야 한다). 은행은 해외에 대출하기로 결정하거나 국채를 매수해 연방정부에 대출할 수도 있고, 아니면 그 돈으로 다른 은행을 인수하거나 저렴해진 채권 등의 자산을 매입할 것이다. 개인들이 여느 때 같으면 매력적이었을 저금리에서도 차입을 꺼리면서 은행이 대출에 어려움을 겪을 수 있다. 그리고 연체를 겁내는 은행으로서는 그러한 저금리가 달갑지 않을 수도 있다. 만일 개인들이 차입한다 하더라도 그 돈을 지출하는 데까지 시간이 걸릴 것이고, 나아가 그 지출이 생산을 증가시킨다는 보장도 없다.

공공사업에서 지연보다 더 큰 문제는 우선 진정한 가치를 창출하는 프로젝트를 물색한 다음에는 경제적이 아닌 정치적인 이유로 정치인들이 선

하게 처리하겠다는 의지를 밝혔고, 오하이오와 켄터키를 연결하는 48년 된 '기능적으로 낙후된' 브렌트 스펜스(Brent Spence) 다리가 즉각 공사 가능(shovel-ready)하다고 예시했다. 이 다리는 2004년에 환경조사비를 책정했는데도 2009년 경기부양책에서 예산을 배정받지 못했었다.

호하는 프로젝트를 물리치고 선정되는 것이다. 그렇다고 사회적 혜택을 제공할 공공 프로젝트가 부족하다는 뜻은 아니며, 같은 금액의 민간 지출보다도 더 큰 순편익을 낼 수 있는 공공 프로젝트도 있다. 여기에 해당하는 프로젝트를 꼽자면, 교통 인프라, 기후 변화 통제, 생물학적 다양성 유지, 교도소 건설, 각급 교육, 과학 연구, 아동 보건, 기타 공중 보건(예컨대 비만의 통제, 테러범의 세균 살포 등에 의한 전염병 예방 조치), 육군 병력 확충, 이라크 전쟁과 아프가니스탄 전쟁에서 손실된 장비 대체 등에 투자하는 것이다. 「미국 경제회복 및 재투자법」에서 제안된 다수의 투자 사업은 적어도 사회복지 증진을 위해 타당성 있는 후보들이다. 그러나 최선의 후보 사업에 속하는 군 증강은 단지 50억 달러를 받을 것으로 예정되었다. 이라크 전쟁과 아프가니스탄 전쟁에서 손상된 장비는 재고 및 신규 생산을 통해 보충되었으며, 그 결과 감소한 적정 재고를 복구할 필요가 있었다. 이러한 복구는 신속하게 이루어질 수 있으며, 군 장비는 거의 모두 미국산이므로 즉각적이고 직접적으로 실업 대응 효과를 낼 것이었다.[12] 오바마 행정부는 군이 더 이상의 경기부양 대책을 요청하지 않았다고 답변했다. 그러나 그러한 군부의 소극적 태도를 당연히 예상했어야 한다. 군부는 군의 우선순위가 민간의 필요에 따라 결정되는 것을 원하지 않기 때문이다.

프로젝트 추진과 관련된 정치적인 문제들을 감안할 때, 경기부양 대책에는 비용이 편익을 초과하는 프로젝트가 많이 들어 있다고 보는 것이 온당하다(거의 확실히 들어 있다). 그러나 여기에는 그러한 프로젝트가 국가의 운송 체계, 교육 체계 등을 개선하는 단순 효과와 별개로, 공황을 극복하는 데 도움이 되는 측면을 무시한다는 단서가 붙는다. 그 단서는 매우 중요하고 명백하지만 경기부양 종합대책을 반대한 많은 사람이 간과한 부분이다.

---

[12] 「미국 경제회복 및 재투자법」에서 철강 등 자재의 국산품 사용(Buy American) 의무 조항을 설치했으며, 캐나다의 반발을 초래했다.

공황에 대항하기 위한 프로젝트를 평가할 때, 우리는 성공적인 공황 극복 효과를 무시해서는 안 된다. 무가치한 프로젝트에 지출하는 것도 공황에 대해 효과적인 대응이 될 수 있고, 역설적으로 저렴한 대응이 될 수 있다.

미국 건설업계에 대량 실업이 발생했으며, 그것은 주택 거품이 터짐에 따라 주택 신축을 비롯한 전반적 건축 물량이 감소했기 때문이라고 가정하자. 정부는 건설근로자의 실업률이 특히 높은 지역에 도둑고양이들을 보호하는 호화시설을 건축하기로 결정한다. 비용-편익 분석에 따르면 사업비용이 1,000만 달러이고, 편익은 공황이 아닌 평시에 100달러(고양이 애호가들이 그 보호시설에 기꺼이 지불하려는 금액)에 지나지 않는다. 그러나 그 공사에 고용될 근로자와 건축자재 납품업자들은 그 공사가 없다면 실업 상태에 있을 것이므로, 그 프로젝트는 총수요를 증가시킨다. 근로자들과 납품업자들은 소득이 증가하고 경제적 미래에 대해 확신을 가지므로 더 많이 소비하며, 실업급여 등 정부의 복지비용을 줄이고, 세금도 더 많이 낼 것이다. 더구나 근로자와 납품업자들이 다른 고용될 기회가 전혀 없다면, 고양이집의 비용은 미미할 것이다. 자원이란 가치 있는 대체 용도(기회비용)가 있을 때에만 비용을 발생시킨다. 만일 고양이집을 짓는 일의 대안이 실업급여를 받는 것이라면, 건설근로자 작업 시간의 사회적 비용은 여가, 즉 무노동에 대한 그의 주관적 가치에 한정된다. 고양이집 프로젝트가 공황의 심각성을 줄여준다면 그 비용은 편익에 비해 하찮을 것이다.

이처럼 웃기는 예시에서도 우리가 알아야 할 것은, 공황이 끝나고 나면 고양이집 건설에 사업비를 책정하라는 압력이 더 이상 없다는 점이다. 야심적인 공공지출 프로그램에서 가장 위험한 점은 그 프로그램 주변에 이익집단이 형성되어 공황이 끝난 후에도 지속하려는 탄력이 붙는다는 것이다. 미국 보수파들은 공황을 계기로 정부지출 증가의 일시적 필요성에 다른 정부의 팽창이 영속화될 수 있음을 우려하며, 이는 타당하다. 보수파는 「미국 경제회복 및 재투자법」상의 의료 혜택 조항[13]으로 국민건강보험이 확대될 가능성을 꿰뚫어본 것이다. 그리고 입법 시에 항상 '일몰' 조항을 포함시킬 수 있지만, 차기 의회에서 그러한 조항을 삭제하지 못하도록 막을 방법이 없다. 또한 일몰 조항을 두게 되면 해당 지출 프로그램이 장기 효용을 결여하는 순수 응급조치임을 인정하게 되는데, 그 프로그램의 장기 효용을 믿는 사람들은 그러한 인정을 꺼릴 것이다. 그리고 개인은 일시적 소득을 지출하기보다는 저축한다는 사실을 상기할 때, 일몰조항은 개인에게 지출 프로그램에서 나오는 소득 증가분이 정말 일시적이라는 신호를 보내는 것이다.

경기부양책에서 가장 논란이 없는 부분이 교통(또는 다른 건설 집약적) 인프라에 대한 지출인 것은 계속성이 없기 때문이다. 따라서 운송 인프라에 배정을 늘릴 것을 주장하는 이들이 있으며, 일부 상원의원들은 그러한 확대를 요구하여 찬사를 받는다. 하원에서 통과된 법안은 8,190억 달러의 경기부양 재원 중에서 900억 달러만을 운송 인프라에 할당했다(고속도로 건설에 300억 달러, 에너지 절감에 310억 달러, 홍수 통제 및 환경 개선에 190억 달러, 환승 및 철도에 100억 달러).[14]

그러나 900억 달러라는 수치는 듣는 사람에게 오해를 줄 수 있는데, 이는 법안의 다른 항목에서 학교나 병원의 신개축과 같은 건설 프로젝트에 자금을 배정했기 때문이다. 인프라가 아닌 건설이 진정한 분석 단위가 되어야 하는데, 이는 건설산업은 존재하지만 인프라산업은 존재하지 않기 때문이다.

---

13 「미국 경제회복 및 재투자법」에 의해 의료 부문에 1,551억 달러가 배정되었다. 주 정부에 대한 지원도 대부분 의료보호(Medicaid)와 교육에 사용되었다.
14 「미국 경제회복 및 재투자법」은 하원 통과 후 상원에서 조정되어 궁극적으로 인프라 투자에 1,053억 달러가 배정되었다.

그리고 운송 인프라에 투자하는 이점은 공사비가 공황 종료 이후에 통행료 등 사용자 부담으로 회수될 수 있다는 점이다. 반면 공립학교 등을 신·개축하는 데 드는 재원은 사용자 부담으로 회수될 수 없어 일반 세금을 늘려야 한다. 운송 인프라에 투자하는 또 하나의 장점은 투자 대부분이 신규 인프라 건설보다는 기존 인프라를 보수하는 형태를 취하며(또는 그런 형태로 기획되며), 보수 프로젝트는 준비 기간이 짧다는 점이다.

필자는 「미국 경제회복 및 재투자법」에 의해 예산이 배정된 건설 프로젝트가 알래스카에서 제안된 '쓸모없는 다리 bridge to nowhere'[15]와 달리, 진정한 가치를 창출한다고 가정했다. 진정한 가치를 창출하지 않는다면 사용료가 세금과 같은 성격이 될 것이다. 그러나 건설에 배정되는 자금이 앞서 승인되었다가 중단된 프로젝트의 재개 또는 예정된 프로젝트의 조기 착수(생산과 고용을 현시점에 늘리기 위해서 앞당기는 것)에 투입된다면 애초의 사업 계획 대비 이상으로 낭비하는 것은 없을 것이다.

예정 사업의 조기 집행 주장은 비용 최소화의 관점에서도 중요하다. 정상적인 수명이 5년 남아 있는 교량이 있다고 하자. 그리고 평상시 같으면 앞으로 5년 동안 그 교량을 재건설할 일이 없겠지만, 현재 공황이기 때문에 앞으로 1~2년 동안 교량 재건설에 생산적으로 고용될 수 있는 실업자와 유휴 자재가 많다고 가정하자. 그렇다면 지금 재건설함으로써 생기는 기회비용 절감 효과는 프로젝트를 5년 연기해서 생기는 편익을 초과할 것이다. 그렇다면 조기 재건설이 효율적인 공황 극복 대책이 될 것이다.

공공사업에서는 희소한 자원을 민간 부문보다 먼저 획득함으로써 민간

---

15 2011년 9월 오바마 대통령은 「미국 일자리법(American Jobs Act)」과 관련한 연설에서 "쓸모없는 다리는 더 이상 없다"라고 언급했다. '쓸모없는 다리'는 인구가 적은 알래스카에 배정된 교량 예산을 페일린(Sarah Palin) 주지사가 다른 용도로 전용한 일에서 유래한다.

투자를 몰아내는 '구축' 효과가 발생할 위험성이 항상 존재한다. 예를 들어 정부의 은행차입금의 경우, 정부가 차입하지 않는다면 민간 계약자가 그 돈을 대출받아 갈 것이다. 그러나 어쨌든 건설 프로젝트에서는 다수의 건설근로자가 놀고 있으므로 구축 효과가 발생할 위험이 적다. 2008년 12월 한 달 동안 10만 명의 실업자가 증가했다. 그들의 실업은 민간 부문에서 건설인력 수요가 없기 때문이다. 그들은 조만간 다른 업종에서 일자리를 찾을 수 있겠지만, 실직 상태에 있는 동안 경제위기가 더욱 악화될 것이다.

더구나 은행 파산이 확산되어 금융중개 기능이 약화되고 민간 차입이 감소하는 공황기에는 구축 효과를 걱정할 필요가 없는 것이 일반적이다. 기획 단계에 있는 대단한 민간 프로젝트가 투자를 유치하지 못하면 그 단계에 머물게 된다. 정부는 프로젝트 자금을 조달하기 위해 금융중개기관에 갈 필요가 없다. 그리고 사람들이 추가 저축을 하더라도 안전한 데만 골라서 저축한다면, 그 저축이 생산적인 활동에 투자되지 못할 것이므로, 정부가 나서서 차입해 생산적인 활동에 투자하더라도 민간 투자를 구축하는 것이 아니다.

그리고 건설에 적자지출을 하는 또 하나의 장점은 건설에 투입되는 요소가 주로 외산이 아닌 국산이며, 인력뿐 아니라 자재도 대부분 국산이라는 것이다. 외국산 투입 요소 구매는 국내보다는 국외 고용을 늘리므로 이 점은 중요하다. 주로 미국산 요소가 투입되는 프로젝트를 선정하는 편이 경기부양법안에서 승인한 프로젝트에 '국산 구매' 조건을 붙이는 것보다 낫다. 무역전쟁은 단연코 피해야 하기 때문이다. 더구나 국산 구매 조건이 붙은 프로젝트는 비효율적일 수밖에 없는데, 그것은 그러한 조건을 붙일 필요성에 비춰보아 외제가 더 효율적으로 생산되기 때문이다.

여기에서 한 가지 고려해야 할 사항은 건설 프로젝트 간 상호 대체 가능성이다. 주택 건설과 고속도로 건설은 호환 가능한 활동이 아니다. 건설산업에서 발생한 실업은 주택 건설에 집중될 수 있으며, 주택 건설 근로자는 홍수 통제는 고사하고 고속도로나 교량 건설에 필요한 기술을 갖추지 못할 수 있다(배관공이나 목수가 고속도로에서 무슨 일을 할 것인가?). 미국의 노동력이 전문화될수록 공공사업 프로젝트 고용에 기여하는 효과가 줄어들 것이다. 그리고 공공 프로젝트가 실업자를 감소시키는 것이 아니라 민간 프로젝트와 인력 확보 경쟁을 한다면, 그 결과는 국가 채무를 늘리고 인플레이션을 초래하는 것일 뿐이다.

이러한 우려는 건설에만 국한되는 것이 아니라 전반적인 부분에 해당한다. 실제로 「미국 경제회복 및 재투자법」에서 제안된 다른 일부 프로젝트에서는 더 큰 우려 사항이다. 에너지의 효율적 사용을 촉진하기 위한 프로젝트[16]는 (지구온난화와 수입 원유 의존도를 제한한다는 가치 있는 목적을 추구하지만) 복잡한 신기술, 과학자와 엔지니어 등 희소 자원을 놓고 민간과 경쟁함으로써 물가 상승 압력을 낳을 것이다. 이 점은 경기부양 대책이 실업률이 가장 높은 산업에 집중되어야 하는 강력한 이유다.

1990년대에 일본이 미국과 유사한 상황에서 적자지출을 시행했다가 실패(입증되지 않았으나 정설이다)한 전철을 밟지 않아야 한다는 우려의 목소리가 미국 내에서도 제기되었다. 일본에서도 주택 거품이 터지자 은행들이 큰 타격을 받았다. 정부의 주된 대응책은 공공사업에 대한 대규모 적자지출이었다. 일본의 대응이 효과적이지 못했다는 것이 사실이라면 그것은 은행에 공급된 신규 자금이 충분하지 못해 신용 창출이 계속 부족했으며, 민간 수요의 회복도 더뎠기 때문일 것이다. 미국은 공황 대응책인 구제금융과 금융완화 정책을 통해 그 문제에 대처했지만, 효과는 의문시되었다. 은행이 대출에 소극적일 때에는 추가 자금을 공급받더라도 그 소극적 태도를

---

16 「미국 경제회복 및 재투자법」에서 에너지 인프라에 215억 달러가 배정되었다.

그대로 견지할 수 있으며, 특히 디플레이션 상태에서는 더욱 그러하기 때문이다. 하지만 적어도 미국인에게는 일본인처럼 디플레이션을 유발할 수 있는 '과도한 저축' 성향은 없었다.

적자지출 정책이 일본보다 미국에서 더 잘 작동하더라도, 세금으로 조달되지 않은(납세자의 소득이 감소하면소 세수도 감소하고 있다) 야심찬 공공사업 프로그램으로 말미암아 연방 재정 적자가 늘어나면, 공황이 끝난 후 인플레이션이 발생할 수 있다. 인플레이션이 발생하지 않는 경우는 적자지출로 산출량이 증가함으로써 산출량 대 통화량 비율이 상승하지 않을 때다. 이 비율을 일정하게 유지하는 것은 공황에서 탈출하는 데 실제로 매우 중요하다. 만일 산출량이 증가하는데도 통화 공급이 증가하지 않는다면 디플레이션이 올 것이고, 이는 국민경제에 인플레이션보다 더 위험하다.

그래도 한바탕 적자지출을 하고 나면 국가 부채가 늘어날 것이다. 통화 증발(달러 가치 하락, 인플레이션)을 통해 국가 부채를 상환할 수도 있고, 아니면 증세하여 늘어난 새로운 세수로 갚을 수 있다. 그러나 증세 방안 채택 여부는 공황 극복 과정에서 얼마나 차입했는지, 그리고 그 빚을 갚으려면 얼마나 세금을 늘려야 하는지에 좌우될 것이다. 우리는 장래의 세금 부담을 너무 키움으로써 공황 탈출을 가로막게 되는 것은 물론, 자원의 배분을 심각히 왜곡하는 것을 피해야 한다.

인플레이션을 확실히 일으키는 경우는 적자지출 프로그램으로 말미암아 공공 수요 증대가 민간 수요 감소를 대체하고서도 남을 때일 것이다. 민간 수요가 10% 감소했다고 가정하자. 정부가 공공 수요를 늘려서 민간 부문과 공공 부문을 합친 총수요가 국민경제가 완전고용 상태에 있던 공황 전 수요보다 오히려 커지면, 전보다 많아진 돈이 전보다 적어진 재화와 용역을 쫓으므로 인플레이션이 발생할 것이다. 일부 경제학자들은 공공 수요가 증가해도 인플레이션 우려가 없을 정도로 실업률이 높은 것은 아니라고 주장했다. 그러나 실업률은 증가세에 있으며, 경기부양 종합대책은 그 절대 규모에도 불구하고 경제 규모를 고려했을 때 큰 것이 아니었다. 2년에 걸쳐 투입된 8,190억 달러는 GDP의 3%에 불과했으며, 실업률은 2009년 말에 10%에 도달할 가능성이 있었다.[17] 불황이나 공황이 길어질수록 매년 새로운 젊은이들이 학교를 졸업(또는 중퇴)하고 나이든 근로자들은 모아놓은 재산이 불황 탓에 어떻게 될까 봐 은퇴를 늦출 것이므로 실업은 증가할 것이다. 그리고 미국의 실업통계는 풀타임 근무를 원하는 파트타임 근로자, 구직을 포기하거나 직장 대신 학교를 더 다니기로 결정한 비장애인 근로자, 마지못해 은퇴했지만 나이 탓에 현실적으로 새로운 일자리를 찾기 어려운 근로자 등을 제외하기 때문에, 노동력의 불완전한 활용 정도를 과소평가한다.

경기부양 대책이 끝나고 나면 수요가 감소하여 대책 이전 상황으로 되돌아갈 위험성도 도사리고 있는데, 이는 운전자가 액셀러레이터에서 발을 떼는 상황과 같다. 그러나 경기부양이 산출량 증대에 성공한다면 이러한 상황이 발생할 가능성은 적다. 인프라 프로젝트들이 끝나면 다수의 건설노동자들이 다시 실업자가 될 것은 틀림없는데, 이는 주택 거품이 건설노동자 수를 늘려놓았고 다시 한 번 거품이 생기려면(사람들은 그러하기를 희망한다) 시간이 좀 걸리기 때문이다. 그러나 공황이 끝나면 전체 실업률이 낮아질 것이므로 해고된 건설근로자들이 다른 업종에 취업하기는 좀 더 용이해질 것이다. 과거 제2차 세계대전 당시 군비지출을 통한 경기부양 효과는 전쟁과 함께 끝났지만, 미국은 전쟁 전의 경제 상태로 돌아가지 않았다. 군수 생산시설은 민수용 생산으로 전환했고, 제대 군인은 경기부양이 끝난

---

17 2012년 미국의 실업률은 8%대에 있으며, 월스트리트 점령(Occupy Wall Street)시위가 확산된 이유도 실업률에 있었다. 연방준비제도는 물가 안정과 고용 안정이라는 두 가지 목표를 추구하므로 대규모 양적완화를 추진할 수 있다.

새로운 경제 속으로 쉽게 다시 편입되었다.

경기 대책의 평가

지금까지 논의한 것을 통해 우리는 공황에 대처하는 최적의 경기부양책 기준을 추릴 수 있다. 그 대책은 실업률이 높거나 유휴 자원이 많은 산업 또는 지역을 겨냥해야 한다. 부양책은 기획, 계약, 절차 등에 따라 지연되지 않고 단기간 통지로 시행할 수 있어야 한다. 부양책은 공황이 끝날 때 종결할 수 있어야 하며, 공황 극복 효과와는 별도로 순 사회적 가치를 지녀야 한다(도둑고양이 수용 시설은 그러하지 못하다). 미국이 채택한 경기부양 종합대책이 이러한 기준에 부합했는가? 물론 그렇지 못하다. 그렇다면 그것은 경제학자 마틴 펠드스타인 Martin Feldstein[18]이 표현했듯이 8,000억 달러짜리 실수였는가?

이 질문에 답하려면 공황의 정치적 차원을 인식할 필요가 있다. 대공황

---

18 1939년생으로 현재 하버드 대학 교수다. 1978년부터 2008년까지 전미경제연구소(NBER) 대표를 지냈다. 1982년부터 1984년까지는 레이건 대통령의 경제자문위원장을 역임했고, 2003년 이래 G30의 자문위원으로 활동했다. 하버드 대학교에서 래리 서머스 전 재무장관, 로런스 린지(Lawrence Lindsey) 전 부시 대통령 자문관 등을 가르쳤다. 연방준비제도이사회 그린스펀 의장의 후임자로 버냉키와 경합하기도 했다. 2008년 3월 미국의 불황이 심각하다고 선언했으며, 2009년 2월 오바마 대통령의 경제자문위원으로 위촉되었다. 그는 경기부양책을 선호하지 않는 보수파에 속한 경제학자였지만, 2008년 10월 경기부양책을 요구했다. 2009년 1월에는 경기부양 종합대책안이 고용과 정부지출 면에서 미흡하다고 비판했다. 그는 부시 대통령의 감세액 중 15%만이 지출되었음을 지적했다. 그는 8,000억 달러짜리 실수를 할 수는 없다면서 보완을 요구했다. 오바마 대통령의 일자리와 경쟁력 자문위원회에 참여했지만, 2011년 일자리 법안에 비판적이었다. Steve Verdon, "Martin Feldstein Now Skeptical of the Stimulus Package," *Outside the Beltway*, January 29, 2009.

당시 프랭클린 루스벨트 행정부가 출범 초기에 탁월한 입법 성과를 냈다는 사실을 떠올려볼 때, 이번 공황은 오바마 대통령이 자신의 정치력의 절정기인 집권 초기에 필요한 입법을 대거 성취할 수 있는 기회를 제공했다. 이 기회를 잡기 위해서는 오바마 대통령은 자신의 입법안들을 묶어 공황 대책, 즉 경기부양책으로 제시해야 했다. 그 입법안들의 일부 또는 전부가 생산과 고용을 자극하는 일정 효과를 낼 수 있었다.[19] 물론 그 입법안들이 모두 오직 경제 상황을 개선하기 위해 마련된 것이었다면 경기부양 효과가 더 컸을 것이다. 경제학자들은 오바마 입법안의 이중 목적을 간과하고서는 법안이 레이저 광선처럼 정밀하게 공황에 대처하지 못한다고 비판했다. 이러한 비판은 핵심을 짚지 못한 것이었다.

구제금융과 8,190억 달러의 경기부양 대책을 합한 비용은 2조 달러에 달하며, 이는 더 증가할 것으로 예상되었다. 구제금융 대부분은 정부가 은행의 자본 확충을 지원하면서 받은 우선주를 궁극적으로 매각하고 구제금융의 일환으로 제너럴모터스, 크라이슬러 등에 대출한 금액을 돌려받음으로써 회수될 수 있을 것이다. 경기부양 대책은 성공하면 세수 증대 형태로 그 비용을 일부 회수하지만, 구제금융은 궁극적으로는 일부 또는 전부를 돌려받는다는 점에서, 연방정부가 지출하는 1달러당 비용은 경기부양 대책에서 구제금융보다 크다. 그리고 구제금융의 회수액도 정부가 신규로 보증한 2조 3,000달러의 부채 중에서 채무불이행으로 대위변제할 금액과 상

---

19 제어드 번스타인(Jared Bernstein)은 노동부 이코노미스트를 역임하고 경제정책연구소(Economic Policy Institute)에서 노동문제를 담당했다. 2009년 바이든 부통령의 경제자문을 지내면서 백악관의 중산층 근로가계 태스크포스 및 대통령의 자동차산업 태스크포스에 참여했고, 오바마 대통령의 2008년 경기부양 대책을 수립해 의회에 고용 창출 대책을 보고했다. 오바마 대통령은 2010년 10월에는 대통령 경제자문 위원장으로 앨런 크루거(Alan Krueger) 프린스턴 대학교 교수(전 재무차관)를 임명했다. 크루거는 교육과 임금의 관계 및 최저임금 등을 전공했다.

쇄될 가능성이 있다. 이 채무불이행 금액도 증가할 것이다.

구제금융 집행 직전 국가 부채는 10조 달러로, 2000년 이후 부시 행정부의 엄청난 적자예산 운용으로 거의 두 배 증가했다. 여기에 공황 대책 비용 수조 달러의 일부를 가산하고, 불황기 세수 감소에 따른 만성적 연방 예산 적자 증가분을 추가하면 2009년 말까지 국가 부채가 12조 달러에 이를 것으로 당연히 예상되었다.[20] 이는 국가 부채가 20% 증가하고, 경상 GDP (14조 달러) 대비 국가 부채 비율이 70%에서 84%로 증가함을 의미했다.

2007년 미국은 GDP 대비 국가 부채 비율에서 27위에 있었는데, 84%로 증가하면 벨기에 수준의 12위로 올라서게 되며, 선진국 중에서는 일본(170%), 이탈리아(104%), 싱가포르(96%), 그리스(90%)보다 낮고 노르웨이(83%)보다 높을 것이다. 거의 모든 국가에서 진짜 글로벌한 공황과 싸우느라 국가 부채가 증가할 것이기 때문에 이러한 비교는 의미가 별로 없다. 그러나 국가 부채를 조달하기 위한 차입 수요가 생기는 만큼 미국이 지급해야 하는 금리가 상승할 것이다. 이렇게 높아진 금리는 만기가 도래하는 기존 국가 부채를 차환할 때뿐만 아니라 현재 미국이 조달하고 있는 국가 부채 증가분에도 적용되는 것이다. 이러한 전망은 걱정스럽다. 금리가 높아지면 공황 탈출이 더뎌지고, 증세 없이 정부 재정을 유지하기가 더 어려워

---

20 미국 연방정부의 부채 한도는 2011년 5월 소진되어 한도를 증액했다. 이로써 2011년 8월 오바마 대통령과 공화당은 국가 부채 상한 증액을 타결하면서 의원 12명으로 구성된 특별 합동위원회, 일명 '슈퍼 의회(Super Congress)'가 2012년 말까지 재정 적자 감축안을 마련하지 못하면 무조건 10년간 1조 2,000억 달러의 정부지출을 축소하기로 했다. 여야가 새로운 예산안을 만들지 못하면 2013년에만 정부지출 760억 달러가 자동 삭감되어 재정지출이 갑자기 뚝 떨어지는 '절벽(fiscal cliff)'에 몰리게 되는 것이다. S&P는 부채 한도 협상 과정에서 드러난 정치적 리스크와 재정 적자 감축 합의안의 불충분함을 이유로 미국의 AAA이던 국가신용등급을 AA+로 낮췄다. 버냉키 의장은 2012년 9월 13일 3차 양적완화(QE3)를 발표한 뒤 연방준비제도의 부양책만으로는 미국 경제문제를 해결할 수 없다면서 미국 의회와 정부에 재정 절벽 대책을 요구했다.

제5장 정부의 대응　155

진다. 이때 증세를 하게 되면, 공황 탈출이 더욱 더뎌지고 경제 효율도 전반적으로 떨어질 것이다. 미국인들은 현행 미국 국채 금리가 낮다는 사실에 속아서는 안 된다. 세계적인 공황 속에서는 미국 국채가 안전한 피난처다. 미국과 세계 경제가 회복되면 미국 국채에 대한 수요가 감소할 것이고, 따라서 미국 정부의 차입비용(국채 금리)은 상승할 것이다.

만일 미국의 공공 부채가 미국인들에게서 조달한 것이라면 갚아야 할 금리가 높아도 미국인 사이에서 부를 이전시키지, 국부를 해외로 유출시키지는 않는다. 그러나 미국 국채의 외국인 보유 비중이 늘어 있고, 국채를 상환하게 되면 미국인의 부를 감소시키게 된다.

통화주의와 케인스 이론의 대립

이번 공황에 대응한 은행 구제금융 및 금융완화(둘 다 신용 확대에 초점을 맞춘다) 정책과 경기부양 대책(적자지출)의 이론적 배경에는 과거 1929년의 주가 대폭락으로 야기된 경기 침체가 대공황으로 발전하는 것을 막을 수 있었을 방책을 놓고 경합하는 두 가지 주요 이론이 있다. 먼저 통화주의 이론에 따르면, 1930년대 초 연방준비제도가 디플레이션을 낳을 만큼 통화 공급이 감소하도록 방치하지 말았어야 했다(변형된 통화주의 이론에 의하며, 금본위제도가 연방준비제도의 통화 공급 확대 능력을 제한했으므로 1933년 이전에 금본위제도와 결별했어야 했다). 또 하나의 공황 예방 이론인 케인스 이론에 따르면, 정부가 실업을 줄이고 생산과 (궁극적으로) 민간 소비를 늘리기 위해 공공사업에 대규모 적자지출을 추진해야 했다. 공공사업 접근 방식은 1930년대에 히틀러의 독일과 일본 제국이 채택해 상당한 성공을 거두었지만, 그 성공은 나중에 위협으로 바뀌었다. 이번 「미국 경제회복 및 재투자법」상의 감세 및 복지 혜택 확대는 공공사업 접근 방식의 요소라기보다는 그 변형이다.

두 가지 기본적 치유 방식은 대공황의 원인을 설명하는 두 가지 이론과 각각 대응한다. 먼저 통화주의자는 연방준비제도의 통화 공급 위축을 방지했기 때문에 디플레이션과 대공황이 발생했다고 본다. 그리고 케인스학파는 주가 폭락과 그에 따른 은행 파산의 여파로 민간 총수요가 급락했고, 뒤이어 발생한 통화 공급 감소는 경제활동 감소의 원인이 아니라 결과였으며, 통화 수요는 자체가 감소했다고 주장한다. 제3의 절충 이론은 두 번째 이론과 유사한 것으로서, 공황은 1920년대에 할부 구매, 은행 대출에 의한 주식의 구매 등 새로운 형태의 소비자 신용이 출현하면서 불었던 신용 붐의 후유증이라고 주장한다.

경제학자들은 1930년대 공황의 원인을 놓고 의견이 나뉠 뿐만 아니라, (단순한 불황과 구분되는) 공황을 어떻게 치유할지에 대해서도 의견이 나뉜다. 공황 치유법에 관해서는 은행 시스템의 자본 확충을 위해 구제금융을 제공할지 여부, 금융완화 정책을 추진할지 여부, 또는 공공투자(공공사업), 감세, 이전지급 등의 형태로 적자지출 정책을 추진할지 여부를 놓고 견해가 나뉜다.

금융완화 접근 방식은 두 가지 형태를 취할 수 있다.

첫째는 연방준비제도가 은행 보유 국채를 매수해 통화를 공급함으로써 금리를 낮추어 차입과 대출을 자극하는 것이다. 둘째는 연방준비제도가 국채 이외의 채권을 매입해 채권 발행 주체의 대차대조표를 개선함으로써 대출을 고무하는 것이다.

따라서 공황과 싸우는 여섯 가지 정책 수단이 존재하며(그 변형은 무수히 많다), 미국 정부는 여섯 가지 모두를 실행 또는 계획했다(은행에 대한 재규제와 모기지 구제를 포함하면 여덟 가지가 된다. 광의의 구제금융에 속하는 모기지 구제는 은행과 자동차회사보다는 모기지 채무자를 구제하는 조치다).

필자는 재정지출을 통한 해법의 한계에 관해 이미 논했는데, 통화주의에 의한 해법의 한계를 이해하려면 연방준비제도가 어떻게 통화를 창출하는지 살펴볼 필요가 있다. 우리는 연방준비제도의 통화 창출이 연방인쇄국의 윤전기를 더 빨리 돌림으로써 추가 생산되는 지폐를 색종이처럼 살포하는 것이라고 생각해서는 안 된다. 그 대신에 연방준비제도는 은행으로부터 단기국채를 매입하면서 각 은행이 연방준비은행에 개설한 계좌에 그 매입 대금을 입금한다. 이 거래로 은행은 지불준비금을 더 확보하므로 추가 대출 여력이 생기는데, 은행은 지불준비금의 몇 배수를 대출할 수 있다.

따라서 연방준비제도가 통화 공급을 늘리고 싶으면 그저 은행이 더 많은 수표를 발행하게 해주면 된다(전술한 국채 매입 외에도, 지불준비금의 가격인 연방기금 금리를 인하하거나 은행의 지준 비율을 직접 인하하는 등 여러 가지 기법이 있다). 대출금이 채무자의 은행계좌에 입금되면 경제 내 통화량이 증가한 것이다. 따라서 은행이 대출을 더 많이 할수록 개인과 기업의 은행 잔고가 늘어난다. 금리는 돈의 가격이므로, 경제 내에 돌아다니는 돈이 많을수록 금리는 낮아지는 경향이 있지만, 반드시 그렇다는 보장이 없는 것은 금리, 특히 장기금리가 부도 위험, 더 높은 인플레이션 기대 등 통화 공급 이외의 요인에도 영향을 받기 때문이다. 금리가 매우 낮더라도 사람들이 이미 과잉 부채를 안고 있다면 대출 수요가 거의 없을 것이다. 더구나 연방준비제도가 통화 공급을 늘리거나 줄여 금리를 낮추거나 올리려는 시도는 은행의 중개를 거쳐서 이루어지므로, 은행 시스템이 고장 나면 연방준비제도의 통화 공급 통제력이 약화되어 디플레이션이 발생할 수 있다. 이것이 은행 위기로 국민경제가 받는 충격이 기술혁신에 의한 충격보다 더 심각한 이유다.

디플레이션

통화 공급을 늘리면 통화가치가 하락하며, 최소한 초기에는 더 많은 돈이 똑같은 재화와 용역을 사게 되므로 인플레이션 우려가 생긴다. 하지만 공황에서는 인플레이션 우려가 먼 장래의 이야기이며, 당장의 위험은 그 반대다.

만일 어떤 은행의 자기자본 쿠션이 너무 작아서 불안하다면 은행은 비록 연방준비제도가 지불준비금을 늘려주면서 대출을 종용하더라도 안전자산을 위험한 대출로 전환함으로써(공황기에는 대출 리스크가 증가하기 마련이다) 자기자본 쿠션을 줄이지 않을 것이다(연방준비제도가 지불준비금을 늘려주면서 종용하더라도 그럴 것이다). 은행이 대출을 겁내면, 자본을 대출하는 대신 완전히 안전한 단기국채 매입에 투입할 것이다. 단기국채에 대한 수요가 증가하면 단기국채에 붙은 금리가 하락할 것이다(실제로 단기국채 금리는 거의 제로가 되었다). 이러한 상황에서, 정부가 은행으로부터 국채를 매입한다면 은행은 단지 안전자산인 국채를 다른 안전자산인 현금으로 바꾸게 되며, 유입된 현금을 다시 국채 매수에 투입할지도 모른다!

정부가 은행의 지불준비금을 늘려줄 때, 은행이 지급 능력을 염려해 대출을 삼가고, 개인도 상환 능력을 염려해 차입을 꺼린다면 디플레이션의 위험이 출현한다. 그리고 이 디플레이션 때문에 대공황의 명칭에 '대' 자가 붙었다.

은행 대출이 없으면 개인 소비지출이 급감해(독자들은 금전대차가 기존의 높은 소비 수준을 유지시키는 수단임을 기억하자) 판매자들이 고객을 잡기 위해 필사적으로 노력하면서 물가수준이 하락하게 된다. 우리는 2008년 성탄절 쇼핑 시즌 중과 그 후에 소매업자들이 제공한 이례적 할인행사에서 이러한 물가 하락 조짐을 보았다. 물가수준이 하락하고 추가 하락 기대가 형성되면 소비자는 장래에 더 싸게 구매하려고 돈을 비축하기 시작한다. 미국인들은 2009년에도 이런 현상을 목격했을 수 있다(당시 소비자들은 2008년 성탄절 쇼핑 시즌에 제공된 것보다 더 큰 폭의 할인을 기대하면서 구매를 자제하고 있었으며, "20% 할인 가격은 이제 정상 가격이다"라는 말이 나돌았다). 투자자도 물가가 계속 하락할 때에는 자산을 더 싸게 매입할 수 있기를 바라면서 자금을 비축한다. 당시 미국의 일부 은행들이, 구제금융을 받았든 받지 않았든 간에, 자금을 비축하고 있었다고 의심된다. 왜냐하면 나중에 자산을 더 싸게 매입할 수 있도록 자금을 비축할 유인(인센티브)은 구제금융과 무관하기 때문이다. 또 다른 가능성으로는 정부의 강력한 공황 대책으로 장래 인플레이션이 발생할 것이라 예상한 은행들이 지금 가치가 높은 달러화를 대출했다가 나중에 가치가 떨어진 달러화로 상환받기를 꺼렸을 수도 있다는 점이다. 다만 은행의 입장에서는 소비자물가지수 등 물가 상승률과 연동한 대출금리를 고집할 수도 있었다.

만일 소비자와 투자자가 돈을 쌓아두고 그 결과로 물가 하락이 지속된다면 신용이 완전히 고갈될 것인데, 이는 디플레이션일 때 차입하는 것은 설사 금리가 제로이더라도 부담이 크기 때문이다. 디플레이션 때 차입자는 지금보다 구매력이 커진 달러화로 대출금을 상환하게 된다. 당신이 빵을 사기 위해 현재 제로 금리에 1달러를 1년간 차입하며, 빵 가격은 현재 1달러에서 1년 후 50센트로 떨어진다고 가정하자. 1년 후 1달러로는 빵 두 덩이를 살 수 있기 때문에 사실상 당신은 빵 한 덩이를 빌렸다가 1년 후에 두 덩이를 갚는 결과로서, 기간 중 금리는 100%에 해당한다.

이것은 극단적인 예이지만, 대출 금리에 당연히 포함되는 리스크 프리미엄이 공황기에는 매우 높기 마련이다. 그래서 물가 하락률이 비록 완만하더라도 차입자에게는 대출이 매우 큰 부담을 준다. 디플레이션에 따른 신용 고갈이 고용에 미치는 영향은 공황이 주택 거품의 붕괴로 촉발된 경우에 특히 극심할 것이다. 근로자들은 엄청난 손실을 보지 않고서는 보유 주택을 팔 수 없기 때문에 취업을 위해 이사하기도 어렵다. 이러한 손실로 주택의 자기자본(모기지 상환 후 남는 몫)이 날아가기 때문에, 근로자들이 다른 데서 집을 사려면 그곳 집값이 내렸다 하더라도 큰 모기지를 설정해야 할 것이며, 그 모기지 비용을 감당할 수 없을 것이다.

디플레이션이 유발하는 현금 비축 행태 때문에 통화 공급을 늘려서 디플레이션 소용돌이를 중단시키기가 어렵게(또는 후술하듯이, 막대한 비용이 들게) 된다. 만일 사람들이 소비나 투자를 원하지 않아서 돈이 돌지 않는다면, 통화를 더 창조한다고 해서 소비나 투자가 유발되지는 않는다. 디플레이션일 때는 현금의 구매력이 증가하므로 누구든지 매트리스 밑에 돈을 깔아두는 것이 좋은 투자이지만, 그러면 디플레이션은 심화된다. 더구나 디플레이션 발생 이전에 차입한 사람은 누구나 차입 시보다 구매력이 높아진 달러로 빚을 갚아야 하는 처지에 놓인다. 따라서 개인 저축률이 낮은 데다 그나마 저축으로 가지고 있는 자산의 가치가 떨어지기 때문에 빚 부담이 무거워지기 마련인 채무자들은 설상가상으로 디플레이션 때문에 부담이 더 커진다. 디플레이션은 또한 실업을 확대한다. 재취업을 하려는 사람들이 처음에는 명목임금의 하락이 실질임금 하락으로 직결되는 것이 아님을 인식하지 못하고서는, 과거 급여의 임금을 주는 일자리를 찾느라 시간을 허비하기 때문이다.

궁극적으로는 디플레이션이 바닥을 칠 것이다. 소득이 감소하면서 소비자들이 현금을 더는 비축할 수 없는 단계에 들어서고, 가진 모든 돈을 지출하기 시작할 것이다. 그들이 지출할 돈은 많지 않지만, 물가도 많이 하락해 있을 것이다. 소비지출이 증가하면서 생산자도 근로자를 더 고용하고, 임금도 상승한다. 선순환이 진행될 것이다. 그러나 너무 낮아진 수준에서 출발하기 때문에 회복 과정이 길어질 것이다.

경제학자들은 디플레이션을 논할 때 '유동성liquidity'과 '속도velocity'라는 용어를 사용한다. '유동성'이란 전술했듯이 현금 또는 신속히 현금화할 수 있는 자산을 가리키며, '속도'는 화폐가 유통되는 빠르기를 가리킨다. 독자들은 1달러 지폐가 1년 동안 거래에 사용되는 횟수가 속도이며, 그 나머지 시간에는 지폐가 쉬고 있다고 생각하면 된다. 디플레이션은 사람들이 자신의 저축이 부족하다고 인식하여 유동성 보유량을 늘릴 때 발생한다. 그들은 안전성을 원하는데, 현금이 가장 안전하다. 실제로 디플레이션 상태에서 현금은 투자하지 않아도 그 가치가 상승한다.

유동성 보유가 증가하면 거래에 참여하는 돈이 적어지므로 물가가 하락하고, 이 때문에 현금 보유가 더욱 바람직해진다. 이에 따른 유동성 보유 증가(또는 화폐 유통 속도의 하락)에 대응해 유통 통화량을 늘리기 위한 조치를 취하지 않으면 물가는 더 떨어지게 된다. 그렇다면 연방준비제도가 장기적으로 경제에 심각한 손상을 입지 않으면서 위험할 정도의 물가 하락을 방지할 수 있을 만큼 충분히 통화 공급을 확대할 수 있는가? 연방준비제도를 대리하여 통화정책을 집행하는 은행 시스템이 곤경에 처해 있다. 그리고 은행, 기업 및 개인의 유동성 선호도는 사전에 측정될 수 없다.

통화정책만이 경제적 침체에서 벗어날 수 있는 방안이라고 생각하는 통화주의 경제학자들은 통화량과 물가 간의 함수 관계를 나타내는 MV = PY라는 유명한 방정식에 의지한다. 여기에서 M은 통화량, V는 속도, P는 물가수준, Y는 경제의 산출량이다. 이 식을 변형하면 V = PY / M이 되는데, 이 등식이 성립하려면 통화량(M)을 늘릴 때 경제활동(P, Y), 즉 산출량의 시장가치가 늘어나야 한다. 그러나 이러한 상황은 화폐 유통 속도(V)가 일정함을 전제로 한 것이다. 유동성 선호가 강해 사람들이 차입을 꺼리고 은행도 대출을 꺼린다면, 통화 공급을 확대해도 경제활동에 별다른 영향을 미치지 못한다. 통화량 증가율과 화폐 속도 하락률이 같다면 통화량 증가가 경제활동에 영향을 주지 않는 것이다. 이러한 경우가 있을 수 있다. 케인스가 『고용, 이자 및 화폐에 관한 일반이론』(p. 37)에서 설명한 대로 "쉽게 말해서 자본주의 경제체제에서 개인들의 신뢰의 회복은 외부 영향을 전혀 받지 않기 때문에 제어할 수 있는 것이 아니다. 불황기에 나타나는 이러한 특성을 은행가들과 기업인들은 적절하게 강조한 반면, '순수 통화주의적' 치유법을 신봉하는 경제학자들은 과소평가했다".[21]

연방준비제도의 통화정책

버냉키 의장은 대공황을 연구한 학자로서 디플레이션을 겁내며, 무슨 짓을 해서라도 디플레이션을 막겠다는 사람이다.[22] 전술했듯이, 은행으로부터 국채를 매입해서는 효과가 없을 것이다. 하지만 연방준비제도에는 다른 자산을 매수할 권한이 있으며, 은행이 아닌 다른 주체로부터도 매수할 수 있다. 연방준비제도가 어떤 은행에서 6% 금리를 지급하는 채권을 매입한다고 가정하자. 은행은 채권 매각 대금의 최소한 일부는 대출할 것이다. 이는 그렇게 하지 않으면 은행이 원하던 이자 수입을 잃기 때문이다.

연방준비제도는 상업어음Commercial Paper: CP(기업이 발행하는 단기 약속어음으로서 은행 등 금융중개기관을 거치지 않고 기관투자자에게 소화된다)과 신용

---

21 지은이 — John Maynard Keynes, *The General Theory of Employment, Interest and Money*, p. 37.
22 버냉키 의장은 2006년 부시 대통령이 임명했고, 2009년 오바마 대통령도 그를 재선임했다. 그는 2002년 11월 연방준비제도가 통화 공급을 줄임으로써 대공황을 야기했다는 프리드먼(Milton Friedman) 교수의 견해에 대해, 자신이 "정부 관리의 지위를 약간 남용하더라도 다시는 그런 일이 없도록 막을 것"이라고 헬리콥터에서 달러를 살포하는 예시를 들면서 연설했다.

카드 채권 등 다른 채권도 매입하기 시작했다. 그 배경은 이러한 형태의 신용을 일으키는 회사라면 매각 대금을 활용해 추가 신용을 일으킬 것이라고 기대한 것이다. 왜냐하면 전반적으로 신용 수요가 매우 침체했지만, 이러한 특정한 형태의 신용 수요는 아직 살아 있다는 조짐이 있었기 때문이다.

연방준비제도가 채권을 선별해 매입하는 프로그램은 은행으로부터 증권화된 채무를 매입한다는 폐기된(아니면 유예되었을 수도 있는) 계획과 유사했다. 다만 증권화된 채무에 대한 수요는 완전히 고갈되었기 때문에 그 발행자들이 매각 대금을 활용해 추가로 증권화된 채무를 발행하지는 않을 것이라는 차이점이 있었다. 또 다른 차이는 증권화된 채무가 가치를 평가하기 어려울 만큼 불투명하다는 점이었다. 연방준비제도가 사들인 채권에는 그런 문제가 없었다.

국채 매입과 구별되는 민간 채무의 매입은 연방준비제도가 2008년 11월 공황을 퇴치하기 위한 금융완화 정책의 일환으로 조성한 8,000억 달러 기금의 주된 용도였다. 민간 채무는 리스크가 있으므로 연방준비제도는 매입한 채권을 전액 회수하지 못할 것이다. 그리고 연방준비제도는 구매와 대출을 촉진하려는 의도에서 시중에 돈을 더 많이 유통시키고자 정상가보다 높게 채권을 매입할 수도 있다. 납세자의 돈을 은행에 증여한다는 비판이 다시 제기될 것이었다.

일부 보수파 경제학자들은 연방준비제도가 지나치게 공격적일 정도로 국민경제에 충분히 돈을 쏟아붓는다면, 별도의 경기부양 종합대책이 필요 없다고, 다시 말해서 디플레이션을 방지하고 공황 이전 수준으로 산출과 고용을 회복하는 일을 전부 연방준비제도 혼자서 할 수 있다고 믿는다. 은행과 개인의 유동성 수요는 무한하지 않다는 그들 주장의 전제는 맞다. 만일 연방준비제도가 은행으로부터 국채를 대량으로 매수하면, 현금이 넘치는 은행은 대출을 시작할 것이고 대출할 돈이 넘쳐나므로 금리가 매우 낮아지며 소비자도 차입을 개시할 것이다. 막대한 통화 공급 확대로 말미암아 공황이 끝난 후 극심한 인플레이션이 초래될 위험에 대해 이러한 경제학자들은 연방준비제도가 은행에서 매수했던 국채를 은행에 되팔아 그 대금을 국민경제에서 퇴장시킴으로써 반전시킬 수 있다고 주장한다.

그러나 이러한 그림은 현실성이 없어 보인다(버냉키 의장의 생각도 같으리라 판단된다). 미국 은행들의 지불준비금 및 이에 따른 은행의 최대 대출 가능액이 18개월 동안 20배 증가했어도 디플레이션 위험을 제거할 만큼 충분한 대출을 자극하지는 못했다. 은행의 지불준비금을 추가로 20배, 또는 40배, 100배로 늘리는 것이 답인가? 지불준비금은 은행이 대출하는 돈이 아니며(상호 간 대출은 제외), 얼마까지 대출할 수 있는지 결정하는 수치다. 은행은 수익성 있는 대출 기회를 찾아내야 하며, 공황기에는 그러한 기회가 드물다. 은행이 대출 기회를 찾지 못하는 또 한 가지 이유는 현재 두렵고 궁핍한 처지에 있는 차입자들이 수용할 수 없을 만큼 극히 높은 대출금리를 요구한다는 데 있다. 이처럼 높은 대출금리를 요구하는 배경에는 연방준비제도에서 통화 공급을 엄청나게 확대한 결과 극심한 인플레이션이 도래할 것이라는 예상과 함께 공황이 언제 끝날지도 모르는데 공황이 끝나는 즉시 통화 공급을 단속하겠다는 연방준비제도의 확약에 대한 불신이 작용했다.

그리고 연방준비제도가 통화 팽창 정책을 반전시켜서 그동안 사들인 국채를 은행에 되파는 시기가 만일 도래한다면 유동성은 정말로 엄청나게 말라붙을 것이다. 1937년에 연방준비제도가 금리를 올리자 '제2차 공황'이 초래되었다. 그리고 연방준비제도가 1970년대에 급격한 금리 인상으로(따라서 통화 공급 축소로) 인플레이션을 잡았던 때처럼 은행의 현금이 갑자기 고갈되어 극심한 불황이 불가피할 것이다.

요컨대 통화정책만으로는 감내할 만한 비용을 치르면서 공황에서 탈출하기란 어려울 것이다.

통화주의자와 케인스파 비교

공황에 대한 통화주의식 대응과 케인스식 대응 간에 흥미로운 대립이 있었다. 양자가 모두 경제에 돈을 쏟아붓지만, 전자는 연방준비제도의 채권 매입을 통해서 쏟아붓고, 후자는 재무부의 차입에 의한 적자지출을 통해 쏟아붓는다. 통화주의식 대응은 보수파가 선호하지만(보수파가 적자지출 프로그램의 내용과 규모를 결정하는 민주당 대통령과 민주당 우위의 의회보다 보수파 경제학자인 버냉키를 선호했기 때문이기도 하다), 케인스식 대응보다 잠재적으로 더 사회주의적이었다. 연방준비제도가 미국 경제의 상당한 부분을 소유하는 결과가 생길 가능성 때문이었다. 연방준비제도가 금리를 감내 가능한 범위 내에서 유지한다는(특히 인플레이션을 야기할 정도로 금리가 하락하거나 경기 침체를 야기할 정도로 금리가 상승하도록 방치하지 않는다면) 제한적인 목적을 위해 통화 공급을 확대(국채를 매수)하거나 축소(국채를 매도)하는 것은, 은행업을 제외하고 어떤 특정 산업에 개입하는 것이 아니다. 그러나 연방준비제도가 민간 채무를 사고팔기 시작하면 민간 시장에 직접 참여하는 것이다. 이때 연방준비제도의 역할이 은행 신용을 규제하는 데서 직접 공급하는 쪽으로 바뀌고, 그 과정에서 연방준비제도는 은행 대출의 규제기관이 아니라 미국 최대 은행이 된다(통화는 은행 대출에 의해 창출된다는 사실을 기억하자).

한 가지 불길한 조짐은 파산법원이 모기지 설정자(채무자)에게 유리하게 모기지 대출 조건을 변경할 수 있게 하는 의회 계류 법안에 대해 시티그룹이 옹호하는 태도를 보인 것이다. 은행이 그러한 태도를 보인다는 것은 이

상한 일이었다. 그러나 시티그룹은 450억 달러의 구제금융을 받았고, 3,000억 달러의 채무 지급보증을 받았는데, 시티그룹이 금융위기의 주범 가운데 하나였기 때문에 그 구제금융에 대해 비판이 많았다. 금융위기 여파로 시티그룹 회장직을 사임하고 오바마 대통령 선거운동의 선임 고문을 맡은 루빈은 재임 당시 시티그룹이 위험한 대출을 늘리도록 주장하여 그 뜻을 관철한 바 있다. 이 은행은 부실 경영으로 파산 직전이었지만 덩치가 너무 큰 존재였다. 시티그룹의 정치적 입장도 디트로이트의 자동차회사들처럼 매우 미묘했다. 시티그룹은 연방 구제금융의 거액 수혜를 받은 주체로서(그리고 지원을 더 요청할 것이었다) 모기지 차주 구제를 지원하라는 압력에 저항하기가 어려웠다. 저항한다면 먹이를 주는 손을 무는 행동일 것이었다. 정부가 민간 기업에 재정 지원을 제공할 때, 특히 지원이 재량적일 때에는 항상 정치적 연줄이 작용하는 법이다. 미국 정부는 시티그룹에 구제금융이나 지급보증을 제공할 의무가 없었다. 정부는 AIG, 패니메이, 프레디맥 등을 (실질적으로) 인수했듯이 시티그룹을 인수할 수도 있었고, 리먼브러더스처럼 죽게 내버려둘 수도 있었다. 어느 경우든지 결과가 좋았을 것이라는 뜻은 아니다. 정부는 기업을 경영하는 데는 부적합하며, 미국 경제는 리먼브러더스보다 더 큰 은행이 쓰러지도록 내버려둘 형편이 안 되었다. 그러나 정부가 예금자뿐 아니라 은행 자체까지 보험을 들어주기 시작하면, 보험사가 그러하듯이 정부가 결정권을 쥐게 되는 법이다.

케인스식 정책

공황에 대한 케인스식 재정지출 대책은 입법 조치가 필요하므로 연방준비제도의 대응 조치보다 민주적 정당성이 더 크다. 그러나 같은 이유에서 케인스식 대응은 연방준비제도의 조치와 비교해 덜 엄격하며, 더 정치화되고, 더 진보적이다. 과거 뉴딜정책 중에는 경제에 도움이 되지 못한 프로그램이 많았으며, 오히려 해를 끼친 프로그램이 일부 있었는데, 그 예를 들면 「전국산업회복법 National Industrial Recovery Act」에 의한 카르텔의 촉진, 「전국노사관계법 National Labor Relations Act」에 의한 노동조합 결성 촉진, 「농업조정법 Agricultural Adjustment Act」에 의한 농산물 생산 감축 등이 대표적이다. 카르텔은 가격을 올리기 위해 생산량을 제한하고, 노조는 임금을 올리기 위해 노동의 공급을 제한하며, 농산물 가격을 올리기 위해 농업 생산을 줄이면 총산출이 감소한다. 이 세 가지 효과 모두가 총산출을 늘리기보다는 감소시키며, 따라서 공황을 단축하기보다는 연장시킨다. 일부 경제학자들은 이러한 프로그램 탓에 대공황에서 회복하는 데 더 많은 시간이 걸렸다고 믿는다.

뉴딜정책의 결과, 미국의 정부 규모가 좋든 나쁘든 간에 영구히 확대되었다. 2009년의 경기부양 프로그램(아마 '경기부양 절반 새로운 뉴딜 절반' 프로그램이라고 불러야 마땅할 것이다) 또한 의료, 에너지 정책 및 환경 분야에서 정부 역할의 확대를 포함했다. 미국인 과반수가 찬성하지 않는 진보적 이데올로기에 근거한 대량 정부지출 프로그램을 가리기 위해 케인스의 공황 극복 이론이 포장재로 사용되고 있다는 우려가 제기되었으며, 이러한 우려는 정당했다. 이것이 보수파가 공황에 대한 재정적 해법 중에서 공공사업 프로그램보다 감세를 선호하는 이유다. 감세는 정부의 역할 범위를 확대하지 않으며, 실질적으로는 축소한다.

그리고 대다수 보수파는 경제를 살리는 데 연방준비제도의 통화 공급 확대에 전적으로 의존하기를 선호할 것이다. 그러나 필자는 이번 장에서 그러한 일이 가능하지 않음을 이미 알아보았다. 정부가 은행에 돈을 안겨 줄 수는 있지만, 개인의 차입을 강요할 수 없듯이, 은행의 대출도 강제할 수 없으며, 은행 대출이 이루어지지 않으면(또는 미미하면) 연방준비제도가 은행 자산을 매입하는 조치를 통해 경제가 공황을 벗어날 수가 없고 디플레이션을 막지도 못할 것이다. 그리고 우리는 연방준비제도가 디플레이션을 예방하기 위해 통화 공급을 최대한 늘리면 끔찍한 부작용이 생길 수 있음을 방금 살펴보았다.

이러한 이유에서, 얼마 전까지도 케인스에 반대하던 프리드먼식 통화주의자를 포함해 대다수 경제학자들이, 내키지는 않지만, 적자지출 프로그램을 일부 인정해 디플레이션을 막고 경제 회복을 가속하기 위한 버냉키 의장의 공격적인 통화정책의 한계를 보완하는 데 찬성하게 되었다. 버냉키 의장 자신이 보수파 통화주의자이므로, 그가 적자지출을 지지한 것은 공황에 대해 통화주의 치유법으로 충분하다는 믿음을 상실했음을 의미했다.

설사 경기부양책이 공황 탈출을 가속하는 데에 아무런 기여를 하지 못한다고 가정하더라도, 경기부양책을 지지하는 강력한 다른 논거가 있다(경제학자들이 이 논거를 평가할 수단이 없지만). 오바마 대통령이 미국 국민에게 이렇게 말한다고 가정해보자. "우리는 통화 공급을 늘려서 공황을 방지 또는 완화하려고 노력하고 있습니다. 그러나 통화정책이 주효하지 않을 수 있으며, 그럴 경우 우리는 1930년대 미국과 1990년대 일본에서 발생했던 것과 비슷한 디플레이션 소용돌이에 빠질 것입니다. 그러면 우리는 더는 손쓸 수단이 없기 때문에 어려움을 참고 견딜 수밖에 없을 것입니다."(이것은 사실 일부 보수파 경제학자들이 대통령으로부터 듣고 싶은 그 말이다.) 대통령의 성명으로 불황이 더 극심해질 텐데, 이는 미국인들이 대통령 성명에 대한 반응으로 소비를 더욱 줄임으로써 경제를 몇 년간 바닥으로 떨어뜨릴 디플레이션 소용돌이를 가속시킬 것이기 때문이다. 미국인들은 대통령의 성명에 대한 반응으로 비이성적인 정신적 공황상태에 빠지지는 않겠지만, 존경받는 정부 수반의 믿을 수 있는 성명을 중시할 것이다.

값비싼 공공 프로그램이 실패하거나 기대보다 훨씬 적은 성과를 낼 것으로 예상되는 경우에도 그 프로그램에 대한 공약과 신뢰를 발표함으로써 조금이라도 국민의 낙관론을 유지하는 편이 낫다.

이것이 8,190억 달러의 경기부양 방안 프로그램이 비용-편익 분석의 대상이 되지 않은 이유 중의 하나다. 또 다른 이유는 공황이 경제적 사건일 뿐만 아니라 정치적 사건이기도 하며, 정부의 모든 주요 행동은 정치적이라는 데에 있었다. 그러나 가장 큰 이유는 정보의 부족이었다. 어느 경제학자나 경영 예측기관도 정부가 더는 개입하지 않는다면 경기 침체가 얼마나 심화될지, 그렇게 심화된 경기 침체의 사회적 비용은 어느 정도일지, 다양한 형태와 수준에서 이루어지는 정부 개입이 얼마나 효과적일지, 그리고 그 장기 비용은 어느 정도일지 자신 있게 말해주지 못했다. 이러한 모든 수치 없이는 경제적으로 최적의 행동 방침을 결정할 수 없었다. 따라서 공황을 극복하기 위한 정부의 조치는 경제적 추측과 결합된 정치적 편의에 근거하게 되었다. 정부 관리와 경제학자에게는 우발 사태에 대한 계획이 없었으므로, 육감과 경험에 의한 접근 방식 외에 다른 대안이 없었다.

모기지 구제책

공황 대응책으로 검토되다가 이 책 집필 시점에 즈음하여 크게 탄력을 받은 일부 방안은 이 책의 분류 기준에 꼭 들어맞지는 않지만, 주로 가치가 급락한 주택 소유자를 지원하는 것이었다. 주택 소유자는 아마도 최초 2년간 이자 지급이 유예되는 모기지 대출금으로 주택을 구입했을 터인데, 이제 그 2년이 지났다. 모기지의 미상환 잔고가 주택 매각 가치를 초과하기 때문에, 주택 소유자가 부도를 내고 모기지를 압류당하면 법원으로부터 잔여 채무 판결을 받게 된다. 주택 가격 하락이 너무나 급격해서 거품의 정점에서 주택을 구입한 많은 사람이 자신의 가장 큰 저축인 집을 잃었고, 이 때문에 일자리를 찾아 다른 곳으로 이사하기도 어렵게 되었다. 그리고 이들이 모기지관리회사와 모기지 조건을 재협상하고 싶어도, 관리회사에서 동시에 대리하는 당사자 간의 이해가 상충하기 때문에, 다시 말해서 모기지담보부증권 시리즈의 다수 선후순위채 보유자들 사이에 위험 부담 순위가 다르기 때문에, 재협상을 벌이기도 어려웠다.

모기지 조건 재협상에 대해 설명을 덧붙이고자 한다. 모기지 채무자의 상환 능력을 옥죄는 모기지 대출 조건을 변경하면 부도 발생을 피할 수 있고, 따라서 모기지담보부증권의 상위권 순위 시리즈 보유자는 전액을 상환받을 수 있을 것이다. 그러나 이때 일부 하위권 순위 시리즈 보유자들은 투자금을 잃을 것이다. 따라서 증권 자체에 붙은 약관이나 수탁인의 임무 원칙에 의거해 모기지관리회사가 증권을 담보하는 모기지 풀 가운데 하나를 변경할 권한을 가지려면 증권 시리즈 보유자 전원의 동의를 얻어야 하며 (이때 전원 동의 요건을 빌미로 비협조적으로 나올 하위권 시리즈 보유자들에게 보상이 필요), 이러한 절차는 모기지 변경 비용을 증가시킬 것이다.

컬럼비아 대학교 경제법팀은 모기지 변경을 촉진해 담보권 실행을 줄이려면 모기지관리회사에 전체 시리즈 보유자 전원의 동의가 없어도 모기지를 변경할 수 있는 권한을 주는 한편, 후순위 시리즈 보유자에게 정부가 보상을 제공하는 법안을 의회가 통과시켜야 한다고 제안했다. 이 경우 손실이 대거 발생하는 담보권 실행에 비해 모기지 채무자가 금전적 이득을 보고 증권화된 채무의 가치도 높아질 것이므로 사회 전체적으로 득이 될 것이다.

이 제안은 의회에서 추진되고 있던 파산법 제13장 개정안, 즉 주된 거주 주택의 1순위 모기지 소송에서 파산법원에 채무 조정의 강제 인가권을 부여하자는 법안보다 우월한 제안이었다.

파산법 제13장 개정안을 설명하자면, 보통의 개인 파산(기업의 회생 절차에 해당하는 개인 회생 절차)에서 파산법원 판사가 파산자의 담보부 채무를 압축cram down 시키도록 하자는 것이다. 그러면 선취특권lien, 즉 담보권을 가진 채권자는 선취특권을 행사할 수 있으나, 선취특권 금액을 초과하는 채무액은 무담보채무로 전환될 것이다. 만일 개인 파산자가 자기 차량에 선취특권이 붙은 2만 달러의 빚이 있고, 그 선취특권 가치가 5,000달러에 불과하다면, 파산법원 판사는 1만 5,000달러를 무담보채무로 전환할 수 있는데, 이때 1만 5,000달러는 파산 절차상의 다른 무담보채권과 마찬가지로 달러당 몇 센트의 가치밖에 없을 것이다.

현행법상 파산법원 판사는 개인의 주된 거주 주택에 설정된 모기지는 압축할 수 없는데,[23] 의회는 이 법 개정을 추진한 것이다. 가치가 30만 달러로 떨어진 주택에 50만 달러의 모기지가 설정되어 있다고 가정하자. 모기지는 압축을 통해 30만 달러로 줄어들고, 나머지 채무 금액은 무담보채무로 전환되어 파산 절차상 다른 무담보채무와 동등하게 처리된다. 만일 주택 소유주가 축소된 30만 달러의 모기지를 계속 상환할 수 있다면, 채권자 측에서 담보권을 행사할 수 없게 하자는 법안이었다. 따라서 강제 압축을 허용하면 진정한 모기지 구제 조치가 된다. 그러나 그렇게 되면 파산법원의 업무 부담이 가중되고, 무모하게 거품에 투자한 다수 투자자들을 포상하는 결과가 되며, 장래의 주택 거품을 조장하는 선례가 만들어지고, 모기지 권리자의 법적 구제 수단을 제약하면 모기지 금리가 높아질 것이다. 그리고 높아진 이자율은 모기지의 재조달 및 주택 구매를 어렵게 할 것이다.[24] 모기지 구제의 편익이나 기회비용은 크지 않은데, 그것은 모기지 강

---

23 미국 파산법상 자동중지(automatic stay) 제도로 파산자에 대한 담보권 행사는 원칙적으로 중지되지만, 담보부채무가 압축되지 않기 때문에 채권자는 자동중지 제외 신청을 함으로써 담보권을 행사할 수 있게 된다.

제 압축의 혜택을 볼 주택 소유자들이 혜택을 받으려면 부담이 뒤따르기 때문이다. 모기지 압축 혜택을 보려면 파산법 제13장의 개인 파산을 선언해야 하는데, 이때 채무가 소멸하는 것이 아니기 때문에 채무자는 현재와 장래 소득의 상당 부분을 채무를 최대한 상환하는 데 바쳐야 한다.

모기지 구제를 위한 더 우월한 아이디어(컬럼비아 대학교 팀의 제안과 별도로)로는 담보권 실행을 중지시키는 방안이 있다. 이는 기업 파산 시의 '자동중지automatic stay 제도'의 취지를 살리는 것이다. 어떤 기업이 파산을 선언하면 그 기업의 채권자들은 자동적으로 채권 추심 활동이 금지된다.[25] 특정 채권자가 다른 채권자보다 먼저 파산자의 재산을 최대한 차지하도록 허용되면 각 채권자에게 돌아갈 몫이 부족하므로(부족하지 않다면 파산하지도 않았을 것이다) 조기 청산되는 결과가 빚어지는데, 자동중지 제도는 이러한 사태를 막기 위한 것이다. 이와 유사하게, 모기지관리회사들이 모기지 담보권을 한꺼번에 집행하면 경매 시장에 너무 많은 매물이 나오게 된다. 특히 경매가 불황기에 이루어지므로, 그러한 사태가 발생하면 주택 가격이 장기 균형점 이하로 떨어질 것이다. 담보권 실행을 일시적으로 동결하면 부실 모기지에 대한 재협상이 촉진되고, 주택의 매각도 더 여유 있게 추진될 것이다.

의회는 아마도 더 나아가 모기지 자체를 말소할 수도 있을 것이다. 필자

---

24 「2009년 가계의 주택구제지원법(Helping Families Save Their Homes Act of 2009)」는 2009년 5월 20일 오바마 대통령이 서명했지만, 파산법원 판사에게 강제 압축권을 부여하는 조항은 삭제되었다. 삭제된 이유는 지은이가 한 주장과 같다.
25 미국의 자동중지제도는 원칙적으로 개인 파산에도 적용되나, 주택을 담보로 제공한 채무자가 채권자의 자동중지 적용 제외 신청(relief)을 막으려면 연체 원리금과 세금, 보험료를 해소하고 상환계획을 제출해야 한다. Grossbatt, Portney and Rosenberg, P.A. "The Automatic Stay," Retrieved from http://www.mdbankruptcylaw.com/lawguide/chapter13bankruptcy/automaticstay.asp. 한국에도 2011년 「채무자회생및파산에관한법률」 개정안에 자동중지 제도가 포함되었다.

가 '아마도'라는 표현을 쓰는 것은 그러한 조치가 틀림없이 위헌 논란을 일으킬 것이기 때문이다. 정부가 모기지를 말소하는 것은 정부가 모기지 권리자가 된다는 의미에서 모기지를 '취득taking'하는 것이 아니며, 수용권을 행사해 취득할 때에는 정당한 보상이 지급되어야 하기 때문에 위헌 시비가 생긴다. 그리고 모기지는 하나의 재산권이며, 미국 수정헌법 제5조에 규정된 적법 절차 조항은 연방정부가 적법 절차를 밟지 않고 개인의 재산권을 박탈하는 것은 금한다. 그러나 '적법한 절차'란 모호한 개념이며, 정부가 모기지 권리자의 재산권 말소가 공익을 위해 불가피함을 입증할 수 있다면 법원은 아마도 허용할 것이다. 모기지담보부증권의 후순위 시리즈 보유자가 모기지 풀에 속한 모기지의 변경을 봉쇄할 수 있는 권리를 폐지하는 법률(보상 지급 여부를 불문하고)도 마찬가지로 위헌 시비를 일으킬 것이다.

    필자는 모든 형태의 모기지 구제에 반대하는 편인데, 이는 정치적으로는 바람직하지 못한 성향일 것이다. 반대의 이유는 모기지 구제가 시행하기 복잡하고 비용이 많이 들며, 공황 극복에 기여하는 효과는 미미할 것이라는 점이다. 필자는 공황 기간 중에 공황 극복에 필수적인 최소한을 넘어서 규제 개혁을 하는 것은 시기적으로 적절하지 않다는 견해를 가지고 있는데, 이를 포함해 폭넓은 관심사를 다음 장에서 상술한다.

제6장

공황의 긍정적 요소

공황의 효율성 제고 역할

 공황이 발생하면 수반되는 비용은 생산 감소, 소득 감소, 낭비적 정부지출, 부담스러운 공공 부채, 장래의 물가 상승률, 물가 상승률을 막기 위한 불황, 재산 범죄(고액 보험에 든 재산에 방화하는 것 등), 불안감 등 공황에 따른 비용은 확실히 그 편익보다 크며, 정치적 재앙을 발생시킬 수도 있다. 대공황이 없었더라면 히틀러가 독일의 총통이 되지 못했을 것이다. 미국에서도 공황이나 경기 침체가 정치적 파장을 일으켰는데, 1932년 프랭클린 루스벨트와, 1992년의 빌 클린턴의 대통령 당선, 2008년 버락 오바마 대통령의 신승과 민주당의 의회 장악 연장 등이 그 사례이지만, 아직까지 재앙적인 결과로 이어진 적은 없다. 물론 이 세 가지 사례는 경기 침체의 긍정적인 결과로 생각될 수 있으며, 이 사례를 든 것은 필자가 제6장을 집필하는 목적이 공황이 나쁜 결과를 더 많이 가져오지만 좋은 결과도 불러온다는 것을 지적해 독자들의 기분을 돋우는 데에 있기 때문이다.

먼저 공황은 경기순환을 완화하려는 노력을 뒷받침한다. 주택 거품은 무한히 확장될 수 없었으며, 레버리지도 끝없이 증가할 수 없었다. 한 기업의 자기자본 대비 부채 비율이 35대 1(이는 베어스턴스가 파산했을 때의 비율이며, UBS는 50대 1에 이르렀다)에 이르면 그 기업의 자산 가치가 3%만 떨어져도 해당 기업은 지급불능에 빠질 것이다. 정부는 거품을 걷어내는 일을 전혀 하지 않았으며, 레버리지를 안전한 범위에 두려는 노력도 거의 하지 않았다. 세계경제가 공황 없이 지내는 기간이 길면 길수록 결국 불가피하게 붕괴할 때 내는 소리가 더 커지는 법이다.

워런 버핏의 말을 빌리면 "썰물이 빠질 때까지는 누가 벌거벗고 수영하고 있는지를 아무도 모른다". 증시의 썰물이 빠지면서 역사상 최대의 폰지 사기Ponzi Scheme를 주도했다고 자백한 버나드 매도프Bernard Madoff가 드러났다. 만일 증시 붕괴가 연기되었더라면 폰지 사기가 더 오래 지속되고 투자자의 손실은 더 커졌을 것이다. 그 붕괴로 매도프의 헤지펀드 가치가 하락했지만, 더 중요한 것은 전반적인 경제의 붕괴에 따라 헤지펀드 등 투자펀드의 투자금 환매 요청이 급증한 사실이다. 매도프는 투자자의 환매 청구에 응하지 못했고, 그 결과로 그의 사기 행각이 드러났다. 그리고 결국 폰지 사기가 붕괴했다. 이 사례에서 은행업의 취약성을 엿볼 수 있다. 즉, 요구불예금 등의 형태로 은행에 맡긴 돈이 예금보험에 들어 있지 않다면, 은행들도 예금 인출 사태를 맞이할 수 있다.

공황이 발생하면 기업이 사용하는 노동과 자본 등 투입 요소의 효율이 높아진다. 그것은 공황을 계기로 느슨한 부분을 줄이는 것이 기업의 지상 과제가 되기 때문이다. (이윤을 극대화하지 못하는) 느슨한 부분은 일종의 기회비용이며, 전통적 경제이론에 의하면 기회비용은 동기 면에서 현금 지출 비용과 똑같은 효과가 있기 때문에, 기업이 느슨한 부분을 줄일 유인이 있는 것은 호황기나 불황기나 똑같다고 생각할 수 있다. 그러나 기업은 조직이며, 조직에는 '대리인 비용agency cost'이 수반되는데, 이 비용을 억제하는 것은 불황기보다 호황기에 더 어렵다. 본인과 대리인(예컨대 사장과 종업원)은 서로 목적이 다른 경우가 많으며, 대리인은 자신의 목적을 추구할 수 있는 범위 내에서 가급적 비용을 본인에게 전가할 것이다. 전술한 임원의 과다 보수 문제도 결국 대리인 비용의 문제다. 어떤 회사의 이익이 증가하고 있다면, 회사의 임원들은 회사 이익의 일부를 과잉 보수나 특전(자가용 항공기, 임원 식당의 꽃병 등) 형태로 챙기기가 회사가 어려울 때보다 더 쉬울 것이다. 회사의 이익이 증가할 때면, 주주들이 배가 부르므로 경영진이 챙기는 것에 불만을 느끼지 않을 것이다. 회사가 쓰러질 지경이라면 주주들이 이사회를 통해 임직원에게 빠져나가는 회사 이익을 최소화하라고 강력한 압력을 넣겠지만, 주주들이 만족할 때에는 그런 압력이 약화되고 그 밖의 낭비적인 활동도 용납된다. 회사가 위태로운 시기라면 임원들이 스스로, 극단적인 경우 자신의 보수 삭감을 포함해 비용을 최소화할 강력한 동기가 생길 것이다. 공황을 계기로 사업에서 느슨한 부분을 줄인 회사는 공황이 끝날 때쯤이면 과거보다 낮은 평균 비용을 달성할 것이다. 물론 그 비용은 회사가 다시 성장하면서 서서히 증가할 것이다.

이와 유사하게, 공황이 오면 세수 급감을 겪는 주, 시 및 연방정부는 공공서비스를 더 효율적으로 제공하도록 유도된다. 공황으로 유료도로나 공항과 같은 정부 서비스의 민영화 같은 바람직한 추세가 가속화된다. 그 반대로 보수주의자들은 공황으로 말미암아 정부가 경제적 번영을 위해 필요한 범위를 넘어 비대해지는 것을 우려한다. 보수주의자들이 옳을 수도 있다. 하지만 필자는 긍정적인 측면을 보려고 한다.

노동조합 관계

한 가지 밝은 측면은 전미자동차노동조합United Auto Workers: UAW이 여론 재판에서 두들겨 맞았다는 사실이다. 전미자동차노동조합은 '숙주를 죽이는 기생동물' 또는 달리 비유해서 '공멸을 향해 공룡 회사와 싸우는 공룡 노조'로 불렸다. 이러한 비난은 너무 거친 표현이다. 대립적인 노동조합이 장기적으로 몰락함으로써, 노동조합들이 작업 안전 제고, 상급자의 횡포 방지 (회사가 관리직 통제를 소홀히 하면 대리인 비용이 발생한다) 등 노사의 공동 이익에 집중하고, 기업의 생산성이 증가했다. 전미자동차노동조합이 디트로이트 자동차산업의 몰락을 재촉했다는 점에서 민주당의 전통적 친노조 성향은 위기에 빠진 미국 경제에 잠재적 위험 요소임을 알 수 있다. 그러한 민주당 성향은 뉴딜 향수 등 감상적 진보주의에서 비롯된 것이기도 하지만, 직접적으로는 노조가 민주당 정치인의 당선을 위해 열심히 뛰기 때문이다.

전미자동차노동조합 문제와는 별개로, 행정부와 의회가 공황을 계기로 「근로자자유선택법Employee Free Choice Act」 추진안과 같이 노조를 강화하는 조치를 일시 중단할 수가 있었다.[1] 이 법안은 특정 직장의 노동조합 결성 여부를 결정하기 위한 비밀투표 요건을 폐지하고, 노조 가입자가 다수이면서 노사가 단체협약 조건에 합의하지 못하면 구속력 있는 중재를 강제하는 것이었다. 전술했듯이, 공황기의 임금 하락은 디플레이션 소용돌이를 촉진하는 동시에 실업을 감소시키는 요인이므로 그 순 효과는 불확실한 문제다. 그러나 임금이 상승하고 (노동조합의 근무규칙 때문에) 노동력의 비용효율이 감소하면 노동비용이 증가함으로써 생산에 명백하게 부정적인 영향

---

1 「근로자자유선택법」은 2007년과 2009년에 부결되었다. 민주당은 이 법안이 노동자의 구매력을 높여 미국 경제를 구하는 데 일조할 것이라고 주장했다.

을 주며, 생산 감소는 실업의 증가를 초래할 것이다. 앞서 설명했듯이 일부 경제학자들의 견해에 의하면, 과거 뉴딜정책에서 「전국노동관계법National Labor Relations Act」 등 노동조합 결성을 촉진하는 조치가 대공황 탈출을 지연시킨 한 요인이었다.

정부에 미치는 영향

공황이 자유시장에 대한 신뢰를 잠식함으로써, 정부가 경제에 더 개입하고 궁극적으로 (경제 호전 이후에) 증세로 이어지는 길을 트지만, 이것이 방금 고찰했듯이 반드시 나쁜 것만은 아니다. 분명히 제로 수준의 정부 개입과 조세가 최적은 아니며, 어느 정도가 최적 수준인지도 명확하지 않다. 필자는 정부만이 충족할 수 있지만 아직 충족되지 않고 있는 사회적 요구가 일정 범위 존재한다고 전술했다. 원칙적으로 이러한 부분에 소요되는 예산은 대부분 낭비적인 정부 사업을 축소하여 조성할 수 있겠지만, 정치적 실행 가능성을 감안하면 절약할 수 있는 예산에 한계가 있다.

현재의 연방 세율은 경제성장이 활발했던 1940년대나 1950년대, 1960년대보다 낮다. 최고 한계소득세율은 1945년에 94%에 도달했으며, 1965년이 되어서야 70%로 하락했다(현재는 35%다). 낮아진 현행 수준에서 한계세율을 약간만 인상해도 세수가 현저히 증가할 것이며, 아마도 과세에 의한 경제 왜곡 효과도 거의 없을 것이다. 세율 인상은 또한 앞서 이야기한 대로 금융위기 촉발에 일조했던 관행인 과다한 임원 보수를 감축할 것이다. 그러나 실현 가능한 세수 증가액 대부분은 공황 대응을 위해 늘어난 국가 부채를 상환하는 데 충당해야 하며, 가급적 다른 공적 용도에 투입해서는 안 될 것이다. 그러면 미국은 국제 기준에 비추어 꽤 작은 정부를 유지하게 될 것이다.

미국 사회에 미치는 영향

공황은 실업을 증가시킴으로써 교육 수요를 늘린다. 그 원리는 공황으로 기회비용이 감소한다는 데 있는데, 학생이 상급학교로 진학할 때의 기회비용은 그로써 상실한 소득이다. 취업할 기회가 없으면 상실할 소득도 없다. 교육은 사회 전체의 이익이다. 교육받은 인력은 교육받지 않은 인력보다 생산성이 높지만, 그러한 교육의 성과를 온전히 소득 증가로 연결시킬 수는 없다(예컨대 특허를 내더라도 20년 후 소멸하면 누구나 발명자에게 보상하지 않고도 특허 제품이나 공정을 사용하게 된다). 공황 기간 중에는 교육을 더 받음으로써 늘어나는 소득이 감소하고, 따라서 진학의 동기도 감퇴할 것이라고 생각할 수 있다. 그러나 교육에 의한 소득 증가는 일생 동안 발생하므로, 학생 시절의 공황으로 소득이 달라지는 것은 거의 없다.

우리는 공황을 경험함으로써 학습한다. 은행산업은 분명히 금융위기 와중에 레버리지의 위험성을 학습하고, 전통적인 수단보다 저렴하게 채무불이행 리스크를 줄이기 위해 설계된 복합금융상품의 부정적 측면을 대거 학습했다(전통적인 리스크 축소 수단의 예는 은행의 대출금 회수가 급락할 경우에 대비하여 완충자본을 확보하는 것이다). 대중은 주택에 투기하고 나머지 저축을 주식시장에 투자하는 것이 위험한 짓이라는 교훈을 학습했다.

그러나 역사에 비춰볼 때 그러한 교훈은 빨리 잊힌다. 따라서 금융이론가인 루이지 징갈레스 Luigi Zingales [2] 교수의 훌륭한 제안대로, 공공이든 민간

---

2 시카고 대학교 교수로, 라잔과 함께 *Saving Capitalism from the Capitalists* (2003)라는 책을 냈다. 이는 한국에 『시장경제의 미래』(2008)라는 제목으로 소개되었다.

이든 워런위원회Warren Commission(케네디 대통령 암살 사건 조사위원회) 또는 9·11 테러 조사위원회와 같은 형태의 고위급 특별위원회를 구성해 과거 10년간의 경제 운영을 철저히 조사하되, 그 끝은 2008년 가을에 버냉키 의장과 폴슨 장관이 공황을 피하기 위해서 기울인 광포한 노력을 조사하는 것이어야 한다. 우리는 그 두 사람이 자신들이 취하는 조치의 의미를 알았는지, 어떤 정보에 근거했는지, 누구와 상의했는지, 어떤 결과가 왜 생겼는지 등을 명확히 알 필요가 있다. 그런 연후에야 재발을 방지하기 위한 방책을 강구할 수 있을 것이다.

공황을 통해서 사회보장의 사유화, 즉 은퇴한 사람들이 사회보장연금으로 수령할 돈을 주식시장에 투자할 수 있도록 허용한다면 재앙이 될 것임을 보았다. 공황은 또한 원자재 가격의 하락이라는 중요하지만 계몽 효과는 없는 결과를 가져왔다. 특히 중요한 것은 공황이 2008년 하반기의 유가 폭락에 지대한 영향을 미쳤다는 점이다. 2008년 봄의 유가 급등은 석유 증산 속도가 수요 증가, 특히 중국과 인도의 수요 증가를 따라잡지 못할 것이라는 믿음에 기인한 것이었으며, 하반기 유가 폭락은 공황에 따른 전 세계적 석유 수요 감소를 반영한 것으로 보인다. 낮은 석유 가격과 적은 석유 수요는 미국(그리고 아마도 세계)의 후생의 관점에서 최적 조합이다. 석유 수요 감소는 이산화탄소 배출을 줄이며, 따라서 약간이지만 지구 온난화 문제를 경감한다. 그리고 유가 하락은 산유국의 부를 감소시켰는데, 산유국 중 다수가 미국에 적대적이거나(특히 러시아, 이란, 베네수엘라), 불안정(이라크, 나이지리아, 알제리 등)하므로 유가 하락이 미국 외교정책의 중심적인 목표 달성을 도운 셈이다.

이번 공황을 촉발했던 과도한 차입에 힘입어 미국인은 감당할 수 있는 수준보다 높은 개인 소비지출을 수년 동안 누렸었다. 따라서 현행의 소비 감소는 과거의 비정상적인 소비 수준을 일부 상쇄하고 있다. 미국인이 호시절(능력 이상으로 생활했기 때문에 호시절이라는 것은 사실 착각이다)에 자동차, 전자제품, 의류 등을 잔뜩 사놓았기에, 지금의 내구재 구매 감소가 생산자에게는 고통이지만 소비자에게는 큰 고통이 아닐 것이다. 그러나 빠르게 과소비 습관에 젖은 미국인이 그 소비 수준을 낮추려면 적어도 약간의 고통은 따를 것이다. 그리고 호시절에 내구 소비재를 장만하지 않았다가 이제는 소득이 감소해 구매하지 못하게 된 미국인도 있다.

불황으로 금융회사의 우수한 인력 채용이 감소할 것이다. 이것이 좋은 일일 수 있는 것은 노동이 창출하는 사적 소득과 사회적 가치 간에 괴리가 있기 때문이다. 교사, 과학자 및 발명가는 평균적으로 금전적 소득보다 사회에 기여하는 가치가 더 큰 근로자의 본보기다. 아마도 고소득의 연예인도 여기에 해당할 것이나, 매년 수백만 또는 수억 달러를 긁어모으는 금융업 중역은 그렇지 못하다. 필자의 언급이 미국 경제에서 신용을 적절히 관리하는 이들의 일이 중요하지 않다는 것을 의미하는 것은 아니다. 신용 관리는 공황에서 증명되었듯이 매우 중요하다. 그러나 고에너지 물리학 전공 하버드 출신 박사가 계량분석 기량이 뛰어난 다른 사람들과 어울려 헤지펀드에서 근무한다면(실제로 다수가 그러하다) 보수가 더 적은 전공 분야에서 일하는 경우보다 사회에 더 기여하지는 않는다. 금융 공황으로 금융업에서 우수 인력 일부가 급여는 적지만 사회적 생산성이 더 높은 직업으로 옮겨 갈 것이다.

경제학에 미치는 영향

공황은 경제학계에 경종을 울렸다. 경제학계가 공황을 예측하는 데 실패한 데다 적시에 유효한 공황 대책을 제시하지 못했기 때문에 거시경제학 및 금융경제학 분야에 새로운 통찰이 나올 것이다. 같은 이유에서 거시경제학의 한 분과인 공황경제학과 경제학의 독립 분야로 간주되는 금융(통계학이 수학의 독립 분야이듯이)이 통합될 수도 있다. 은행 위기에서 촉발된 경기 침체는 다른 사유로 발생한 경기 침체보다 공황으로 발전할 가능성이 큰데, 이는 신용 시스템의 붕괴가 개인 소비지출을 심각하게 감소시키는 효과가 있고 이 효과를 발판으로 디플레이션이 발생하기 때문이다. 거시경제학자들은 경기 침체와 공황에 관한 전문가이며, 금융이론가들은 금융 시스템의 운영에 관한 전문가다. 금융이론가들은 먹구름을 조기에 발견했으며, 거시경제학자들은 예측과 상황 파악에 실패한 잘못뿐 아니라 경제 회복 방안에 대해 확신이 없었던 잘못을 반성하게 되었다. 이 두 분야가 더 긴밀하게 통합되었더라면 경기 침체에 조기 대응을 좀 더 확고하게 할 수 있었을 것이다.

저축에 미치는 영향

공황이 개인 저축률의 지속적인 상승으로 이어진다면 공황의 득실이 상쇄된다고 말할 수 있다. 공황을 경험하면서 근검절약 습관이 생기거나 공황이 걷힌 이후에 투자자본이 더 많이 축적된다면, 미국인은 달러와 교환해 온갖 재화를 공급하는 중국, 일본, 독일 등 부국에 계속 의지해서 살 필요가 없을 것이다.

그러나 미국이 더 높은 개인 저축률을 필요로 하는 이유로서 그것보다 더 중요한 것이 있는데, 바로 인구의 고령화에 적응하는 것이다. 사람들이 오래 살수록 현재의 소비를 더 많이 은퇴 이후로 돌려야 하며, 젊을 때 더 많이 저축해야 자녀와 납세자에게 부담을 주지 않고 은퇴 생활을 꾸릴 수 있다. 사실 수명이 길어지면서 사람들이 더 오래 일할 수 있지만, 수명에 비례해 일하는 기간이 늘어나는 것은 아니다. 그리고 더 오래 일할 수 있어도 나이가 들면서 의료비 지출이 증가하기 때문에 소비를 줄이고 저축을 늘림으로써 소비지출을 미래로 이월할 필요가 있는 것이다. 사람들이 저축을 늘릴수록 정부가 노인의료보험Medicare 사회보장 프로그램을 통해 개인의 소비지출을 지원하는 재정 부담이 적어진다. 이러한 프로그램은 개인 저축을 대체하기보다 보완하는 역할을 해야 한다.

디플레이션도 조금이나마 긍정적인 면이 있다. 디플레이션 상태에서는, 전술했듯이 현금을 금고 속에(또는 매트리스 밑에) 보관하면서도 이자를 벌 수 있으므로 MMF를 거래하는 수고를 들일 필요가 없다. 이것은 진정한 비용 절감이며, 이를 근거로 프리드먼은 연방준비제도가 경제성장률에 약간 못 미치는 통화증가율을 설정함으로써 통화가치가 예측 가능한 비율로 상승하게 하자고 제안했다. 여기서 기대할인율이 매우 중요한데, 기대할인율이 높을수록 현금 저축 등 디플레이션 행태가 많이 나타난다.

A FAILURE OF CAPITALISM

제7장

자본주의와 정부에 관한 재인식

자본주의는 1930년대에 대공황에서 살아남았듯이, 이번 공황에서도 살아남을 것이다. 믿을 만한 대안이 달리 없기 때문에 자본주의가 존속할 것이다. 대안의 존재 여부가 1930년대에는 불명확했으나, 지금은 명확하다. 자본주의를 대체하기 위한 소비에트 방식, '국가조합주의(파시스트 이탈리아), 쿠바 방식, 베네수엘라 방식 등의 대안이 매력적이지 않다는 것은 과장이 전혀 아니다.

그러나 자본주의도 절충된 형태로 존속할 것이다. 예컨대 대공황은 집산주의集産主義(주요 생산수단을 정부나 집단이 소유하는 경제제도)를 자극했다. 공황으로 탄생한 뉴딜정책은 정부가 힘으로 경제를 규제하는 긴 시대를 열었다. 그처럼 이번 공황에서도 규제를 재개하자는 주장이 실현되고 정부 규모가 커질 수 있다. 따라서 이번 위기의 발생에 정부의 책임이 있었는지 여부가 중요하다. 정부의 책임이 있다면 그것은 이번 긴급 사태 속에서 정치적 흡인력이 큰 주장은 못 되더라도 규제의 재도입^{reregulation}, 즉 폴 크루그먼Paul Krugman[1]이나 조지프 스티글리츠Joseph Stiglitz[2] 같은 진보적 경제학자들이 꿈꾸는 새로운 뉴딜을 반대하는 강력한 논리가 될 것이기 때문이다.

정부의 책임

필자는 정부에 공황을 초래한 기본적 책임이 있다는 것에 대해 이미 의구심을 나타냈었다. 이미 알려진 사실들을 근거로 판단해보면(명백히 중요한 전제다), 공황은 자유방임 경제체제하에서 이루어지는 정상적인 경제활동의 결과이며, 더 정확히는 시장의 정상적인 작동과 일치하는 사건이다. 은행가와 소비자는 모두 은행의 위험스러운 영업 관행 증가, 주택 거품의 확대 및 붕괴, 개인 저축의 감소와 저축 자산의 위험도 증가 등이 진행되던 기간에, 대체로 자신의 이익에 따라 합리적으로 행동한 것으로 보인다. 시장 참여자들이 많은 실수를 했지만, 그런 일은 흔한 일이다. 그런 일이 특별한 때가 있었는가? 경제생활은 불확실성으로 점철되어 있다.

---

1 프린스턴 대학교 경제학과 국제학부 교수이며, 2000년부터 블로그와 2주에 한 번씩 Op-ed를 통해 ≪뉴욕타임스≫에 칼럼을 기고하고 있다. 뉴딜동맹(복지국가동맹)의 부활과 케인스 경제정책(강한 정부 개입과 시장 규제)을 과감하게 주장하는 신케인스주의 경제학자이며, 2008년에 전략적 무역이론으로 노벨 경제학상을 수상했다. 2003년 당시 크루그먼은 부시 행정부의 재정정책에 대해 '재앙적 수준'이라고 비판하고, 그린스펀에 대해서는 '부시의 추종자로 전락했다'고 비난했다. 저서로는 *The Return of Depression Economics and the Crisis of 2008*(2009), *End This Depression Now!*(2012) 등이 있다.
2 컬럼비아 대학교 교수로, 1993년 클린턴 대통령의 경제자문위원회 의장을 맡아 정부 개혁을 주도했으며, 1997년 세계은행(IBRD) 수석 부총재 겸 수석 이코노미스트를 역임했다. 세계은행 부총재로 근무할 당시 아시아 외환위기에 대응하는 IMF(국제통화기금) 고금리 정책을 강도 높게 비판했다. 2009년 12월 미국 의회 청문회에서는 미국인들이 일터로 돌아가려면 더 많은 정부지출과 감세가 필요하다고 주장했다. 2012년 *The Price of Inequality: How Today's Divided Society Endangers Our Future*라는 제목의 책을 냈다.

미국 언론은 금융가들의 부정, 불법행위, 바보짓, 지나친 낭비 등의 사례를 신나게 들추고 있다. 때때로 언론이 오해로 말미암아 맹렬히 비난할 때도 있다. 예를 들면, 메릴린치가 뱅크오브아메리카에 흡수되기 몇 달 전, 존 테인John Thain이 메릴린치의 사장에 취임하면서 자신의 사무실을 200만 달러를 들여 리모델링한 것을 두고 비난이 빗발쳤다. 거액 투자자들로부터 수십억 달러의 투자를 받아야 하는 투자은행으로서는 투자자에게 인상적으로 보이도록 사무실을 치장하는 것이 사업상 필요하다. 실로 금융위기는 금융가들의 일부 잘못된 의사 결정의 결과였다. 그러나 그 실수는 시스템 전체적인 것이다. 즉, 사기꾼과 바보의 별난 행동이 아니라, 저금리와 규제 완화로 형성된 환경에서 이루어지는 은행 영업의 속성에 따른 것이었다.

자유방임 자본주의가 우리를 실망시켰지만, 공황의 전제조건이 성숙해 경제가 파멸하는 데 정부도 일조했다. 그리고 정부의 위기 대응이 늦고, 느리고, 우유부단하며 불명확했다. 정부의 위기 대응은 또한 '도덕적 해이(위험이 실현될 경우에 비해서 보험이 들어 있을 때, 그 위험을 취하려는 성향)'를 불러일으켰다. 정부가 은행예금에 대한 연방예금보험 한도를 폐지하고 그 대상을 MMF의 수표발행계좌까지 확대하며, 결정적으로는 이른바 '대마불사 too big to fail'라 하며 실패한 대기업을 구제한 것이 도덕적 해이를 초래했다. 대마불사는 기업의 거대화와 재무적 무책임성(이 두 가지는 동시에 진행되는데, 이는 조직 규모가 커지면서 직원 통제도 어려워지기 때문이다)을 촉진하는 유인이다. 정부는 불필요하게 공매도를 제한함으로써 헤지펀드의 운용을 교란했는데, 하필이면 은행 위기가 고조되었을 때 증권거래원회SEC가 금융 주식의 공매도를 금지했다. 그리고 정부의 위기 대응은 연방 재정 적자를 큰 폭으로 늘림으로써 장래 인플레이션의 씨를 뿌렸다. 그러나 정부에 대한 모든 비판 중에서 가장 중요한 도덕적 해이 초래와 장래의 인플레이션 파종은 유효한 공황 대책을 추진하다가 불가피하게 발생한 부작용이라할 수 있다.

정부 책임에 대한 반론

정부가 공황에 책임이 있다는 비판에 대해 두 가지 측면에서 의문이 제기된다. 첫째는 정부의 경제 규제가 없었더라도 공황이 도래했을 것이라는 것이다. 연방준비제도가 2000년 초에 통화 팽창 정책을 구사하지 않았더라도, 저금리가 거품을 초래할 위험성에 대해 부주의했던 상황에서 외국자본이 충분히 유입되어 저금리가 유지되었을 것이기 때문이다. 그리고 저금리 외에도 공격적인 모기지 마케팅, 리스크 선호 풍조의 만연, 매우 경쟁적이고 규제가 철폐된 금융산업, 채무증권화 거래 등 여러 요인이 공황을 초래한 금융위기에 기여했음을 기억하자.

정부의 구제금융 전망이 전혀 없었다면 사업가와 개인이 더 조심했을 것임은 사실이다(이것이 도덕적 해이의 문제다). 정부의 구제금융으로 모든 회사, 모든 직장인 또는 모든 주식 가치가 구제된 것은 아니지만, 구제금융을 받아 살아난 회사는 구제받지 못했을 경우 실직했을 직원을 그대로 고용하고, 파산으로 사라졌을 주식 가치를 유지하게 되었다. 그래도 구제금융은 대단히 충격적인 경험이다. 담보부채권자도 담보의 가치가 하락함으로써 큰 손실을 보는 경우가 많다. 그러나 도덕적 해이보다 더 큰 우려는 정부가 통화 및 재정 수단을 활용해 공황에 공격적으로 대응하지 않는다면 공황이 훨씬 더 심화되고 더 장기화할 것이라는 사실이다.

둘째로, 금융 규제에서 정부와 민간 부문 간의 경계선이 모호해졌는데, 특히 행정부에서 더욱 그러했다. 버냉키 의장은 취임 전 6년간 연방준비제도 이사로 근무했었지만, 폴슨 재무장관은 투자은행 경력 이후에 단지 2년만 재직했고(2009년에 퇴임), 두 사람 모두 정치인도 직업공무원도 아니다. 이들을 자문한 주요 인물은 연방준비제도나 재무부의 경력직 관료들이 아니라 투자은행 간부와 경제학 교수였다. 중요한 예외로는 오바마 행정부의 재무장관이 된 티머시 가이트너 Timothy Geithner 가 직전에 뉴욕 연방준비은행 총재를 지낸 것이다.

금융주 공매도에 대한 일시적 금지 조치도 투기에 대한 정치인의 아무 생각 없는 적대감을 반영한 것 같지만, 실제로는 모건스탠리의 CEO 등 다른 금융가들의 강력한 요구에 따른 것이었다. 백악관, 의회 및 나태한 증권거래위원회는 부시 행정부가 말기에 취한 공황 대응책에서 조역이었다. 월스트리트가 일으킨 위기를 수습할 정부의 권력이 사실상 월스트리트에 위임되었다.

그렇다고 부시 행정부가 금융업계 및 교수 출신을 정부 최고위직에 임명한 것이 혁신적이었다는 의미는 아니다. 하지만 버냉키 의장과 폴슨 장관이 임명된 지 얼마 안 되었다는 사실, 그들이 공황에 대응하는 과정에서 민간 부문 금융 전문가의 의견에 지나치게 의존했다는 점, 의회 정치인과 백악관이 한 역할이 거의 없었다는 사실 등은 특기할 만하다. 의회가 공황 대책을 요란하게 논의했으나, 결국에는 버냉키와 폴슨이 제안한 대부분의 대책에 대해 거수기 노릇을 하고 말았는데, 이렇게 된 데에는 공황 대책 대부분이 의회 임기 말에 강구되었다는 점이 일부 작용했다. 역설적이지만, 민주당이 다수당으로서 요직을 차지한 새 의회는 이전의 공화당 시절보다 새로운 민주당 대통령을 맞아 더욱 적극적이고 실로 더 까다로울 것이다. 의회의 다수당 소속인 대통령은 여당 의원을 설득하고 만족시킬 필요성을 덜 느끼며, 야당과 직접 접촉함으로써 여당 의원에 대한 의존도를 낮추고 싶어 한다. 이에 따라 여당 의원의 힘이 위협받고 그들의 자부심이 손상되며, 나아가 대통령과 대립하게 된다.

필자는 금융위기 처리를 정치인과 관료가 아닌 금융 전문가에게 맡긴 것을 비판하지는 않는다. 그러나 이것은 금융위기가 자본주의의 실패이지 정부의 실패는 아니라는 추가적인 증거가 된다. 보수주의자들은 연방정부의 후원하에 미국의 모기지를 대거 보유하거나 보증하는 금융중개업체인 패니메이와 프레디맥이 위험한 영업 관행으로 금융위기에 기여했다고 즐겨 비판했다. 패니메이는 우량 모기지만 가지고 모기지담보부증권을 만들어냈다. 두 업체 모두 낮은 등급 모기지의 모기지담보부증권에 연루되어 2008년 9월 붕괴하면서 정부에 인수되었다.

두 업체는 연방정부가 설립했지만 정부에 인수되기 전까지 민간 기업이었다. 주주와 고액의 성과급을 받는 임원만 없었더라면 두 업체는 이익 창출 기회가 그리 많지 않았으므로 실제만큼 많은 리스크를 부담하지 않았을 것이다. 그들은 은행업계 전반의 행동을 따랐으며, 이는 그들의 민간 성격에 비추어볼 때 전혀 놀라운 사실이 아니다.

보수주의자들은 또한 1977년에 입법된 「지역사회재투자법Community Reinvestment Act」[3]과 1990년대 그 개정법이 금융위기에 기여했다고 주장한다. 이 법률은 연방 은행감독 당국이 신용등급이 낮은 저소득층에 대해 은행 대출을 독려하도록 규정했다. 1990년대에 입법된 다른 법률도 패니메이와 프레디맥에 중·저소득 가계를 대상으로 자사 보증 모기지 대출을 늘리도록 권장했다. 그러나 이러한 법률이 은행이 위험한 대출을 하도록 사실상 강요한 것은 아니었으며, 따라서 그것이 주택 거품 기간에 실행된 위험한 대출에 대해 상당 부분 책임이 있다는 확고한 증거는 존재하지 않는다.

---

3 입법 초기에는 관심을 끌지 못했으나 저축대부조합(Savings & Loans) 부도 사태로 1990년에 강화된 조치들이 시행됨으로써 '지역사회의 여신 충족'이라는 기본 목적에 충실하게 되었다. 「지역사회재투자법」에 따르면 자산이 총 2억 5,000만 달러 이상의 금융회사는 자산 규모에 따라 일정 비율 이상을 소기업, 소농장, 지역개발기관에 대한 대출과 중간 소득 이하 계층에 대한 모기지 대출에 할애해야 한다.

이러한 법률은 클린턴과 부시(아들) 행정부가 주택 보유를 확대하기 위해 모기지 기준을 완화하라고 대출기관에 압박을 가한 폭넓은 노력의 일환이었다. 규제를 받는 기업(은행 포함)은 정치인과 공무원을 간단히 무시할 수 없다. 그러나 금융위기의 근본 원인에 대한 필자의 분석이 옳다면, 정부 측에서 대출 기준을 낮추라고 행사한 압력은 열려 있는 문을 밀어준 격이었다(제10장 '단편적인 개혁 방향' 부분에서 좀 더 자세히 설명한다). 은행들도 위험한 모기지 대출을 하고 싶었던 것이다.

정부의 수동적 역할

위기의 원인과 관련한 정부의 핵심적인 역할은 권장하는 것보다 승인하는 것이었다. 정부는 수십 년 동안 은행과 신용 전반에 대한 규제를 완화함으로써, 은행과 모기지 중개인, 부동산 세일즈맨, 주택 소유주 등 민간 주체가 자신의 이익에 따라 내린 합리적인 결정이 금융위기를 야기하도록 무심코 허용했으며, 정부로서는 그 금융위기가 공황으로 진전되는 것을 막을 수 없었다. 정부가 부작위로 엄청난 시장의 실패를 방조했다. 정부의 부작위는 부분적으로 정치적 압력의 결과였다(그 압력은 저금리 유지, 번영한다는 환상의 유지, 강력한 정치적 이익단체 달래기 등을 요구했으며, 특히 그 이익단체가 정치 캠페인에 대한 거액 기부자임은 우연이 아니다). 그러나 정부의 부작위는 또한 부분적으로 관료의 안일함과 자신이 공황을 예방할 효과적인 도구를 갖추고 있다는 자연스러운 가정의 결과였다. 1933년 3월에 대공황이 바닥을 친 이후로 75년이 지나면서 공황은 역사 속의 사건일 뿐, 어느 누구도 공황의 재발을 기대하지 않았다. 정부의 부작위는 또한 금융산업 규제 완화가 시작된 1970년대 초부터 클린턴 행정부에 이르기까지 역대 행정부가 상당한 정도로 공유했던 자유시장 이데올로기의 산물이다. 이러한 이데올로기의 역할은 부시 행정부에서 정점에 달했으며, 증권거래위원회가 매도프의 사기 행각을 적발하지 못한 데서 전형적으로 나타난다.

2008년 12월에 발각된 매도프 사기 사건은 공황의 원인이라기보다 그 부산물이었지만, '재간접헤지펀드 Funds of Funds'라는 펀드에 대한 민간 규제의 맹점을 드러냄으로써 공황을 심화시켰다. 재간접헤지펀드는 헤지펀드 또는 유사한 투자펀드에 투자하는 것으로서, 최고의 투자 대상이 되는 헤지펀드를 선정해(수천 개 헤지펀드가 존재하므로) 그 성과를 모니터링하는 대가로 투자자에게서 수수료를 받는다. 헤지펀드들은 비밀스러우며, 재간접펀드는 헤지펀드 업계를 감독하는 일종의 민간 증권거래위원회로서 활동한다고 주장한다. 그러나 일부 재간접펀드들은 고객들이 기대했던 대로 실사due diligence 절차를 수행하지 않고서 매도프의 폰지 사기에 투자한 것으로 보인다. 재간접펀드들의 감독 활동에 대한 투자자 집단의 신뢰가 흔들린다면, 나아가 헤지펀드의 고객들까지 투자금을 환매해 가려는 요청을 하게 될 것이다.

그러나 매도프 사건에서 필자가 강조하려는 측면은 공황 발생에 기여한 정부의 철학을 이해하는 데 그 사건이 도움이 된다는 점이다. 8년 전부터 해리 마코폴로스Harry Markopolos[4]라는 펀드매니저가 매도프의 폰지 사기에 관해 증권거래위원회에 여러 차례 고발했는데도 이 희대의 사기 행각은 사

---

4 마코폴로스는 군 장교 복무 후 증권 관련 일을 하기 시작해 이후 옵션 매매 전문 회사인 램파트 인베스트먼트 매니지먼트(Rampart Investment Management)의 투자 책임자가 되었다. 그는 CFA(Chartered Financial Analyst) 자격과 더불어 전문가 5만 5,000여 명이 가입해 있는 ACFE(Association of Certified Fraud Examiners)의 CFE(Certified Fraud Examiner) 자격을 보유하며, 부분적으로 익명하에 검찰을 보조하는 분석가로 일하고 있다. 매도프 사건을 폭로한 것의 공로를 인정받아 2009년 2월 보스턴 증권분석사회(Boston Security Analysts Society)로부터 표창을 받았다.

상 최대 규모로 수십 년 동안 계속되면서 증권거래위원회에 적발되지 않았다. 일반적인 형태의 폰지 사기에서, 투자자는 터무니없이 높은 투자 수익률을 약속받았으며, 이때 월 수익률 10%도 비정상적인 것이 아니었다. 최초의 투자자들은 약속대로 지급을 받지만, 그 수익이 자신이 넣은 원금 및 다른 투자자의 원금에서 나온 것인지는 알지 못했다. 이처럼 행복해 보이는 경험이 입소문으로 퍼지면, 다른 사람들이 뒤따라 투자하며 신규 투자자의 투자 금액이 자신 또는 최초 투자자에게 약정 수익률을 지급하는 데 사용됨으로써 사기극이 계속 굴러간다. 끝내는 그 구조가 무너지고 사기꾼은 투자 수익인 것처럼 지급하는 대신, 잔여 보유 금액을 가지고 잠적한다(매도프에게 투자된 자금이 어떻게 되었는지는 이 책의 집필 시점에 밝혀지지 않았다).

언론에 보도된 매도프의 사기 구조는 규모 및 지속 기간 면에서 유례없는 일이었다(그가 기소된 후 공판은 아직 열리지 않았으며, 필자는 그의 법적 상황에 관해서는 논평하지 않는다). 그는 전자상거래 선구자로서 증권업계 내 평판과 나스닥NASDAQ 전직 의장 신분에 힘입어 적당한 수익률(연간 약 10%)을 폰지 방식이지만 꾸준히 보장함으로써 노련한 투자자들을 끌어들일 수 있었다. 그가 월 10%를 약속했다면 어떤 경우에도 노련한 투자자들을 유치하지 못했을 것이다. 전형적인 폰지 사기꾼은 잘 속는 사람들을 즉각적인 수익 약속으로 유혹한다. 폰지 사기에서 수익률을 적게 약속할수록 수익이 나지 않은 원금에서 약정 수익률이 지급됨에 따른 자본 손실에도 생존 기간을 길게 유지할 수 있다.

일부 언론에서는 폰지 사기를 다단계판매와 혼동하여 주택의 신용 거품을 폰지 사기인 것처럼 표현했다. 이는 부정확한 표현이다. 폰지 사기의 본질은 기만이다. 투자자는 높은 약정 수익률이 모집인의 투자 활동에서 창출된다고 생각하지, 자신의 투자 원금이 사기극이 계속 굴러가도록 다른 투자자에게 지급된다고는 생각하지 못한다. 반면 다단계판매에서는 한 개인이 수수료를 지불하고 한 제조업자 제품의 외판원이 되면, 자신이 모집한 다른 외판원의 수수료 일부를 배분받기로 약정하는 것으로서, 어떤 기만이 개입될 필요가 없다. 결국 외판원의 신규 유치는 언젠가 끝나며, 이는 투기적인 거품이 궁극적으로 팽창이 끝나고 터지는 경우와 유사하다. 그러나 어느 경우에도 기만이나 비합리성은 존재하지 않는다. 다단계판매는 일종의 도박이다. 거품은 투자자가 가치의 지속 상승을 합리적으로 기대하고 있다면 도박이 아니다. 가격 상승이 거품이었다고 확인되는 시점은 거품이 터진 이후라는 점을 기억하자.

증권거래위원회가 마코폴로스의 고발을 조금만 조사했더라도 매도프의 증권 매매 규모가 너무 빈약하여 투자자에게 보고하던 이익을 창출하거나 그 이익을 꾸준히 유지시켜주었다는 헤지 거래를 수행할 수 없었음을 밝혀냈을 것이다. 그러나 증권거래위원회는 매도프가 체포되었다는 소식을 일반인과 함께 들을 때까지 아무것도 모르고 있었다. 보수주의자들은 규제란 절망적으로 비효율적이며, 증권투자자가 증권사기에 대비해서 스스로를 보호해야 한다고 생각하므로, '무엇을 기대하는가'라고 반문한다. 증권거래위원회는 엔론Enron, 월드콤WorldCom 및 21세기 초에 밝혀질 사기 사건들을 탐지하지 못한 데 대한 대응으로 2002년에 상당한 예산 증액을 받았으나, 그래도 매도프의 사기를 감지하지 못했다.

증권거래위원회의 규제 역량이 매우 부족했다는 불변의 정설보다 더 그럴듯해 보이는 다른 가설은 부시 행정부의 강력한 친기업 철학 때문에 증권거래위원회가 증권업계를 너무 신뢰하게 되었다는 견해다. 증권거래위원회는 시장의 자율 규제를 신뢰하기 때문에 잠을 잘 수 있었다. 그리고 실제로 잠을 잤다. 부시 행정부에서의 마지막 증권거래위원장이었던 크리스토퍼 콕스Christopher Cox는 위원회의 단속 부서뿐 아니라 리스크 평가 부서까지 축소하고 약화시켰으며 직원 사기를 꺾었다고 전반적으로 비판을 받았다. 베어스턴스의 붕괴로 금융위기가 본격화되기 며칠 전에 콕스 위원장은 "우리는 현재 이 회사들의 자기자본 쿠션에 대해 상당히 안심하고 있다"라고 선언했다. 콕스가 언급한 투자은행 대부분이 지급불능의 기로에 서 있었고, 일부는 이미 기로를 넘어섰다.

정부의 규제 실패가 중대했지만, 그렇다고 시장의 실패가 경감될 수는 없다. 좀 더 정확히 말하자면, 시장 실패로 말미암아 금융안정이라는 공공재를 확보하기 위해 정부 규제를 개선할 필요성이 은폐될 수는 없으며, 오히려 전면 부각된다. 그렇다고 정부가 완전히 수동적이었다는 의미는 아니다. 2000년대 초의 저금리 자체가 의도적인 정부 정책의 산물이었고, 은행으로 하여금 레버리지를 늘리도록 조장했다. 그러나 기회가 존재한다는 것과 기회를 활용하기로 결정하는 것은 같지 않다. 금리가 하락할 때에는 은행에 레버리지를 늘리도록 강제할 요인이 없다. 대신 은행은 차입을 늘리는 만큼 이에 비례하여 자본을 확충함으로써 동일한 부채 대 자기자본 비율을 유지할 수도 있다. 분명히 은행은 자신의 레버리지를 늘리기로 결정했으며, 레버리지의 위험성을 낮추어줄 듯이 보였던 모기지담보부증권과 신용부도스와프와 같은 금융상품을 탓해서는 안 되듯이, 그들의 레버리지 제고 결정 책임을 정부 탓으로 돌려서는("규제 완화가 우리를 그리하게 했다") 안 된다. 그러한 금융상품은 민간 부문에서 개발·신봉·실행되었다. 은행은 경제적 재앙을 가져올 수 있었던 리스크를 안기로 결정했다. 그러나 재앙적인 시장 실패에 대해서 '남을 탓하는' 것이 적절한 반응인지의 여부는 금융업계와 정부 중 누가 인과관계 면에서 더 책임이 있는지의 여부와 별개의 문제로서 제9장에서 논의한다.

정부 조직 개편

상대적인 책임의 문제가 어떻게 귀결되든 간에, 정부의 심각한 실패와 시장의 실패가 병행되었다는 점에는 의문의 여지가 없으며, 정부의 중대한 실패에 대한 표준적인 정치적 반응은 재차 규제와 조직 개편이다. 조직 개편이 규제보다 우선순위가 높은 경우가 많다. 정부는 재발을 막고자 무엇인가 하고 있음을 증명하고 싶어 하며, "메시지를 받았다" 또는 "무엇인가 하고 있다"라는 것을 보여주는 가장 저렴하면서도 가시적이고 극적인 방식은 조직을 개편하는 것이다. 같은 이유에서 9·11 테러 공격 여파로 국토안보부와 국가정보국이 창설되었다. 테러 공격 등 재난으로부터의 국가 보호에 생긴 틈이 조직 통합으로 메워질 것이라는 그럴듯하지만 아마도 잘못된 사례가 출현했다. 이와 유사하지만 좀 더 절실한 경우가 금융 시스템을 규제하는 다수의 연방 기관을 통합하는 것인데, 곧 그러한 개편이 있을 것으로 보인다. 만일 그러한 과정에서 증권거래위원회가 무능에 대한 벌로 폐지된다면 매도프와 콕스 위원장이 그 책임을 공유한다.

그러나 위기 중간에 조직을 개편하고, 규제 또는 재규제를 하는 것은 혼돈을 일으키는 공식이 된다. 조직 개편이나 규제를 주장하는 근거는 시간이 가면 금융 규제의 제도적 구조를 바꿀 추진력이 떨어진다는 것이다. 오바마 대통령의 권력은 취임 초기 최고점에 있을 때 사용되어야 한다. 그러나 필자가 제10장에서 주장하듯이, 금융중개업을 어떻게 재규제하면 최선일 것인가 하는 질문에 답하기란 너무 어렵기 때문에, 당장 불황과 싸우는 데에 몰두해 있는 정부 관리들이 성급하게 현답을 낼 수 없다. 실제 금융 규제 시스템을 개편하려고 시도한다면, 관리들의 경제 회생 노력을 분산시키고, 은행 등 금융중개기관의 영업을 지금보다 더욱 불확실하게 만들어 공황이 더 길어질 가능성이 있다. 부시 행정부도 최소한 9·11 테러 공격이 끝나기를 기다려서 국토안보부와 국가정보국을 창설했다. 매우 복잡한 금융 부문의 구조를 개편하려면 공황이 끝날 때는 아니더라도 끝이 보일 때까지는 기다려야 할 것이다.[5]

---

5 2010년 7월, 오바마 대통령은 「금융개혁법」에 서명했다. 이 법에 의해 금융안정감시위원회(Financial Stability Oversight Council: FSOC)를 설립하고, 이를 통해 금융 시스템의 잠재 위협 포착, 대응전략 마련 및 정책당국 간 정보 공유와 분쟁 해결을 하며, 국내외 금융 규제 동향을 모니터링하고 금융 규제 관련 의회를 자문한다.

A FAILURE OF CAPITALISM

제8장

경제학계의 직무 태만

학자들의 예측 실패

금융위기의 예측 실패와 관련해 가장 큰 의문점은 그 많은 경제학자들이 왜 금융위기를 예견하지 못했느냐는 것이다. 예외는 있었으며, 루비니는 가장 단호한 카산드라였다.[1]

라구람 라잔Raghuram Rajan은 2005년에 강력한 경고를 보냈다. 크루그먼은 2007년 여름에, 펠드스타인은 그해 가을에 경고했다. 실러에 관해서는 앞서 설명했다. 2008년 3월 베어스턴스가 몰락하고 난 다음 앨런 블라인더Alan Blinder,[2] 서머스 등 다른 경제학자도 경고의 목소리를 냈다(서머스는 3

---

1 루비니는 2010년 4월 『위기 경제학(Crisis Economics)』에서, 세계경제가 반등했다 하더라도 위험과 취약성이 앞으로 또 다른 위기를 불러올 수 있고, 만약 디플레이션 현상이 일어나 불황이 발생한다면 국가 부채 위기가 발생할 수도 있다고 보았다.
2 1994년 7월부터 1996년 1월까지 클린턴 행정부의 연방준비제도 부의장을 지냈다. 현재

년 전에 라잔의 경고에 대해 눈이 흐리다면서 빈정댔었지만). 그러나 필자가 아는 한, 저명한 경제학자들 중 루비니만이 실제 공황을 예측했다.

경기 침체에 대한 경고는 별로 주의를 끌지 못한다. 아마도 끌지 못하는 것이 맞을 것이다. 경기 침체에 대한 표준적인 대응은 연방준비제도의 금리를 인하하는 것이다. 금리 인하는 연방준비제도가 9·11 테러 이후의 완만한 경기 침체에 대응해 취한 조치로서, 이후 공황을 초래할 신용 붐의 발판이 되었다.

거시경제학과 금융경제학은 경제학에서 매우 선망받는 분야이며, 선도적 경제학자와 금융이론가는 명석한 인재들이다. 그러나 2005년부터 주택 거품이 가라앉기 시작해 2006년에 터졌으며, 늦어도 2007년 말부터 경제가 침체에 빠지고 2008년 봄 임박한 폭락의 경고 신호가 크게 울렸는데도 대학교, 정부, 재계의 경제학자 중 정부나 은행업계에 상당한 영향을 주는 경고를 적시에 낸 사람은 많지 않았다. 모기지 등 채무의 증권화가 1990년대 아시아 국가를 유린했던 종류의 주택·신용 거품으로부터 미국을 보호해준다고 곧이곧대로 믿고 있었다. 2006년 3월 버냉키 연방준비제도이사회 의장은 주택시장이 '냉각'되고 있지만 '질서 있고 완만하게' 진행되고 있으며, 시장은 '연착륙'을 향하고 있다고 발언했다. 그의 전임자로서 2005년 7월 주택 가격에 대해 약간의 우려를 표했던 그린스펀은 2006년 10월에 "최악의 시기는 지나갔을 것이다"라고 언급했다. 공직자들이 항상 완전히 정직할 것으로 기대할 수는 없다. 그러나 필자가 이 책에서 인용한 그린스펀과 버냉키의 발언은 사람들을 오도하는 것이었고, 상황을 더 나쁘게 만들었다.

2007년 9월 루커스는 서브프라임 모기지 위기가 '전체 모기지 시장을

프린스턴 대학교 교수다.

오염'시키고 경제를 침체로 몰아넣을지에 대해서는 '회의적'이라고 언급했다. 같은 해 10월 1일 존 코크런John Cochrane[3]은 경기 침체가 도래했다는 것을 부인하고, 최악의 경우에도 가벼운 경기 침체만 있을 것으로 예측했다. 베어스턴스 위기가 발생하기 한 달 전이던 2008년 2월, 의회에서 한 증언에서 존 테일러John Taylor[4]는 연방준비제도의 금리 인하에 반대했다. 그는 5월의 연설에서 금리가 너무 낮다고 언급했다. 그가 몇 년 전에 금리가 너무 낮다고 주장한 것은 옳았지만, 금리 인상의 시점은 이미 오래전에 지나쳤다. 공황기의 금리 인상은 바로 재앙적이다.

2008년 9월이 되어서도 대다수 경제학자들은 금융위기로부터의 '연착륙'을 기대하고 있었다. 9월 19일 루커스는 경제가 침체에 빠질지에 대해서 회의를 표명했는데, 실제는 이미 10개월 전부터 침체에 빠졌었다. 앨런 멜처Allan Meltzer[5]는 9월 23일, 리먼브러더스의 파산은 중요하지 않으며, '실물경제Main Street'는 잘나가고 있다는 의견을 제시하면서 정부 개입에 반대했다. 로버트 홀Robert Hall[6]은 10월 10일에도 경기 침체가 시작되었다고 말하려 하지 않았고, 한 달 후에야 미국이 경기 침체에 빠졌다는 증거가 '확실하다'고 서술했다. 이들은 모두 저명한 거시경제학자다.

---

3 시카고 대학교 경영대학원 교수로, 『자산가격(Asset Pricing)』이라는 제목의 책을 썼다.
4 스탠퍼드 대학교 교수이며, 후버연구소 선임연구원이다. 2001년부터 2005년까지 재무부 국제 담당 차관으로 재직했고, G-7 재정정책 조정에 관여했다.
5 카네기 멜런 대학교 경영대학원 교수로, 통화정책 및 연방준비제도에 관한 전문가다. 『연준의 역사(A History of the Federal Reserve)』를 썼으며, "실패하지 않는 자본주의는 죄가 없는 종교와 같다"라고 언급했다.
6 스탠퍼드 대학교 교수이자 후버연구소 선임연구원이다.

예측에 실패한 원인

필자는 이러한 경제학자들의 예측 오류가 그들이 둔감하기 때문이 아니라 미국 경제가 제2차 세계대전 이후 간헐적으로 겪었던 가벼운 경기 침체보다 더 악화될 리가 없다고 과신한 탓이라고 본다. 다른 다수의 쟁쟁한 거시경제학자와 금융이론가도 먹구름이 모였다가 폭풍우가 쏟아질 때까지 침묵했는데, 아마도 이것이 신중한 행보였을 것이다. 2009년에 들어서도 경제학계는 어떤 일이 발생했는지 믿을 수 없다는 듯이 반신반의와 좌고우면 속에서 표류하고 있는 것 같았다. 공황에 어떻게 대응해야 최선일지를 두고 일치된 의견이 나오지 못했다. 경제학자 대부분은 구덩이에 빠진 경제를 건져내기 위해 온갖 시도를 다 해보려는 것 같았다. 1987년부터 2006년까지 연방준비제도이사회 의장을 지낸 그린스펀은 경제학계에서 존경받는 학자였다. 그린스펀은 1995년부터 2001년까지 재무장관을 연이어 맡은 루빈, 서머스와 함께 공황의 발판이 될 정책을 밀어붙이고 시행했다. 이 3인방은 금리 인상이나 은행 자본구조에 대한 규제 강화를 통해 여신을 억제하지 않았으며, 새로운 금융상품을 규제하지도 않고, 연방준비제도가 금리를 인상해 자산 가격 거품을 뺄 수도 있었지만 거부했다(결국 너무 늦게 했다). 버냉키 의장은 뛰어난 경제학자이자 그린스펀의 후임자로서 그의 정책을 계속 채택했다. 두 사람은 경고의 신호를 놓쳤으며, 2006년 연방준비제도이사회 의장에 취임하기 이전에 대통령 경제자문위원회 의장이었던 버냉키는 연착륙이란 불가능하며, 연방준비제도가 경기 하강세를 막기 위해 가장 강력한 무기를 꺼내야 한다는 사실을 받아들이는 데 더뎠다. 연방준비제도가 더 일찍 움직였더라면 거품 붕괴의 위력이 약했을 것이고, 공황도 피했을 것이다. 그리고 베어스턴스의 붕괴로 재앙의 예고가 명백히 나타났을 때 연방준비제도가 강하게 반응했더라면 아마도 공황을 피했을 것이다. 그러나 앞서 말했듯이 자산 가격 거품을 해소하는 데에는 정치적 부담이 있었고, 연방준비제도가 정치적으로 민감한 사안을 너무 많이 건드리면 정치적 독립성을 유지할 수 없었다.

임원 보수 관행과 위험한 대출 간의 관계에 주목(또는 최소한 언급)했거나, 모기지담보부증권 등 부채담보부증권과 신용부도스와프의 위험성을 인식했거나, 개인 저축 감소를 위험한 대출이 경제에 주는 위험과 연관시킨 경제학자는 별로 없었다. 은행산업의 위기가 닥치면, 그것은 유동성 부족의 위기가 아니라 지급불능의 위기일 것으로 인식한 경제학자도 별로 없었다. 경고 신호는 너무 오랫동안 무시되었으며, 경제학자가 마침내 각성했을 때에는 버냉키 의장 같은 정부 경제학자나 민간 경제학자 모두 불황에 대응하기 위한 비상 계획을 미처 준비하지 못했음이 드러났다. 주택 가격이 20% 이상 떨어지면 은행의 지급 능력이 위협받는다는 사실, 거품을 배경으로 그러한 주택 가격 하락이 불가능하지 않다는 사실, 따라서 은행의 지불준비금 요건을 높여서 은행 대차대조표를 건전하게 만드는 것이 현명한 조치라는 사실 등을 명확하게 이해했어야 한다. 그린스펀과 루빈은 자신들이 예측과 대비를 못한 데 대해 이제 사과했다. 이는 기특한 일이지만, 정부의 경제 관리 능력에 대한 대중의 신뢰를 제고하지 못하며, 정부의 신뢰 상실은 대중으로 하여금 소비를 줄여서 불황 기간에 몸을 사리게 만드는 한 요인이다.

일부 언론의 비평에서는 경제학계의 불만스러운 성과를 학자들이 추상적인 수리 경제모델에 과다하게 의존한 탓으로 돌렸다. 그러나 유력한 거시경제학자들 모두 학구파는 아니다. 예컨대 그린스펀은 연방준비제도이사회 의장이 되기 전에 학자가 아니었다. 그는 컨설턴트였으며, 전국경영경제학자협회의 전임 회장이다. 그리고 경제학과보다는 경영대학원에 주로 소속해 있는 금융 교수들의 영역은 불황과 공황에 관해서는 거시경제학과 중첩되는데, 이들은 금융시장의 실무 세계에 깊이 관여하고 있다. 이들은 탁상공론파가 아니며 컨설턴트, 투자자, 때로는 펀드매니저다. 그들 다수는 대학교수가 되기 전, 또는 대학을 휴직하면서 연방준비제도, 국제통화기금 또는 다른 현업 기관에서 근무한 경력이 있다. 경영대학원에서는 입학 전에 수년간 기업에서 근무한 학생도 교수에게 기업 실무에 대한 업데이트된 지식을 가져다준다.

금융 교수들이 금융산업과 얽히게 되면 부정적인 면이 있다. 만일 교수들이 금융업계를 비판하고 더 엄격한 규제를 주장하면, 그들은 말썽꾼으로 인식되어서 수익성 좋은 컨설팅 용역을 얻지 못하게 된다. 일부 경제학자들은 이처럼 이해관계가 얽힌 까닭에 비판하기를 접었을 것이다. 더욱 중요한 점은 은행의 대차대조표를 세밀히 검토하거나 깊이 파고드는 이론가가 거의 없다는 사실이다. 컨설턴트 및 기업이나 협회의 직원인 경영경제학자들은 경제 예측을 강조하며, 업종 고유의 지식과 자료를 가지고 있는 경우가 많다. 하지만 그들은 업무상 '을'의 지위에 있기 때문에 타협하게 된다. 우리는 부동산 회사 또는 은행에 고용된 경제학자들이 주택과 신용 거품에 대해서 논의할 것이라고 기대하지 않는다.

공황을 그린스펀 전 의장, 버냉키 의장, 서머스 장관, 루빈 장관, 폴슨 장관, 콕스 위원장의 실수 탓으로 돌릴 수 있는 한(뒤의 3인은 경제학자가 아니지만), 그 실수는 부분적으로 경제학자, 정책 결정자 및 기업 경영자들이 정부의 적극적인 경제활동 개입에 반대하는 자유시장 이데올로기를 과잉 신봉한 데 기인할 것이다. 시장의 건고함을 강력히 신봉하고 규제에 회의적인 경제학자라고 해서 모두가 '보수적'이라고 볼 수는 없다. 경제학자들은 기업 관행을 규제하기 원하지 않으면서도 평등주의와 재분배정책을 선호한다는 의미에서 진보적일 수 있다. 어떻게 경제적인 파이를 가능한 한 크게 키울 것인지는 파이를 어떻게 자를 것인지와는 별개의 문제다.

핵심 포인트는 주류 경제학자들이 규제 덕분에 과거의 금융위기가 예방된 것이 금융시장이 튼튼해 보였던 이유일 가능성을 간과하고서, 정치와 이데올로기에 매몰되어 금융업 규제의 과도한 완화라는 정부의 실패를 방조했다는 사실이다. 공황은 자본주의, 좀 더 정확히는 특정한 자본주의(막연한 뜻에서 '자유방임적' 개념 또는 통속적 의미에서 '유럽식' 자본주의와 대비되는 '미국식' 자본주의 분류)의 실패이자, 자본주의의 최대 동력인 미국 경제의 실패인 것이다.

경제학계가 공황을 예측하고 단호하게 대응하지 못한 근거에는 공황에 대한 연구가 경제학에서 상당히 불만족스러운 분야라는 사실이 깔려 있다. 그렇다고 경제학자들이 오늘날 (좋든 나쁘든) 경제사상사를 무시하듯이 공황 연구를 무시한다는 의미는 아니다. 공황에 관한 경제학 문헌은 풍부하며 환상적이다. 그러나 한 가지 문제는 공황의 특징인 불연속성(이에 관해서는 앞서 카누의 전복을 예로 들어 설명했다)을 모형화하기 어렵다는 점이다. 루커스는 대공황을 논하면서 이렇게 언급했다. "어떻게 은행의 실패와 통화 감소가 고용과 생산의 엄청난 변동으로 실현되었는가? 우리에게는 괜찮은 이론적 모형이 없다."[7] 그리고 경제위기에 대한 한 가지 반응으로서, 다수의 고소득자들이 자신들이 충분히 누릴 수 있는 사치성 소비를 줄이고 다른 고소득자들도 널리 동참하는 의사 결정을 내릴 줄 누가 예측했는가?

공황경제학의 또 한 가지 문제점은 공황이 대부분 국가들의 역사에서 희소한 사건이며, 따라서 그 원인과 심각성, 결과, 해결책을 밝힐 신뢰성 있는 통계적 추론을 도출할 만한 충분한 표본을 모으려면 상이한 시대와 국가 그리고 제도적·문화적·정치적·경제적으로 서로 다른 환경에서 발생한 공황 자료를 수집해야 한다는 사실이다. 이렇게 이질적인 표본 내에서

---

7 지은이 — Randall E. Parker, *The economics of the Great Depression: a Twenty-First Century Look Back at the Economics of the Interwar Era* (MA: Edward Elgar, 2007), p. 96.

각 데이터 값은 특이할 가능성이 크다. 1930년대 미국과 1990년대 일본 간에는 너무나 차이가 커서(심지어 1930년대 미국과 일본을 놓고 보아도 일본의 불황이 미국보다 많이 약했으므로 차이가 크다), 만일 1990년대에 일본에서 공황을 치유하는 데에 실패했던 재정 적자 지출을 미국에서 1930년대 대공황 때 시행했더라도 마찬가지로 경기를 회복시키는 데 실패했을 것이라고 자신 있게 추론하기가 어렵다. 전형적이지만 더욱 복잡한 면은, 1937년에 연방정부 지출을 감축하면서 은행 신용을 긴축함으로써 '제2차 공황'이 발생해 거의 제2차 세계대전 참전 시점까지 지속되었다는 것이 일반적인 견해인데(1940년 미국의 실업률은 15%였다), 이처럼 정책이 동시에 변경된 것에 따른 효과는 쉽게 구분될 수 없다는 점이다. 또 한 가지 복잡한 점은 제2차 공황이 「전국산업회복법 National Industrial Recovery Act」과 「전국노동관계법 National Labor Relations Act」 등과 같이 생산을 제약했던 뉴딜정책 조치에 일부 기인했을 수 있다는 점이다.

필자는 히틀러의 독일이 대공황으로부터 신속히 회복한 사례라고 언급했다. 독일은 통행이 제한되는 고속도로(유명한 아우토반)와 전투기, 잠수함, 탱크 등 군수품에 대한 대규모 적자지출과 함께 징병제를 실시해 미국의 실업률이 15% 이하로 떨어지기 몇 년 전에 실업을 해소했다. 일본도 유사한 재무장 계획을 추진해 비슷한 효과를 거두었다. 미국이 제2차 세계대전의 3대 주축국에 대항해 막대한 전쟁 비용을 적자지출한 것은 독일과 일본의 재무장 지출에 상응하며, 3개국 모두 차입에 의한 군비지출이 효과적인 공황 치유법이었던 것으로 보인다. 따라서 이 3개국 사례는 케인스의 주장을 뒷받침하며, 이 사례는 또한 공황이 아닌 상황에서는 가치가 없을 공공지출이 공황에 대해서는 효과적인 해독제가 될 수 있다는 케인스의 주장도 뒷받침함을 주목하자. 케인스는 실업자를 고용해 도랑을 파게 한 후, 다시 메우게 하는 예를 제시했다. 군비지출은 통상적으로 경제적 후생에 전혀 기여하지 않는다는 점에서 도랑 파기 예시(또는 필자가 예시한 도둑고양이 집 공사)와 유사하다. 그러나 3개국의 전쟁 비용에 관한 사례는 현재 공황에 빠진 미국의 환경과 너무나 다르기 때문에 단지 제한적인 지침만을 제공할 뿐이다. 케인스 이론의 힘은 재화와 용역에 대한 민간 수요가 감소함에 따라 유휴 생산 자원이 생기면 해당 자원의 기회비용이 정의상 제로임을 의미하기 때문에(실업자의 휴식의 가치는 무시하고), 차입(또는 중앙은행의 통화 발행)에 의한 공공지출이 저비용으로 그러한 수요 공백을 메울 수 있다는 단순하고 상식적인 논리에 있다. 그러나 이러한 논리가 21세기 미국의 상황에도 적용될 수 있는지 여부는 확립되지 못한 상태다.

거시경제학의 이데올로기 대립

경합하는 가설을 엄격하게 경험적으로 검증할 수 없다면, 그 선택은 선입견의 영향을 강하게 받을 것이다. 공황에 관한 가설에서 선입견은 다시 이데올로기의 영향을 받으며, 이때 우리는 다시 논의의 시발점으로 돌아가게 된다. 공황에 대해 좌파 경제학자들은 규제받지 않는 자본주의가 실패했다는 증거로 보는 경향이 있고, 우파 경제학자들은 공황이 잘못된 정부 정책 때문에 발생하며, 그런 것만 없다면 최악의 경우에도 약한 경기 침체가 가끔 발생할 뿐이라고 믿는다. 이것이 밀턴 프리드먼 Milton Friedman[8]의 견

---

8   프리드먼은 신화폐수량설을 통해, 대공황이 주가 대폭락으로 생산과 가격이 하락한 시점에 연방준비제도가 통화 공급을 감축한 결과로 발생한 것이며, 만일 연방준비제도가 통화를 공급했더라면 미국은 경기 침체 이상의 고통을 겪지 않았을 것이라고 주장하면서 통화정책의 중요성을 강조하는 동시에 케인스학파의 재정 중시 정책에 반대했다. 자유방임주의와 시장기구를 통한 자유로운 경제활동을 주장했으며, 1976년에 노벨 경제학상을 받았다.

해였으며, 그는 연방준비제도의 폐지를 주장한 적도 있었다. 그는 정부와 관리들의 재량에 따른 통화 공급 통제를 통화 공급 증가율을 일정하게 유지하는 규칙으로 대체하기를 원했다(따라서 연방준비제도의 존재가 불필요하다고 보았다). 이러한 접근 방식은 현재 미국 경제 상황에 비추어볼 때 엉뚱하게 보일 수 있다. 그러나 2000년대 초에 이러한 규칙이 시행되었다면, 연방준비제도가 국민경제에 돈을 넘치게 풀어 공황의 발판을 놓을 수는 없었을 것이다. 하지만 그래도 공황이 도래했을 터인데(독자들은 미국으로 유입된 그 모든 자본을 기억하자), 이때 재량권을 가진 통화 당국이 없다면 더욱 재앙적인 상황이 도래했을 것이다.

이데올로기로 말미암아 통화주의자, 케인스학파, 신케인스학파, 신고전학파, 오스트리아학파 간에 거시경제정책을 놓고 대립하면서 의견 일치가 불가능해지고 정치인과 대중은 처음 맞는 황야에서 헤매게 된다. 학자들은 명석하지만, 학파들 간의 대립 자체가 이 분야의 취약성을 시사한다.

이번 위기에서 보수파 경제학자들은 레이건 행정부에서 대통령 경제자문위원장을 역임한 펠드스타인을 제외하고는 미국이 불황이라는 사실을 인정하는 데 늑장을 부렸다. 반면 진보적 경제학자들은 공황 때문에 야기되는 자본주의에 대한 비판론, 공황을 계기로 적극적인 정부가 무엇을 할 수 있는지 보여줄 수 있는 기회 생성 및 불황 때문에 부각되고 뉴스거리가 될 불건전한 기업 관행과 규제의 취약점 등에 관해 시끄럽게 떠들었다. 보수적인 경제학자들이 공황 대책으로서 적자지출보다 감세를 선호한다는 사실은 '큰 정부'에 대한 그들의 적대감을 반영하는 반면, 진보적 경제학자들이 감세보다 공공사업 지출을 선호한다는 사실은 공황을 새로운 뉴딜정책을 추진하는 발판으로 삼으려는 그들의 욕구를 반영한다.

공황의 원인 및 치유책에 대한 경제학의 해석은 아직 이데올로기에 의해 분석이 영향을 받지 않는 수준까지 진전되지는 못했다. 경제학자들이 일반인과 함께 정치적 열정을 공유하는 경제 토론에서 양 경제학파가 훌륭한 주장과 어떤 증거를 제시하더라도, 토론이 경험적 검증으로 해결되지 못한다면 이데올로기에 따라 형성된 선입견이 토론자에게 압도적인 영향을 미칠 것이다.

통화주의자의 케인스학파 전향

그래도 이번 공황은 지난번 공황이 그랬듯이, 경제학자들에게 신선한 사고를 하도록 자극을 줄 것이며, 또한 선험적 분석을 위한 새로운 자료를 제공할 것이다. 이번 공황으로 말미암아 이미 상당히 신선한 생각들이 출현했으며, 예로서 버냉키 의장 측이 그러하다. 그는 보수적인 경제학자이고, 보수적인 경제학자는 정부의 경제 개입을 확대하는 적자지출 프로그램, 특히 그중에서 공공사업과 이전지급 부분을 싫어한다. 그러나 버냉키 의장은 통화정책만으로 공황을 막거나 치유할 수 있을 것이라는 데 의문을 품게 되면서, 경기부양 대책을 지지했다. 많은 경제학자는 통화정책이 미국을 공황으로부터 구제하지 못하는 상황을 보면서, 실질적으로 하룻밤 사이에 프리드먼식 통화주의자로부터 케인스식 적자지출 옹호자로 전향했다. 경제학자들이 이데올로기의 영향을 받지만, 증거를 거부하지는 않는다. 영국의 미들턴 케인스Middleton de Keynes라는 마을 이름에서 '미들턴'이 이미 13세기에 '밀턴 케인스Milton Keynes'로 바뀐 것은 이러한 상황을 예언한 것인 셈이다. 그러나 경제학자들이 프리드먼에서 케인스로 전향한 속도는 (완전한 전향이 아니기 때문에) 공황경제학의 지적 기반이 불안정함을 나타낸다.

이러한 논의는 왜 신문이 경제지와 종합일간지를 불문하고 임박한 위기에 대해 경제학자보다 신경을 더 곤두세웠는가 하는 또 한 가지 의문을 푸는 데 도움이 될 수 있다. 기자들은 버냉키 의장이나 루커스 교수보다 지식은 모자라더라도 최소한 경제이론과 경제역사에서 도출된 선입견에 사로잡혀 공황 예방책으로서 통화정책의 충분성에 대한 의심을 배제하지는 않았다. 기자들은 또한 경제학자들보다 현장에 가까이 있으며, 이 때문에 기자들은 주택 거품이나 위험한 모기지 대출을 뉴스를 통해 알게 된 연방준비제도나 학계보다 먼저 지역 차원에서 그것을 감지할 수 있었을 것이다.

또 하나 차이점을 들면, 언론은 ≪이코노미스트≫처럼 차분한 논조를 취할 때에도 극적 요소, 즉 갈등과 불안, 불협화음과 불연속성 등을 먹고산다. 거품과 은행의 지급불능은 가계의 재산과 식구의 증가, 건축자재 가격 상승 등 근본적 요인에 따른 주택 가격 상승보다 더 자극적인 경제 뉴스다. 기자들은 말썽의 신호를 본능적으로 감지하지만, 그 이면에는 전문가와 관리들이 기자들의 경고를 무시하는 경향이 있다.

A FAILURE OF CAPITALISM

제9장

누구의 책임인가

필자는 공황의 주된 책임이 민간 부문에 있다고 주장했는데, 시티그룹이 대출의 리스크를 늘리기로 한 것이 그 본보기다. 그리고 우리가 경기 침체를 자주 맞이하므로, 정부가 경기 침체를 예방할 수 있다고 기대하는 것은 아마도 비현실적일 것이다. 정부가 일부는 예방하고 일부는 약화시킨다는 정도가 정부로부터 기대할 수 있는 최선임이 확실하다.

그러나 미국이 대공황을 경험했고, 당시와 그 이후에 재발을 방지하기 위해서 고안된 도구들을 감안하면, 사람들은 경기 침체가 공황으로 진전되지 않도록 정부가 예방할 수 있었다고 기대했을 것이다. 미국인들은 정부가 2008년 가을에 취한 조치와 이후에 취할 조치에 힘입어 이번 공황이 대공황 때처럼 심화되지는 않을 것으로 기대한다. 그러나 이러한 조치에는 많은 비용이 수반된다. '공황'이라는 용어는 여전히 금기시되지만, 정부의 조치는 미국이 진정으로 공황 상태에 있다는 새로운 믿음을 반영한다. 정부의 조치가 경제에 장기적으로 악영향을 줄 수도 있다. 더구나 미국의 공황이 촉발한 전 세계적 불황은 세계 평화 및 미국의 국제 평판과 영향력 면에서 불길한 조짐이다. 따라서 경기 침체를 시장 탓으로 돌릴 수 있지만, 정부의 개입이 없다면 경기 침체가 공황으로 전환될 것이다. 정부가 대공황을 겪고 나서 경기 침체가 공황으로 전환되지 않도록 예방하는 방법을 학습(우리는 정부가 학습했다고 생각했다)하기 전에는, 정부가 개입하지 못한 사이에 경기 침체가 공황으로 쉽사리 발전했었다.

그렇다고 정부가 책임에서 자유로운 것은 아니다. 정부는 경기 하강을 막기 위해 적시에 일관된 조치를 취하지 못했다.

책임의 기원

실패의 씨앗은 1970년대에 은행과 신용에 대한 규제 축소를 추진하면서 뿌려졌다. 실패의 씨앗이 싹튼 것은 클린턴 대통령 행정부 때였는데, 그 사이에 주택 거품이 시작되고, 「글래스스티걸법 Glass Steagall Act」(상업은행을 투자은행으로부터 분리한 법) 폐지로 은행 규제 완화가 절정에 이르렀으며, 신종 금융상품, 특히 신용부도스와프를 선물거래소의 규제하에 두지 않기로 결정했다(만일 신용부도스와프를 규제해 거래소의 감독하에 두었더라면 이 신상품의 범위, 위험성 및 가치에 대해 공시가 이루어졌을 것이다). 클린턴 시대 미국의 경제정책을 좌지우지한 그린스펀 의장과 루빈 재무장관, 서머스 재무장관이 주택과 은행업계의 거품을 하늘로 치솟게 만든 동력이 형성되도록 허용한 것이다.

부시의 잘못된 인사

그러나 부시 행정부가 경제를 잘못 관리하지 않았더라면 공황은 오지 않았을 수도 있다. 2004년에 부시 대통령이 그린스펀 의장을 재임명한 것을 비난할 수는 없다. 그린스펀은 매우 높은 평판을 받았는데, 그의 평판이 부풀려진 것이고 17년 동안 그 자리에 너무 오래 있었다는 사실은 지나가고 나서야 판단할 수 있는 것이다. 그리고 버냉키 의장은 2006년에 그린스펀의 후임자로서 최적인 듯 보였지만, 그도 중대한 과오를 저질렀다. 그해에 폴슨을 재무장관으로 임명한 것도 지나고 나서 보면 잘못이었지만, 당시에는 근거가 있는 인사였다. 하지만 버냉키 의장과 폴슨 재무장관이 임명되던 시점이면, 손상은 상당히 발생해 있었고, 그리고 이들이 새로운 업무에 속도를 내려면 시간이 필요했다. 부시 행정부에서 폴슨의 후임 재무장관으로 들인 폴 오닐 Paul O'Neil 과 존 스노 John Snow 는 금융 전문가가 아니었다. 그리고 버냉키 의장은 그린스펀이 드리운 긴 그림자 속에 있었다.

부시 대통령이 2002년 12월에 자신의 핵심 경제고문인 로런스 린지 Lawrence Lindsey[1] 국가경제위원회 NEC 위원장을, 임박한 이라크 전쟁 비용이 적지 않을 것(그가 비용을 매우 과소평가했는데도)이라고 정부의 견해와 다르게 예측했다는 사유로 해임한 것은 잘못이었다. 하버드 경제학 박사 및 교수 출신으로 연방준비제도 이사를 역임한 린지는 1990년대에는 닷컴 거품을 경고했으며, 그보다 훨씬 위험한 주택 거품을 간파해서 대응 조치를 자문하는 데에 부시 행정부에서 어느 누구보다 가장 신속했을 고위관료였다. 후임 국가경제위원회 위원장인 스티븐 프리드먼 Stephen Friedman,[2] 앨런 허버

---

[1] 하버드 경제학과 교수 출신으로서, 부시 대통령의 자문역 당시 1조 3,500억 달러의 감세 정책을 주도하여 경기 하강 대응책을 마련했으며, 이라크 전쟁 비용이 2,000억 달러에 달할 것이라는 추정을 한 후 경질되었다.

드 Allan Hubbard, 키스 헤네시 Keith Hennessey는 모두 경제학자가 아니었으며, 경제정책에 가시적인 역할을 하지 못했다(2009년에 서머스 전 재무장관이 국가경제위원회 위원장에 취임했다). 버냉키가 2006년 연방준비제도이사회 의장으로 진출하면서 그로부터 자문위원장을 물려받은 에드워드 러지어 Edward Lazear는 우수한 경제학자이지만 거시경제 또는 금융보다는 노동경제학이 주전공이었다. 당시 부시 대통령의 백악관에는 공황을 다룰 수 있는 인물이 없었으나, 이후 사정이 바뀌었다. 거시경제학자로서 러지어의 후임 경제자문위원장인 크리스티나 로머 Christina Romer [3]는 공황경제학 전문가다.

재정 적자 문제

지나고 나서야 그 중대함이 드러난 것이지만, 부시 행정부가 경제 관리를 잘못한 또 한 가지는 재임 중 적자예산을 운용해 국가 부채 규모를 크게 늘려놓은 것이었다. 금융위기 발생 이전의 국가 부채가 너무나 커서 미국 경제가 회복 노력의 일환으로 시행될 거대한 지출을 흡수하려면 불가피하게 심각한 장기 부작용이 발생할 것이다.

예산 적자에는 또 다른 한 가지 중요한 의미가 있다. 예산 적자를 메우기 위해 미국의 외국자본 의존도가 높아졌다. 이 때문에 중국, 일본, 독일 등 수출 지향 국가들이 미국에 수출하는 대가로 받은 달러를 미국에 재투

---

2 골드만삭스 출신으로, 2006년부터 부시 대통령의 자문위원장 및 뉴욕연방준비제도이사회 의장이었으나, 2008년 월스트리트 구제금융 당시 뉴욕연방준비제도에서 사임했다. 현재 오바마 대통령의 정보 자문 위원장으로 있다.
3 MIT 경제학 박사 출신으로, 프린스턴 대학교와 UC버클리에서 교수를 역임했고, 대공황의 회복 과정을 연구했다. 오바마 대통령의 일자리와 경쟁력 자문위원회(President's Council on Jobs and Competitiveness)에 참여했다.

자하는 교역 정책을 가속화했고, 이러한 외자 유입 패턴이 달러 금리를 낮춤으로써 미국 공황에 발판을 놓고 그 국가들도 다시 영향을 받는 데 기여했다.

대응전략의 부재

경제학계가 근본적 정책 이슈를 둘러싸고 분열됨으로써 경제정책이 정치적 선호에 따라 결정되었다. 자유시장, 친기업 및 반ㅉ규제를 중심으로 하는 교조적 이데올로기가 공황이 닥칠 때까지 부시 정부의 경제적 사고와 규제(또는 정책)을 지배하게 되었고, 막상 공황이 닥치자 이데올로기는 뒷전으로 밀렸다. 그때까지 콕스 위원장 이하 증권거래위원회의 직무태만은 부시 행정부 경제철학의 단면이었다. 은행의 위험한 대출을 견제하려는 정책은 거의 없었으며, 2008년 3월 베어스턴스 구제 조치가 시행될 때까지, 그리고 그 이후에도 6개월 동안(말하자면 은행 시스템이 붕괴할 때까지) 은행 시스템을 지키기 위한 정책도 거의 없었다. 9월 중순에 붕괴가 도래했을 때 정부가 주요 금융회사들을 구제하고자 민첩하게 움직인 것은 사실이다. 그러나 정부가 악화 일로에 있는 금융시장에 너무 늦게 개입했을 뿐 아니라, 리먼브러더스를 파산하도록 내버려두는 결정을 내렸는데, 이 결정은 차츰 심해지는 폭풍에 대응하는 과정에서 지금까지 최대의 실수였던 것으로 보인다.

리먼브러더스는 약 1,650억 달러의 무담보채무를 불이행했지만, 이 금액만이 문제된 것이 아니었다. 리먼브러더스는 미국 최대의 기업어음CP 딜러였고, CP는 대기업(블루칩)들이 단기로 발행하기 때문에 안전한 자산으로 간주되었다. CP의 주 고객은 MMF였고, MMF는 완전히 안전하다고 간주되었기에 낮은 금리를 지불했다. 리먼브러더스는 CP의 발행자와 MMF 간 중개자였고, 리먼브러더스가 갑자기 파산하자 신용시장의 상당 부분을 점유하는 CP시장이 얼어붙었다. 리먼브러더스의 파산으로 결국 CP가 그다지 안전하지 않다는 사실이 드러났고, 따라서 자금시장에서 CP의 매입이 끊기자 발행자들도 CP 발행을 중단했다. CP 발행자들은 은행에 스탠드바이 신용한도(신용한도 약정 — 옮긴이)를 확보하고 있었지만, 이들이 한꺼번에 이 신용을 끌어 쓰려고 하자 은행의 신규 대출 여력이 더욱 축소되었다. 필자가 전술하지 않았지만, 구제금융을 받았는데도 은행계에서 신규 대출이 거의 이루어지지 않았던 한 가지 이유는 은행이 기존 한도 대출 약정을 지키는 데 구제자금을 사용하지 않을 수 없었다는 것인데, 자금이 부족한 기업들로부터 그 약정을 이행하라는 독촉이 빗발친 것이다.

리먼브러더스는 신용부도스와프 시장에서도 매우 활발히 거래하고 있었다. 리먼브러더스는 전 세계 은행과 스와프 계약을 맺고 있었다. 상대 은행은 리먼브러더스가 스와프 채무를 불이행할 경우 자신들이 어느 정도 보호를 받는지(보험을 매수한 경우) 혹은 보험을 판매한 경우 리먼브러더스에 어느 정도의 책임을 부담할 것인지(리먼브러더스가 파산했으므로 리먼브러더스의 채권단에 대해서라는 의미다) 걱정했다.

리먼브러더스는 또한 신용장 시장에서도 전략적인 입지를 구축하고 있었다. 신용장은 거래가 신용장의 조건대로 이행된다는 것을 보장하는 은행 보증서로서, 국제간 무역의 사실상 필수품이다. 이미 세계적인 신용경색으로 국제무역이 감소하던 시기에 리먼브러더스의 파산은 국제무역을 둔기로 때리는 격이 되었다.

리먼브러더스가 갑자기 파산하면서 CP시장과 같은 중요 시장에서 자금 대차가 동결되자 정부가 7,000억 달러의 구제금융 등 즉각적인 조치를 취했다. 그러나 신용시장이 동결된 주원인이 은행의 지급불능이 아니라 단지 불확실성 때문이라는 잘못된 믿음 때문에 정부의 구제금융 시행은 지연되었다. 그리고 리먼브러더스가 파산을 선언한 다음 날 정부가 은행권에 7,000억 달러를 융자하여 은행 시스템의 지급불능을 막겠다고 발표했더라도 너무 늦은 시점이었을 것이다. 이는 이미 피해가 발생해버렸기 때문이다. 리먼브러더스가 파산할 정도라면, 어떤 금융기업도 파산할 수 있었다. 이러한 상황에서 어떤 금융기업이든지 수령한 구제금융 자금을 현금이나 현금에 상당하는 국채 형태로 보유하지 않고 대출하는 데 투입한다면 무모하기 짝이 없을 것이다.

리먼브러더스의 구제 실패는 이후 수개월간 중요성이 커진 또 하나의 결과를 낳았는데, 바로 정부의 위기관리에 대한 신뢰가 흔들린 것이다. 특히 정부가 7,000억 달러의 구제금융에 실패하고 뒤이어 자동차산업 구제에 대해 모호한 태도를 취한 것이 불신을 심화시켰다. 정부는 애초 7,000억 달러의 구제금융 자금 일부를 비금융회사를 구제하는 데 사용하는 것이 합법적이 아니라고 했다가, 의회가 자동차산업 구제법안을 부결한 후에는 의회 승인 없이도 구제자금 일부를 자동차회사에 지원할 수 있다고 말을 바꾸었다. 이러한 태도 전환으로 버냉키 연방준비제도이사회 의장과 폴슨 재무장관이 자신들에게 리먼브러더스를 구제할 법적 권한이 없었다고 한 그들의 주장은 설득력을 잃었다. 그들이 자동차회사를 합법적으로 구제할 수 있다면, 지급불능의 투자은행도 합법적으로 구제할 수 있었을 것이었다. 정부가 전략을 갖고 있지 않다는 사실, 즉 경제 위축을 막기 위해 필사적으로 노력하지만 위기에서 좌충우돌하고 있음이 점차 명백히 드러났다.

불확실성 초래

　기업 경영에는 상당히 안정된 정치 환경이 필요하다. 구제금융 계획이 완전히 특별한 경우였기에, 은행은 자기 위치가 어디인지 알지 못했다. 민간 부문에 의한 은행자본 확충은 불확실성 탓에 불가능했다. 정신이 온전한 사람이라면 은행이 곤경에 처할 때 정부가 어떻게 처리할지도 모르면서 누가 은행에 투자하겠는가? 은행으로서는 정부로부터 받은 자금을 대출했다가 채무자가 부도를 낼 경우 정부가 추가 지원을 해줄지 여부를 알지 못하면서 대출한다면 바보짓일 것이다. 연방준비제도와 재무부는 미국 은행업계의 자본 확충이 필요하게 될 줄은 꿈에도 몰랐으므로, 당연히 자본 확충 계획을 세워두지 못했다. 이는 무엇보다 폴슨 재무장관과 그의 참모들이 2009년 1월 20일에 이임하면서 새로운 행정부 후임자들에게 업무 추진 계획을 남기지 않았다는 것을 의미했다. 정부의 구제 계획 운영이 '투명성'과 '객관성'(이것은 아마 나중에 변했을 것이다)을 결여했다는 비판은 옳다. 그러나 더 단순하고 중요한 사실은 은행이 자신에게 어떤 상황이 발생할지 알지 못했으며, 따라서 당연히 대출을 더욱 기피하게 되고(자본이 부족하므로) 민간 자본 유치에도 더욱 어려움을 겪게 되었다는 것이다. 규제가 정비될 것이라는 전망은 은행의 불확실성과 마비 상태를 심화시킬 뿐이었다.

　만일 공황을 다루기 위한 비상계획이 있었더라면, 보수파는 특히 경기부양 대책에 대해 비판하고, 진보파는 특히 구제금융에 대해 비판하는 상황에서 불황 대책이 덜 정치화되었을 것이다. 전문가는 정치성이 배제된 계획을 수립했을 것이고, 노골적으로 정치적인 목적임이 드러나는 대책을 추진하는 정치인은 전문가의 조언을 물리쳐야 하는 부담을 안았을 것이다. 부시 대통령이 점증하는 위기에 관심이 없다거나 관여하지 않는다는 인상을 준 것도 도움이 되지 않았다. 미국 대통령을 금융 전문가로 기대하는 사람은 없다(롬니 Mitt Romney[4] 라면 첫 번째 사례가 될 수 있을 것이지만 말이다). 대통령을 군사 전문가로 기대하는 사람도 없지만, 그가 전쟁의 방향을 전체적으로 지휘할 것으로 기대하며, 그와 마찬가지로 공황을 막기 위한 싸움에서도 대통령의 지휘 역할을 기대한다. 미국과 세계의 대중은 미국 대통령이 자신의 모든 열정을 금융위기에 집중하고, 기본적인 것을 파악하며, 국가와 세계 앞에 자신 있고 안심시키는 논조로 연설하는 가운데, 어려움을 경시하지는 않되, 단순하고 겸손한 용어로 어려움을 설명하고, 능력과 결의에 찬 리더십을 보여줄 것으로 기대했을 것이다. 부시 대통령은 (어쨌든 외부 세계나 대통령의 국가경제위원회, 경제자문위원회에서 보기에는) 그 역할을 버냉키 의장이나 폴슨 재무장관이 대신하도록 넘겼으나, 그 두 사람은 정치인이 아니었으며, 비상사태에서 요구되는 의사소통 솜씨를 갖추고 있지 못했다. 하지만 적어도 부시 대통령은 버냉키 의장과 폴슨 장관의 실용적인 대책이 보수파의 주장에 막히게 두지는 않았으며, 그러한 대책이 없었더라면 금융위기는 훨씬 더 악화되었을 것이다.

버냉키 의장과 폴슨 장관이 다음에 취할 조치가 무엇인지에 대한 불확실성 위에 2009년 1월 20일 출범한 오바마 행정부가 취할 조치가 무엇인지에 대한 불확실성이 겹쳤고,[5] 게다가 민주당이 주도하는 강경한 의회가 새로운 행정부에 어떤 정책을 허용할지에 대한 불확실성이 다시 가중되었다. 이러한 여러 불확실성은 정부의 경제 관리 능력에 대한 의구심과 결합해 기업의 계획 수립이 불가능한 여건을 만들었다.

---

4 사모투자회사인 베인 엔드 컴퍼니(Bain & Co)를 성공적으로 경영한 CEO 출신으로서 2008년 미국 대통령 선거 당시 공화당 경선에서 탈락했으나, 2012년 11월 대통령 선거를 앞두고 공화당 후보가 되었다. 하지만 대통령 선거에서는 민주당의 오바마에게 패해 대통령 당선에 실패했다.
5 재무장관은 2009년 1월 26일 티머시 가이트너로 교체되었다.

미국 의회가 종래 주택 보유율을 높이기 위해 위험한 모기지 대출을 밀어붙인 것은 열린 문을 미는 격이었으므로 비난받을 여지가 적으며, 그보다 경제 회복을 위해 지금까지 의회가 주로 보인 싸움질과 자기과시적 행동, 그리고 민중 선동과 정책 결정 지연에 대해서 비난받는 것이 마땅하다. 의회는 경제적인 균형감각 없이 운영된다. 의원 대부분은 경제위기를 이해하지 못하며, 이를 정치적으로 득점할 기회이자 당장의 필요성과 무관한 정치적 현안을 진전시킬 기회로 이용하려고 든다. 이 점은 의원들이 공황 속에서 노동조합 결성을 열심히 추진한 사실로 반증된다.

연방준비제도이사회 의장의 역할

그린스펀과 버냉키가 연방준비제도이사회 의장직을 잘못 수행한 것을 금융위기가 발생해 공황으로 진전된 주원인으로 간주해야 한다. 그린스펀은 자신의 엄청난 명망에 힘입어 금리를 인상함으로써 주택 거품을 가라앉히고, 상업은행에 대한 연방준비제도의 통제권을 더욱 단호하게 행사함으로써 위험한 대출을 억제할 수 있는 재량권을 쥐었으나, 이를 사용하지 않았다.

그는 거품이 형성되더라도 터지기를 기다렸다가 금리 인하로 깨끗이 정리함으로써 정치적 논란을 피할 수 있다고 여겼다. 그는 과거의 성공에 갇힌 포로였다. 과거 1988년 LTCM 헤지펀드가 파산했을 때, 2000년에 닷컴 거품이 터졌을 때, 그리고 9·11 테러 공격으로 주식시장이 가라앉았을 때에는 그의 전략이 주효했다. 그러나 매번 경제에 돈을 쏟아부을 때마다 다음 거품의 발판이 형성되었고, 동시에 재계로 하여금 연방준비제도는 거품이 터질 때마다 금리 인하를 통해 연착륙을 보장한다고 믿게끔 안심시켰다. 버냉키 의장도 전임자와 비슷하게 주택 거품의 붕괴, 2007년 컨트리와이드Countrywide 모기지회사의 붕괴 위기, 2008년 봄 베어스턴스 붕괴 등의 여파를 금리 인하로 중화할 수 있다고 생각했음이 분명하다.

워털루전투를 승리로 이끈 웰링턴 장군1st Duke of Arthur Wellesley Wellington은 큰 승리는 곧 큰 위험이라고 말했다. 성공은 자만을 잉태한다. 또는 영국의 시인 블레이크William Blake가 말했듯이, 저주는 긴장하게 하지만, 축복은 마음을 이완한다. 그린스펀은 승리의 월계관을 씀으로써, 자신과 후임자에게 새로운 사고를 바탕으로 새로운 위기에 직면하도록 준비시키지 못했다.

또 하나의 착안점은 1970년대에 저성장과 높은 물가 상승률이 얼핏 불가사의하게 결합한 스태그플레이션이 발생한 이후로, 경기순환을 연구하는 거시경제학자들이 집착한 문제는 고금리를 유지하되 경기 침체를 촉발하지는 않을 만큼만 금리를 높여서 인플레이션을 방지하는 것이었다. 2000년대 초에 그린스펀 의장은 불가능한 일을 가능케 한 것으로 보였다. 즉, 저금리를 유지하면서도 물가 상승은 감내할 만한 범위 내에서 이루어졌다. 실제 현실은 중국 등지에서 들어온 저렴한 수입품과 생산성의 건실한 증가로 대부분의 재화와 용역 가격이 낮게 유지되었고, 그린스펀 의장의 통화정책으로 발생한 물가 상승 압력은 소비자물가지수에 그다지 영향을 주지 않는 자산 가격, 특히 주택 가격 쪽으로 전환된 것으로 보인다. 부동산 거래는 차입에 크게 의존하므로 차입비용이 낮으면 부동산 수요가 증가한다. 주택은 극단적인 내구재이므로, 주택의 총량은 아주 느리게 증가하며, 주택 공급은 비탄력적이다. 따라서 주택 수요가 늘면 공급이 새로운 수요를 따라잡지 못하므로 가격이 급등할 수 있다.

미국이 과도한 물가 상승 없이 저금리를 유지할 수 있다고 생각되자 경기 침체에 대한 우려가 사라졌다. 저금리가 경제활동을 촉진하고 따라서 경기 침체의 위험을 줄여주기 때문이다. 저금리로 말미암아 인플레이션이 발생할 때가 경기 침체의 우려가 나타나는 시점인데, 이는 연방준비제도가 인플레이션을 억제하기 위해 금리를 인상할 동기를 갖기 때문이며, 1980~1982년의 극심한 경기 침체의 원인도 바로 이것이었다.

그러한 저금리에 따른 신용 붐이 경기 침체 내지 공황을 야기할 가능성이 있다는 사실이 정책당국의 레이더망을 벗어난 것은 부분적으로는 저금리와 금융 규제 완화의 시너지 효과가 간과되었기 때문이다. 이것은 미국이 제2차 세계대전에서는 승리했지만, 베트남에서는 게릴라전에서 약점을 드러내 기습을 당한 것과 같은 꼴이었다. 미국은 앞서 필리핀 등지에서 게릴라전을 풍부하게 경험했으나, 그것은 이미 옛날의 역사 같았다. 이와 비슷하게 몇 달 전까지만 해도 대공황이 옛날 역사 같았다.

누구의 책임인가

따라서 탓해야 할 대상이 두루 있으며, 앞서 필자가 이야기했듯이 위기의 시기에 대통령 선거와 정권 교체가 이루어지고 크리스마스 쇼핑 시즌이 겹치는 등 우연한 요소 탓도 있었다. 따라서 자유시장의 실패, 경제학의 실패, 정부의 실패가 있었던 데다가, 약간의 운도 작용했다.

일부 독자들은 필자가 연방준비제도와 경제학계에 대해서 너무 비판적이면서 금융업자들은 너무 가볍게 봐주는데 이는 이번 공황이 자본주의의 실패라는 필자의 주장과 일관되지 않는다고 생각할 수 있다. 그런데 필자는 금융업자들에게 공황에 대한 일차적 책임이 있지만, 도덕적으로 질책하는 의미에서 그들을 비난할 수는 없다고 생각한다. 그것은 사자가 얼룩말을 잡아먹는다고 비난할 수 없는 것과 같다. 자본주의는 다윈의 진화론에서 말하는 것처럼 적자생존의 상황이다. 기업인들은 자신의 금전적 이익을 증진하기 위해 (대개 합법적인 범위 내에서) 위험을 부담한다. 사자가 얼룩말의 번식 속도보다 빠르게 얼룩말을 잡아먹으면 문제가 생길 것이라고 우려해 얼룩말 한 마리를 살려주는 것이 말이 안 되듯, 개별 기업인이 은행업계의 불안정성 때문에 자신과 경쟁자의 의사 결정으로 공황이 촉발될지를 우려하는 것도 말이 안 된다. 은행에 위험한 대출을 하지 말라고 이야기하는 것은, 경제기자 제프 매드릭Jeff Madrick[6]의 과장된 표현을 빌리자면, 은행이 '손쉬운 이익을 무제한 추구한다'라거나 '자신의 이익을 위해 부당하게 큰 위험을 취하여 국가의 신용 시스템과 이제는 국민경제 자체를 위태롭게 한다'라고 질책한다면, 또는 주택 구입자에게 갚을 수 없는 모기지 대출을 받는다고 질책한다면, 사자와 얼룩말더러 둘 사이에 울타리를 치라고 이야기하는 것과 같다.

저명한 거시경제학자인 크루그먼처럼 사정을 잘 아는 언론인과 정치인, 일부 인사들이 월스트리트를 비난하는 데 몰두해 있다. 이들은 표적을 잘못 잡았다. 위험한 대출로 인한 경제의 붕괴를 막을 울타리를 치는 것은 정부가 져야 할 책임이다. 돈을 벌기 위해 경쟁하는 자본주의가 다윈의 적자생존의 논리라는 것과 같은 의미에서, 정치인들이 득표 경쟁을 벌이는 정치도 적자생존이라는 것은 맞는 말이다. 그러나 연방준비제도는 연방법원이 그러하듯이, 완전하지는 못하지만 정치로부터 상당히 절연되어 있다. 30년 동안 연방준비제도이사회 의장직은 연준의 적절한 역할에 대한 학계의 생각에 귀를 기울이는 경제학자들이 맡아왔다. 가장 최근의 의장인 그린스펀과 버냉키는 중대한 경제적 실책을 저질렀다. 그러나 비난의 대상은 그 두 사람의 경제 실책이 아니다. 그 실책은 거시경제학과 금융이론 분야의 다른 전문가도 널리 공유하는 만큼, 의장의 개인적 실패로 간주할 수 없

---

6 ≪챌린지(Challenge: The Magazine of Economic Affairs)≫의 편집장이다.

다. 화학에서 결정화結晶化에 대한 완전한 이해가 아직 이루어지지 않았다고 해서 화학자를 비난할 수 없듯이, 경제학자들이 공황의 원인과 치유법을 완전히 파악하지 못했다고 해서 경제학을 탓할 수는 없다. 모든 과학이 미해결 과제를 안고 있다. 버냉키와 그린스펀 의장 또는 학계를 비난할 수 있는 것은 그들이 불황을 어떻게 막을지 잘 알고 있다고 과신했으며, 그 결과로 경고 신호에 주목하지 못하고 대비하지 못했다는 점이다.

생존하는 거시경제학자 가운데 가장 위대한 루커스는 2003년 1월 미국경제학회 회장으로서 행한 연설에서 다음과 같이 언급했다.

> 거시경제학은 1940년의 대공황에 대한 지적 대응의 일환으로서 독립적인 분야로 탄생했다. 당시 거시경제학이라는 용어는 그러한 경제적 재앙의 재발을 방지할 것으로 기대되는 전문지식의 집합을 일컬었다. 이 강의에서 나의 논지는 이러한 애초의 의미에서 거시경제학이 성공했다는 것이다. 공황을 예방한다는 거시경제학의 핵심 문제는 사실상 해결되었으며, 실제로 수십 년 동안 해결되어왔다(강조는 지은이).

필자는 그가 이제는 이렇게 말하지 않을 것이라고 생각한다.

자산 가격 거품이 국가의 은행산업을 위태롭게 할 수 있고, 은행산업이 무너지면 국가가 1930년대 같은 공황에 빠질 수 있다는 사실은 잘 알려져 있었다. 그리고 일찍이 2003년에 주택산업에 거품이 형성되고 있다는 경고가 평판 좋은 출처로부터 나왔다. 사전 계획이 없었던 탓에 주택 거품이 형성되고 팽창해 터질 때까지 용인했고, 신용 거품도 마찬가지였다. 그리고 2008년 9월 대폭락이 닥치자 필사적으로 급조한 일련의 정책으로 이에 대응했는데, 그러한 급조 대책이 기업과 일반 대중에게 정부가 두려워하고 부풀리며 우유부단하다는 인상을 줌으로써 위기를 오히려 심화시켰다.

A FAILURE OF CAPITALISM

제10장

앞으로 나아갈 길

공황의 지속 기간과 강도를 제한하기 위해 취하는 구제금융, 금융완화, 경기부양, 주택 경매 동결 조치와 같은 긴급 조치는 단지 피해 수습일 뿐이다. 그것도 고비용의 피해 수습이다. 공황을 치유하는 것이 잃는 것보다 낫지만, 그 자체가 불행이다. 우리는 재차 공황이 도래할 가능성을 줄이는 방법을 지금부터 강구할 필요가 있는데, 가장 중요한 것은 연방준비제도와 재무부가 불행히도 수립하지 못한 비상계획을 반드시 수립해야 한다는 점이다. 우리는 지난번 공황이 75년 전에 발생했으므로, 다음번 공황 방지에 관해 가령 2080년까지는 우려할 필요가 없다고 말할 수는 없다. 그렇게 말하는 것은 신중하지 못하다. 요즘에는 모든 사건이 더 빨리 발생할 뿐 아니라, 발생 확률이 낮은 사건도 아무 때나 발생할 수 있기 때문이다.

 이번 공황을 초래한 세력은 다시 모일 때까지 80년(1929~2009)을 기다리자고 할 만큼 기억력이 좋지는 못하다.

규제의 방향

이번에는 과도한 규제 완화, 경고 신호의 무시, 개인 저축의 감소와 저축의 안전성에 관한 태평함이라는 세 가지 큰 예방 실패가 있었다. 이러한 실패는 최소한 어느 정도 교정할 수 있다. 앞의 두 가지 예방 실패는 상호 연관된다. 연방준비제도, 연방예금보험공사, 증권투자자보호공사, 증권거래위원회, 원자재선물거래위원회CFTC, 연방주택청, 연방주택금융청, 주택사업감독실, 전국신용조합청, 재무부 및 그 산하 기관(통화감사관과 저축기관Thrift감독실 등)을 비롯한 수많은 연방금융규제기관이 있는 데다, 50개 주별로도 각각 은행과 보험위원회가 있어서 규제권의 단편화, 조정력 부재, 영역 싸움, 헤지펀드·유사은행·신금융상품과 관련한 큰 규제 격차, 금융시장의 새로운 문제에 관한 정보의 종합 및 분석 능력 부재와 같은 폐단이 발생했다.

은행은 조직 형태를 약간만 변형하면 어느 기관의 규제를 받을지 선택할 수 있다. 독일과 영국처럼 규제기구를 통합하면(부분 통합안은 2008년 3월 재무부가 제시했다), 금융시장을 효과적으로 규제하고 금융위기를 초기에 탐지할 수 있는 정부의 능력이 개선될 것이다. 국가 간 은행 시스템의 상호 의존성을 감안할 때, 국제적인 금융감독기구도 필요할 것이다.

그리고 안전한 개인 저축(과대평가된 주식이나 모기지가 과다하게 설정된 주택은 해당하지 않는다)이 공황을 막는 중요한 견제 요소이고, 과도한 개인 차입은 공황을 부르는 위험 요소이기 때문에, 신용카드와 모기지 대출, 그리고 손쉬운 신용 전반에 대해서, 또한 파산 선언으로 부채를 정리할 수 있는 권리(과도한 차입을 조장한다)에 대해서 한도를 설정하는 방안을 검토해야 한다. 다른 바람직한 규제 개선으로는 레버리지 제한, 신용평가 기준 강화, 신용평가회사가 받는 보수 체계 변경, 은행의 고유계정 트레이딩prop trading(자기자본의 트레이딩 활동으로서 자본을 위험에 노출한다) 금지, 은행 자본구조의 위험성을 좀 더 현실적으로 고려하도록 지불준비율 조정, 사모투자펀드와 헤지펀드 공시 확대, 신용부도스와프의 거래소 매매 및 담보 설정 의무화, 고리대 제한법 부활 등을 생각해볼 수 있다.[1]

그러나 지금은 금융산업을 재편하거나 다시 규제할 시기가 아니다. 재편에 반대하는 논거는 더욱 명확하다. 국토안보부를 설립하면서 경험했듯이 대대적인 연방기구 재편(주 단위 및 대외적 금융 중개업 규제까지 망라하는 재편성은 말할 것도 없다)이 구체화되는 데 수년이 걸리며, 고통이 증가하는 이 기간에는 재편된 기구에 맡겨진 임무의 수행 효율이 재편 이전 체제에서보다 떨어질 것이다. 그리고 이러한 사실과 별개로 이번에 기구 재편을 설계하고 감독할 소수의 고위 경제 관리들이 경제 긴급 사태를 처리하느라 여력이 없다는 사실도 고려해야 한다.

이번 기회에 금융중개업을 재규제하자는 데 반대하는 논거에는 미묘한 측면이 있는바, 여기서 '규제'의 두 가지 의미를 구분할 필요가 있다. 규제란 한 측면에서는 규제의 틀, 즉 규제기관의 권한과 한계를 설정하는 법률을 의미한다. 다른 측면에서는 규제가 규제체제, 즉 실제적인 규제행정을 의미하며, 여기에서는 법률에 의해 설정된 한계 내에서 관리들의 재량권 행사를 수반한다. 일반적으로 '규제 완화'란 시장을 더 자유롭고 경쟁적으로 만들기 위해 피규제 기업에 통제를 완화하는 방향으로 규제의 틀을 변경하는 것을 의미한다. 이러한 의미에서 금융산업의 규제 완화 움직임은 1990년대에 대략 완결되었다.

---

1 2010년 7월 제정된 「금융개혁법」에 의해 예금취급기관 및 그 지배회사의 자기매매(proprietary trading) 헤지펀드, 사모투자전문회사의 지분 취득 및 경영 지배를 원칙적으로 금지[볼커 룰(Volcker rule)]했다. 스와프에 대해서 등록된 청산기구 이용을 의무화했고, 헤지펀드의 증권거래위원회 등록을 의무화했다. 모기지 대출업자에 대해서 정보 제공 및 차주 상환 능력 고려를 의무화했다.

그러나 규제 틀의 완화는 통상 불완전하고 어떤 경우에도 미완성이므로 '규제 완화'가 또한 규제체제의 변경을 가리킬 수 있다. 이러한 의미에서 규제 완화는 계속 장족의 발전을 이룩했는데, 2000년대 들어서 그것이 실책으로 판명되었다. 그린스펀 의장은 의회가 연방준비제도에 부여한 방대한 재량권을 행사하면서 금리를 끌어내려 낮게 유지하기로 결정했다. 그린스펀과 후임자 버냉키는 또한 연방준비제도가 은행 영업에 대해 방대한 통제권을 가지고 있지만 가볍게 규제하기로 결정했다. 특히 연방준비제도는 은행의 자본이 너무 위험하다고 판단하면 은행의 지불준비율 요건을 강화(따라서 은행의 대출 여력을 제한)할 수 있다. 부시 행정부는 금융 부문에 손을 대지 않는다는 확고한 자세를 취했고, 이는 콕스 위원장 시절 증권거래위원회의 수동적 자세에서 전형적으로 나타났다. 곧 무너질 듯한 규제 틀 속에 직무에 태만한 규제체제가 있었다. 클린턴 행정부에서 인종차별과 성차별을 중시했던 인권체제가 부시 행정부에서는 종교적 차별을 중시한 인권체제로 바뀌었듯이, 이 모든 것도 변화할 것이다. 그러나 적극적이기 마련인 새로운 규제체제가 기존의 규제 틀 내에서 성과를 내기 전에(버냉키 의장은 낙제생이지만 새로운 규제체제에 기꺼이 참여할 것이다), 규제 틀을 바꾸는 것은 성급하다.

그리고 추가적인 이유를 들자면, 재규제는 기구 재편보다 행정적으로 덜 복잡하겠지만(기구 재편이 최대한 이루어지기 위해 포함해야 할 연방과 주의 규제기관은 수없이 많다) 지적으로 더 도전적인 과제라는 것이다. 우선 현대의 금융중개업은 매우 다양하고 복잡하다. 상업은행이 미국 경제에서 수행하는 금융 중개는 절반에 지나지 않는다. 상업은행에 안전성을 강요한다면 상업은행은 경쟁 금융기업에 패해 잡아먹힐 것이다. 그러나 헤지펀드, 사모투자펀드, 투자은행 등 모든 비은행 금융회사를 상업은행과 동일한 규제체제하에 둘 수 있을까? 그럴 수 없다면 이들 간의 차이 때문에 경쟁이 왜

곡되는 것은 아닐 것이다.

한 산업을 재규제하기보다는 규제를 완화하는 것이 더 쉽다. 규제 완화는 자동 추진력을 형성한다. 규제를 벗어난 회사가 규제받는 회사와 경쟁하면 규제를 당하는 회사는 경쟁력을 갖추기 위해 규제를 벗어나야 한다는 설득력 있는 논거를 만들어낼 것이다. 규제 완화는 궁극적으로 경쟁적인 산업을 출현시킨다. 규제 완화가 만들어낸 경쟁적인 금융중개산업은 복잡하고 다양하다. 금융중개산업은 쉽게 동질화될 수 없으며, 그 이질성 때문에 종합적인 규제 시스템을 설계하고 시행하는 데 어려움이 매우 많다.

우리는 어쨌든 원칙적으로는 1960년대 상업은행을 규제했던 틀을 복원할 수 있다. 그때 은행의 자본은 주로 제로 금리의 요구불예금과 연방채로 구성되고, 주로 단기 상업대출에 사용될 것이다. 그러나 이러한 은행업 모델은 지금처럼 다른 금융중개기관들이 은행 상품에 가까운 대체품을 제공하도록 허용한다면 살아남지 못할 것임을 우리는 알고 있다.

그러나 이 때문에 MMF, 헤지펀드, 비은행 금융기업이 상업은행과 동일한 규제와 통제를 받아야 하는가? 예컨대 비은행 금융기업에도 지불준비금을 요구해야 하는가? 그들에게 자본을 제공한 고객들이 제로 금리를 받아도 되는가? 만일 이러한 질문에 대한 답변이 긍정이라면, 그것은 헤지펀드, MMF에는 종말을 의미한다. 만일 답변이 부정이라면, 상업은행에 대한 재규제가 어느 정도 가능한지 불분명하다. 만일 답변이 긍정도 부정도 아니라면 작업하는 데 고민이 따를 것이다.

여기에는 매우 심각한 문제가 더 있다. 필자가 아는 한, 어느 누구도 규제 완화로 자유분방하게 활동하는 미국 금융산업의 사회적 가치를 명확히 판단하지 못한다. 2008년 가을에 금융위기가 발생할 때까지 금융업계가 엄청난 이윤을 냈지만, 거기에는 대량의 경제지대 economic rent가 포함되어 있었다(이 점은 필자가 제6장에서 서술했듯이, 월스트리트에 취업하는 물리학 박사가 과도한 보수를 받는 것과 관련 있다). A가 B에게 주식을 10달러에 팔고 다음 날 주식 가치가 15달러라면 B가 5달러만큼 부유해진 것이지 국가가 부유해진 것은 아니다. 증권거래소와 신용 시스템이 거대한 공공재임은 명백하지만(우리가 이번 공황에서 새삼 배우고 있듯이), 근래에 급증한 투기적인 트레이딩이 부가가치를 창출하는지는 불분명하다. 그러한 부가가치가 무엇인지 명확하게 파악될 때까지는 1960년대식의 금융 시스템 모델을 채택하는 비용이, 또는 좀 더 현실적으로 그러한 방향으로 대대적 조치를 취하는 비용이 얼마나 들지 알 수 없다. 재규제도 기구 재편과 마찬가지로 더 기다려야 한다.

단편적인 개혁 방안

포괄적인 재규제에 이르지 않더라도 몇 가지 단편적 개혁이 타당하고 유용할 수 있다. 그러나 필자는 다음에 열거하는 개혁 방안이 그리 대단한 것은 아니라고 생각한다. 예를 들어 어쩌면 정부는 주택 보유를 권장하는 행동을 중단해야 할 것이다.[2] 사실 입주한 주택 소유자들이 부재지주보다 자기 집 외관과 이웃에 더 신경을 쓰므로, 주택 소유가 이웃 전체에 주는 외부 효과를 발생시킨다는 주장과 일부 증거가 있다. 그러나 임대주택과 달리, 소유주택이 대부분 교외에 위치한 단독주택이므로, 주택 보유는 도시의 교외 확장, 교통 체증 및 이산화탄소 배출을 촉진한다. 주택 모기지

---

2   2011년 2월 재무부와 주택도시개발부(Department of Housing and Urban Development)가 공동으로 의회에 제출한 미국 주택금융시장의 개혁 보고서는 향후 정부의 역할을 국민의 주택 구입 촉진보다는 금융감독 및 소비자 보호, 저소득층 지원, 금융시장 안정과 위기 대응 지원으로 국한한다. 패니메이와 프레디맥의 역할을 축소하며, 연방주택청의 역할을 저소득층 및 최초 주택 구입자에 대한 주택금융 공급으로 제한한다.

(홈에퀴티론 포함) 상환 이자 및 주 정부에 내는 재산세를 연방소득세에서 공제하는 것은 주택 소유자에게 주는 강력한 보조금이다. 이것은 충분하거나 과도한 보조금이다. 정부가 주택 보유를 선전하고 은행에 위험한 모기지 대출을 종용하는 것을 뒷받침하는 훌륭한 논거는 없다.

필자는 거품의 요인 중에 임원 보수의 수준과 구조가 포함된다고 전술했다. 임원 보수에 법적으로 한도를 설정하려는 시도는 빠져나갈 구멍이 있기 때문에 실패하기 마련이며, 경영인력 시장과 기업 행태를 왜곡할 뿐이다. 예를 들어 금융회사 임원에게 지급되는 보너스를 제한한다고 하자. 2008년에 은행업계가 수십억 달러를 보너스로 지급했다는 사실 때문에 무지한 언론이 분개했으며, 정치가들도 계산된 분개를 표출했다. 그러나 소득의 절반가량이 보너스로 구성되는 임원 보수체계는 고정급여보다 성과를 더 잘 반영한다. 따라서 금융회사 임원의 보너스를 모두 폐지했었다면 이는 50%의 급여 삭감에 상당했을 것이다. 2008년의 보너스는 평년보다 적었으므로 급여 삭감이 알맞게 이루어졌다. 더 큰 삭감이 적정 수준이었을지 여부는 불확실하다.

보수 상한제에 가까운 조치는 검토할 가치가 있을 것이다. 그러한 조치는 최소한 초기에는 은행 등 금융중개기관 임원에게 국한되어야 하는데, 그것은 임원 보수 관행이 경제 전체에 위협을 주는 분야가 바로 금융권이기 때문이다. 그 영향으로 일부 금융계 임원과 그 지망생이 다른 분야로 발길을 돌리겠지만, 이는 앞서 말했듯이 나쁜 일이 아니다. 가장 큰 문제는 보수 제한을 CEO 등 고위 임원에게 국한해서는 재앙적인 은행 파산의 확률을 효과적으로 줄일 수 없다는 점이다. 실제 트레이딩 결정은 그보다 낮은 직급에서 내려진다. 하지만 정부가 어떻게 은행의 전체 전문직 급여체계를 마련할 수 있을지 의문이다.

필자가 필수적이라고 보는 간단한 개혁 방안은 상장기업과 비상장기업이 모두 고위 임원의 보수 전액을 공시하도록 의무화하는 것이다(비상장기업도 공시 대상에 포함하지 않으면 상장을 철회하는 기업이 많을 것이다). 이때 보수 내용에는 연금 수혜의 현재 가치, 의료지원금, 퇴직금, 법인회원권 등은 물론이고, 항공기, 리무진, 아파트 등 회사 시설의 사적 사용액까지 금전으로 환산할 수 있고, 사외감사 public audit 의 대상이 되는 모든 부수입이 포함될 것이다.

꽤 온전한 두 번째 개혁 방안은 금융계 임원의 보수를 상당 부분 거치했다가 그 지급을 장래의 기업 성과에 연동하도록 의무화하는 것이다. 예컨대, 기업이 CEO에게 퇴직금을 지급하지 못하도록 금지하고(약정 보너스는 기업에 큰 위험을 부담하게 할 유인이 발생하지 않으므로 지급할 수 있다), 보수의 일정 비율을 몇 년 동안 매각할 수 없는(비상장회사의 경우 상환할 수 없는) 자사의 제한주 형태로 지급하도록 의무화하는 것이다. 이러한 개혁은 고액의 보수를 받기 위해 CEO들이 기업의 단기 이윤을 극대화하고 특히 기업 자산에 과다한 리스크를 거는 위험한 행태를 방지할 수 있다.[3]

여기에서 문제는 (스톡옵션의 문제와 동일하게) 대기업의 경우 설사 CEO라 하더라도 개인의 성과가 주가에 측정 가능한 영향을 주기 어렵다는 점이다. 이 문제와 관련해 점점 주목을 받고 있는 대안이 '환수 claw back' 장치일 것이다. 즉, 직원 보너스의 일부분을 계좌에 예치하고, 그의 실적이 나쁜 해에는 예치 금액을 줄이는 것이다. 이러한 장치는 한 직원이 측정 가능한 손익이 따르는 특정 거래를 단독으로 또는 주도적으로 담당하는 경우에 효과적으로 성과와 보수를 연동하는 방법이다.

초고소득자에 대해서는 리스크 부담 욕구를 감퇴시키기 위해서 한계소

---

3 2011년 10월 연방준비제도는 은행 보수에 관한 보고서에서 상위 25대 은행이 임원 보너스의 60% 이상을 지급 이연하고 있으나, 트레이더들의 보너스가 리스크에 따라 조정되지 못하고 있다고 지적했다.

득세율을 인상하는 방안을 고려할 필요가 있다. 그러한 소득에는 전형적으로 많은 경제적 지대가 들어 있다. 예를 들어 수백만 달러를 벌고 있는 복싱 챔피언이라도 그가 현재 선택할 수 있는 차선의 직장은 스트립쇼 극장의 문지기라고 생각해보자. 경제적 지대에 대한 과세는 그 정의상(그리고 필자의 예시에서) 최소의 대체 효과가 발생하기 때문에 효율적이다. 그것은 납세자의 현행 직업에서만 얻을 수 있는 소득에 대해 과세하기 때문에 납세자가 다른 직업으로 전향하게 하지 않는다. 소득세 인상을 금융계 임원에게 국한할 수는 당연히 없지만(만일 그렇게 한다면 그들에게 바보 모자를 씌우는 꼴이다), 필자는 모든 고소득자에 대해서 한계소득세율을 인상하는 데 반대할 설득력 있는 근거는 없다고 생각한다. 공황 대책의 재원을 조달하려면 언젠가는 증세가 이루어져야 하며, 가령 소득세는 법인세보다 더 효율적이다. 부시 행정부가 증세 또는 정부지출의 축소를 거부하거나 실천하지 못함으로써 국가 부채가 위험스럽게 증가했다. 지금은 세금을 올릴 때가 아니지만, 미국인은 세금을 너무 적게 내고 있다.

 필자가 제안한 개혁 조치에도 단점은 있다. 예로서, 실제로 누진 과세는 허점이 많아서 자원 배분을 왜곡하며, 누진 과세가 초과이윤세 형태(관리하기가 불가능하다)를 취하지 않는 한, 상당한 경제적 지대를 포함하는 소득과 그렇지 않은 소득을 차별하지 않고 적용될 것이다.[4] 그리고 금융회사에 고위 임원 보수의 총가치를 공시하도록 의무화함으로써 투명성 제고를 강제하는 방안은 소 잃고 외양간 고치는 격이 될 수도 있다. 왜냐하면 금융위기의 여파로 CEO의 보수를 둘러싸고 벌어질 논란이 너무나 뜨거워진 결

---

[4] 이 책 필자인 포스너는 2012년 1월 29일 블로그를 통해, 부유세를 과세하면 저축이 감소하고 소비가 늘어나는 효과가 크며, 이는 미국의 GDP 성장에 필요한 저축을 조성하지 못하므로 소비세에 비해 바람직하지 못하다고 주장했다. 더구나 부유세 과세 시 비상장 주식에 대해 평가하기가 어렵고, 주식이나 채권은 외국으로 옮기거나 복잡한 거래를 통해 은닉할 수도 있다고 주장했다.

과, 임원 보수를 은닉하려고 해도 실패할 공산이 크기 때문이다. 아마도 투명성 확보 문제는 공격적인 경제 언론의 지원을 받아 시장이 수행하도록 맡길 수 있을 것이다.

필자가 공황이 진행되는 지금이라도 검토할 만하다고 제시한 개혁 조치에 대해 말할 수 있는 것은 그 조치들이 금융중개업을 재규제할지 여부를 결정하는 데 따르는 심오하고 다루기 어려운 이슈를 회피하기 때문이다.

추가로 짚고 가야 할 요소가 있다. 임원의 인센티브와 경제 전체의 후생을 일치시키기 위한 기업 경영구조 규제를 포함해 투자자와 소비자 보호를 위한 기존 규제와 모기지 등 신용에 관한 기존 규제가 사기 방지 법규처럼 단순히 투자자 보호 또는 소비자 보호 수단이라고 생각해서는 안 된다. 이러한 규제는 연방준비제도의 금리 인상 권한 – 2008년의 위기를 방지하지 못한 권한 – 과 같이 거시경제 도구이기도 하다.

필자가 특히 강조하고 싶은 점은 대통령과 그 보좌진들이 공황을 처리하고 일련의 긴급한 외교·안보정책 현안을 다루느라 너무 바쁘다는 점이다. 새로운 오바마 행정부가 프랭클린 루스벨트 대통령의 획기적인 집권 초기 100일을 흉내 내고 싶은 유혹을 받겠지만, 실제로 그렇게 한다면 실수라고 본다. 미국은 다행히도 대공황 당시만큼 곤경에 처한 것도 아니고, 미국 정부와 미국 경제, 특히 미국의 은행 시스템은 1933년에 비해 엄청나게 복잡하다. 새로 통합된 규제 당국이 운영하는 새로운 금융 규제 시스템이 자리를 잡으려면 몇 년이 걸릴 것이다. 2009년에는 정부가 추진한 6~8개 공황 대책으로 당분간 충분하므로, 종합적인 구조적 해법은 상황이 더 안정될 때까지 기다렸다가 추진해야 할 것이다.

A FAILURE OF CAPITALISM

제11장

보수주의의 미래

공화당의 이데올로기

2008년 11월 대통령 선거에서 공화당의 패배는 아마도 금융위기 발발과 그에 대한 존 매케인John McCain 후보의 서투른 대응이 주된 원인일 수 있는데, 그 패배는 미국에서 보수주의의 몰락을 나타낸 것이라고 널리 인식되었다. 부시 행정부가 집권 마지막 몇 달 동안 심화되던 공황에 우유부단하게 대응한 모습은 후버 대통령이 레임덕 시기에 심화되던 공황을 막으려는 노력이 효과를 보지 못한 것과 비교된다. 후버 대통령의 실패로 이후 20년 동안 민주당의 집권이 시작되었다. 부시 행정부의 위기 대응은 늦기는 했어도 후버 대통령보다는 더 활발했다(그리고 후버 대통령은 경제위기 후 3년 반이 지나서야 대응했다). 그러나 부시 대통령은 별로 공로를 인정받지 못할 것인데, 부시 대통령이 맞든 틀리든 간에 자신의 발밑에서 경제가 죽어가고 있는데도 직무를 무단이탈했다는 인상을 주었기 때문이다. 그리고 부시 행정부의 위기 대응은 후버 대통령 이후 공황에 관해 얻은 모든 교훈에도 불구하고 미숙했으며, 어쩌면 학습한 것이 별로 없었을 수도 있다!

우리는 공화당과 보수주의를 구별해야 한다. 양당체제하에서 정당은 기회주의자들의 연합체이며, 그 결과 이데올로기의 동질성을 결여하고 있다. 특히 미국과 같이 문화적으로 이질적인 국가에서는 더욱 그러하다. 공화당이나 민주당 당원 다수가 습관, 향수, 가문의 전통 또는 특정 이슈에 대한 지지에 이끌려서, 심지어 한 정당에 투표하는 다른 사람을 개인적으로 좋아하거나 싫어해서 한 정당에 표를 던지지만, 이데올로기에 따라 투표하는 당원도 있다.

공화당에서 이데올로기 성향의 당원은 다음 세 집단으로 나뉜다. ① 자유시장, 낮은 세금 및 작은 정부를 신봉하는 경제적 보수주의자. ② 엄한 형법과 강력한 외교정책 신봉자로서, 필자는 이들을 안보보수주의자라고 부르고자 한다. ③ 사회적(주로 종교적) 보수주의자는 낙태, 동성결혼, 포르노물, 총기 통제, 명확한 정교분리에 강력히 반대한다. 안보 보수주의자와 사회적 보수주의자는 불법 이민자에게 적대적이라는 점에서 일치한다. 경제적 보수주의자와 안보 보수주의자가 약간 대립하는 것은 국가 안보를 중시하는 국가에서는 높은 세금을 요구하기 때문이다. 그리고 경제적 보수주의자와 사회적 보수주의자가 대립하는 것은 전자가 자유주의자libertarian이고, 후자는 개입주의자이기 때문이다.

세 집단 모두가 최근 사태로 타격을 입었으며, 서로가 받은 상처로 말미암아 사이가 더 벌어지고 있다. 공황이 경제적 자유주의자의 급소를 때렸는데, 그것은 공황의 발생이 정부가 경제를 과도하게 규제함으로써 자유기업에 족쇄를 채운 데서 연유한 것이 아니라 자유시장의 고유한 한계에 기인한 것이기 때문이다. 자유시장의 그러한 한계는 ① 개인의 인센티브, ② 심각한 물가 상승을 야기하지 않는다면 금융완화에 아무런 문제가 없다는 보수주의 경제학자들의 이론에 고무되어 보수주의 관료들이 채택하고 시행한 무책임한 통화정책, ③ 이데올로기적 동기로 은행과 금융의 규제를 과도하게 완화한 데다 남아 있는 규제마저 느슨하게 집행한 것에 그 뿌리를 두고 있다. 공황과 부시 행정부의 불안정한 대응이 공황 이전의 방만한 적자지출과 복합되어 공화당이 강직하게 재정을 운용한다는 평판을 크게 손상시켰다.

강력한 외교정책 신봉자들은 이라크에서 정신을 산란케 하는 고비용의 전쟁이 장기화하자 난처해졌는데, 이라크 전쟁은 미국과 동맹국 간에 불화를 일으키고, 이슬람 테러리스트는 더 충원되었으며, 이란의 세력 강화를 부추기고, 아프가니스탄과 파키스탄 내에 탈리반과 알카에다를 힘을 키우게 했다. 또한 안보 보수주의자들은 이란, 북한, 아프가니스탄, 파키스탄, 그리고 아랍과 이스라엘 간 분쟁이 제기하는 미국 안보에 대한 도전에 부시 행정부가 성공적으로 대처하지 못한 것에 대해서도 당혹해했다.

사회적 보수주의자들은 자신을 옹호하는 일부 저명인사의 거친 언행 때문에 타격을 입었는데, 진화론, 인간으로 인한 기후 변화, 동성애 및 뇌사(테리 시아보$^{Terri\ Schiavo}$ 사건[1]) 등과 관련하여 비열하고 세상 물정을 모르며 무식하게 과학을 부인한다는 인상을 가끔 풍겼다.

이러한 상처와 더불어 부시 행정부가 관리 능력을 결여했다는 느낌이 들자 공화당에 경제와 국가 안보, 국민의 도덕적 생활을 믿고 맡길 수 있다는 당원들의 주장이 약화되었다. 대통령 선거운동에서 양 캠프 간의 효율성 격차도 양당 간 능력 격차를 부각했다. 선거운동이 펼쳐지던 시기에 매

---

1 미국인 여성 테리 시아보는 15년 동안 식물인간으로 살다가 법원의 판결로 영양 공급 튜브를 제거해 사망했다. 영양 공급 튜브 제거를 요구하는 남편과 이를 반대하는 시아보의 부모 측이 7년 동안 법정 소송을 벌였으며, 이 사건은 전 세계적으로 안락사를 둘러싼 논쟁을 불러일으켰다.

케인과 부시는 공히 경제위기를 이해하지 못하는 것으로 보였고, 많은 보수주의자들이 오바마 지지로 돌아섰다. 사려 깊은 보수주의자들은 이미 많은 실수를 저지른 부시 행정부가 예측에 실패하고 허술한 규제로 스스로 키운 금융위기에 우물쭈물, 우왕좌왕 대응하는 모습을 보고 상심한 터에, 공화당의 선거운동이 지적으로 공허하고 경제적으로 인기에 영합하는 내용인 데다가 국가적으로 극히 중대한 정치적 이슈로서 낙태와 총기 문제[2]에 집착하는 것을 보고 경악을 금치 못했다.

공화당은 지지자들의 반(反)지성주의를 과시하면서 조리 있게 말하는 고학력자들을 '엘리트주의자'라고 조소했는데, 이러한 태도는 보수주의의 강력한 지성적 전통과 어울리지 않는 것이었다. 보수주의자들이 "모든 지식인은 진보적이며 따라서 보수주의자는 두뇌보다는 직감으로 판단해야 한다"라고 주장하는 것은 자멸 전략이었다. 미국이 처한 경제위기를 직감으로 해소할 수는 없다.

그렇다고 진보주의의 실패가 가려지는 것은 아니다. 미국은 진보주의와 보수주의 양측에서 많은 실패 사례를 축적해왔다. 인간의 속성에 대한 현실성을 결여하고, 대립적 노조 결성과 같은 실패한 사회적 실험에 대해 향수를 느끼며, 판사들에 의한 사회공학(사형제 폐지, 임신 초기 여성의 낙태 결정권을 인정한 로 대 웨이드 Roe v. Wade 판결)[3]과 평등주의 정책의 사회적 비용을 과소평가하고, 규율과 처벌, 개인 책임 원칙의 강제, 군사력 등이 제공하는 사회적 혜택을 과소평가하는 것은 진보의 실패에 속한다. 1950년대 이전의 사회적 가치에 향수를 느끼고, 불편한 진실(지구 온난화에 대한 인간의 원인 제공 등)을 부인하는 경향이 강하며, 규제받지 않는 시장의 효율성,

---

2 2004년에 부시 대통령이 당선될 당시 선거참모들이 사용했던 이슈다.
3 워런 대법원(Warren Court)은 얼 워런(Earl Warren)이 대법원장을 맡았던 1953~1969년 미국 대법원으로서 로 대 웨이드 낙태 소송 등에서 획기적인 인권적 판결을 내렸다.

군사력의 효험 및 종교적 독실성이 공적 생활에 좋은 영향을 끼치는 면 등을 과대평가하는 것은 보수의 실패에 포함된다. 진보주의자들은 대립적 노동조합을 지지하는 잘못을 저질렀고, 보수주의자는 공립학교에서 성교육을 억제하고 10대의 임신을 막는 대책으로 콘돔 대신 금욕을 주장하는 잘못을 한다. 진보주의자는 평등의 환상 속에 갇혀 있는 반면, 보수주의자들은 경제적 자유주의 신조와 종교적 신조에 갇혀 있다. 공화당 정권이 인기를 잃고(보수주의자들 사이에서도 인기가 없다고 앞서 이야기했다) 물러난 현시점에는 보수의 실패가 더 두드러진다. 보수의 실패가 더 두드러진 또 다른 이유는 미국이 처한 공황 때문에 그 실패가 극적으로 집중 조명을 받았기 때문이다.

경제이론의 이데올로기

필자는 선입견 없이 사고하는 것이 정말 불가능하다고 전술했다. 베이스의 의사 결정Bayesian decision 이론에 따르며 합리적인 의사 결정자는 어떤 불확실한 사건(예컨대 신용경색이 공황으로 진전될지 여부)의 사전적 확률에서 시작하지만 새로운 증거가 발견됨에 따라 그 확률을 조정한다. 그러나 이것은 그의 사전적 믿음, 즉 선입견이 증거의 강도와 방향에 의존하면서 그의 궁극적인 의사 결정에 영향을 준다는 것을 의미한다. 그 의사 결정은 사건이 발생할 사후적 확률, 즉 그가 해당 사안과 관련한 모든 증거를 찾아서 사전적 확률을 업데이트함으로써 도달하는 확률에 근거할 것이다.

필자는 정책을 안내하는 이론의 가치, 특히 경제이론의 가치를 부인하는 것은 아니며, 이 책의 분석 틀도 경제학에서 나온 것이다. 그러나 이론과 경험에 입각한 합리적 선입견과 독단적인 자유주의나 평등주의 또는 전 세계가 민주주의를 갈망하고 모든 민주주의자는 미국의 친구라는 근거 없는 희망적 신념 등 경직된 감성적 선입견 간에는 차이가 있다. 이러한 감성적 선입견은 전문가들 간에 의견이 달라서 의사 결정자가 권위 있는 지침을 얻을 수 없을 때 그의 마음을 차지하는데, 합리적 의사 결정을 내릴 수 있는 당사자의 능력보다는 그의 개성 및 경험과 상상력의 한계를 더 많이 보여주며, 새로운 증거에 비추어 재검토하지 못하게 한다.

존중할 만한 거시경제이론의 스펙트럼은 좌파 개입주의부터 우파 자유주의에 이르기까지 다양하다. 양 극단에 치중하는 것은 어느 쪽도 옳다고 입증할 수 없으므로 잘못일 것이다. 개입주의자는 시장의 장점을 과소평가하기 쉬우며, 자유주의자는 과대평가하기 쉽다. 현행 국면에서는 자유주의자의 과대평가가 더 위험하다. 자유주의 경제학자들은 금융시장 규제 완화의 위험을 포착하지 못했으며, 금융위기의 위험과 깊이를 과소평가했다. 자본주의자가 스스로 낸 상처로 미국 경제를 75년 만의 첫 공황에 감염되도록 정부가 내버려둔 데에는 자유주의 경제학자들의 영향이 한몫했다.

경제정책 수립에서 정치를 배제하는 것은 해법이 아니다. 경제 효율을 목적으로 하는 정책이 수행될 때, 경제성장의 최대 수혜자로부터 최저 수혜자 또는 수혜를 받지 못하는 이들에게 이전지급이 발생해 보완된다면 원칙적으로 모든 사람의 후생이 증진되겠지만, 그러한 이전지급이 가능하다고 여길 사람은 없다. 사회 내에는 오직 정치적 경쟁으로써만 해소될 수 있는 갈등이 존재한다. 가치와 이해관계가 서로 다른 집단들 간에 필연적으로 발생하는 갈등은 정치만이 조정하고 완화할 수 있다. 그리고 기술적 전문가 집단에 운영을 넘긴다고 정부의 경제문제나 다른 문제가 확실히 해결되는 것도 아니다. 똑똑한 사람들이 항상 일을 망친다.

경제위기에 대해 실용적·비정치적·비이데올로기적 해법을 적용할 공간을 확대할 수 있다. 오바마 행정부가 공황을 치유하기 위해 통화주의와 적자지출 처방을 모두 따르기로 한 결정을 통해서 희망적인 분위기가 형성되었다. 어느 방안이 더 좋은지를 아무도 알지 못하고, 경제 상황이 극히 엄중하다고 보이기 때문에 어느 쪽 수단이 진보적이냐 또는 보수적이냐를 따지지 않고 둘 다 시도하는 것이 현명한 방책일 것이다. 필자는 앞서 적자지출에 세 가지 경합하는 접근 방식이 있고, 통화주의에도 두 가지 접근 방식이 있으며, 이에 추가하여 구제금융이 있다고 서술했다. 이론적 근거에 따라 처음부터 한 접근 방식을 선택하는 대신, (최소한) 여섯 가지 사회적 실험이 동시에 진행되고 있다.

여러 가지 접근 방식을 동시에 시행하면, 1937년에 정부가 금리 인상(금리 인상으로 통화 공급이 감소하므로 반통화주의 조치였다)과 공공지출의 감축(공공지출은 공황을 종식하는 케인스의 처방이므로 반케인스적 조치였다)을 병행했던 당시처럼, 정부가 각 대안의 가치를 판단하기가 불가능하다는 점은 사실이다. 1937년 당시 정부가 두 가지 조치를 모두 취함으로써 공황이 연장되었는데, 어떤 조치가 더 큰 악영향을 가져왔는지 아무도 확신하지 못한다. 현행 공황이 끝날 때쯤 각 조치의 영향을 구분하기가 불가능하다면 통화주의자와 적자지출 옹호자 간 해묵은 이론적·이데올로기적 투쟁이 재발할 것이다.

그때까지 우리는 경제학자들이 이데올로기보다는 실용주의 정신으로 위기에 대응하기를 희망한다. 경제학자들이 공황을 치유하거나 적어도 단축할 최선의 방식에 합의하지 못할 수 있지만, 그들은 정책 결정자들에게 타당한 정책의 범위, 책임 있는 전문가 의견의 스펙트럼, 각 대안의 장단점 및 적어도 경제 이해의 한계에 대한 인식은 제공할 수 있다.

A FAILURE OF CAPITALISM

결론

이 책이 긴 것은 아니지만, 많은 분야를 다루므로 여기에서 간단하게 요약하면 유용할 것이다.

우리는 공황에 들어서 있다(일부 경제학자들은 식료품을 사려고 줄을 선 모습과 실업자 수용 판자촌을 보기 전에는 공황이라고 인정하지 않을 것이다). 공황은 2000년대 초의 저금리와 1970년대에 시작된 규제 완화 움직임이라는 두 가지 위험한 사태가 융합되어 발생한 금융위기의 산물이다. 저금리로 말미암아 차입이 싸지고, 안전한 저축(양도성예금증서 등 이자가 생기는 매우 안전한 채권 매입에 의한 저축)의 매력도 없어지므로 개인 부채가 늘고 개인 저축률은 줄어든다. 주택은 주로 부채(장기 모기지)로 구입하기 때문에, 저금리는 주택 구입을 촉진하고, 주택의 총량 증가 속도는 매우 느리므로 주택 수요가 늘면 주택 가격이 상승한다. 저금리는 경제활동을 자극함으로써(사람들은 빌려서라도 지출한다), 주가를 높이는 경향을 보이며, 따라서 사람들은 안전한 채권 대신에 주식을 매입하는 성향을 보인다. 이리하여 저금리 상황에서 저축 자산은 점차 고가의 주택과 고가의 주식으로 대체되고, 가격이 상승하면서 주택과 주식이 좋은 투자라고 확신한다.

신용 수요는 주로 금융중개기관, 고전적으로는 상업은행에 의해 충족되는데, 금융중개기관이란 개인이나 기업으로부터 차입한 후 되돌아서서 차입금을 다른 집단에 대출하는 기업을 말한다. 금융중개기관이 이윤을 내려면 차입금에 대한 이자를 대출에 매기는 이자보다 낮게 지급해야 한다. 이를 위해서는 실무적으로 차입금에 대해서는 안전을 보장해야 하고, 대출에 대해서는 위험을 부담해야 한다. 이러한 행태의 전형은 단기 차입하여 장기 대출하는 것이다. 대출자가 대출금을 신속하게 회수할 수 있다면 낮은 금리를 매기게 되는데, 그것은 대출금을 잃을 위험이 적고 대출금의 유동성(필요할 때 현금화할 수 있는 능력)이 더 크기 때문이다. 대출자는 장기대출에는 더 높은 이자율을 책정할 것인데, 장기대출은 유동성이 없기 때문에 그리고 대출 기간이 길수록 뜻밖의 사건이 발생하여 차주가 부도날 가능성이 커지기 때문이다. 따라서 은행업은 본질적으로 위험을 안고 있으며, 은행이 대출에서 연체가 많이 발생하면 채권자, 즉 은행에 단기 자본을 제공한 사람들이 걱정하게 되고, 은행에서 돈을 인출해 갈 것이다.

은행업에 내재된 고유한 위험이 존재하고 상업사회에서 신용은 중요하기 때문에, 은행업에 엄격한 규제가 도입되고, 은행의 주된 자본이 이자 지급이 금지된 요구불예금으로 구성되는 제도가 수립되었다. 이처럼 저렴한 자본 원천을 확보하자 은행은 장기대출이 아닌 단기대출로도 이윤을 낼 수 있게 되었고, 대출 포트폴리오에서 손실 위험도 줄었다. 연방예금보험공사는 예금자들이 은행의 대손 발생을 염려하지 않아도 되도록 예금보험으로 보장함으로써 은행의 안전성을 지원했다.

1970년대에 시작된 규제 완화 움직임은 규제를 받던 산업들 전반을 대상으로 했으며, 은행업은 규제의 정도가 높았다는 이유만으로 여기에 포함되었다. 규제 완화를 주장한 경제학자와 궁극적으로 정치인은 은행업의 규제 완화가 철도, 트럭, 항공, 통신, 송유관 등의 업종과 달리 거시경제학적 중요성을 지닌다는 사실에 유의하지 않았다. 은행업의 규제 완화는 두 가지 경로를 따라 진행되었다. 첫째로 투자은행, MMF, 헤지펀드 등 비은행 금융중개기관들이 점차 전통적인 은행 상품을 대체하는 수준의 금융상품을 제공하도록 인가받았다. 한 가지 예가 MMF의 이자가 붙는 수표발행계좌로, 은행만큼 안전하지는 않으나 은행이 주지 않던 이자를 줌으로써 은행의 당좌예금계좌를 대체할 수 있는 상당히 안전한 상품이었다. 두 번째 경로는 비은행 금융중개기관들이 경쟁에 참여함에 따라 은행들도 경쟁력을 갖추도록 은행에 가해진 규제를 완화한 것이다. 은행은 점차 예금보다는 단기 신용에 의존하게 되었고, 단기대출과 함께 장기대출도 늘려갔으며, 이에 따라 은행의 대출이 점점 위험해졌다.

2000년대 초반의 저금리 상황에서 은행 등 금융중개기관들은 주택, 상업용 부동산, 자동차 구매, 신용카드에 의한 구매 및 대학 등록금을 위한 엄청난 대출 수요를 차입을 통해 충족시키면 손쉽게 수익을 얻을 수 있었다. 그리고 은행은 증자를 하기보다는 차입을 늘려 자본구조에서 부채 비율을 늘리는(즉, 레버리지를 늘리는) 편이 더 유리했다. 규제 완화로 은행산업(더 넓게 정의하면, 은행과 더욱더 유사해진 비은행 금융중개기관을 포함한다)은 더욱 경쟁적이 되고, 이윤 폭이 줄었다. 은행 대출의 연체율이 낮게 유지되는 한, 은행은 높은 레버리지에 힘입어 이윤 폭을 확대할 수 있었다. 레버리지는 이윤을 확대하지만 손실도 확대하는데, 부채는 확정 채무로서 은행의 대출이나 다른 투자의 수익성 유무와 무관하게 만기가 도래하고 이행해야 하기 때문이다.

신용 확대 추세와 대출에 대한 규제 완화 및 그에 따른 위험 증가 추세는 상승 작용을 일으켰다. 은행은 이 점을 인식했고, 리스크 분산을 통해 특정 은행이 부담하는 리스크를 경감하는 채무증권화(특히 주거용 모기지담보부증권) 및 신용부도스와프(부도에 대한 보험) 등을 수단으로 이익을 줄이지 않으면서 대출 포트폴리오의 위험성을 줄이려고 했다. 이러한 금융상품은 리스크를 감소시켰으나, 또한 은행업계의 리스크에 대한 순 영향을 불투명하게 함으로써 리스크를 증가시키는 측면도 있었다. 예컨대 은행은 신용부도스와프를 매도하기도 하고 매입하기도 했으므로, 채무자 부도에 대한 보험의 보험자이자 피보험자였다. 증권화채무의 리스크는 그 복잡성 탓에 평가하기가 어려웠는데, 하나의 증권이 미국 전역에 분산된 수백 또는 수천 개 모기지에 의해 담보될 정도로 복잡했다. 점점 복잡하고 위험해진 은행의 자본구조와 영업행태로 말미암아 생성된 리스크를 계량화하기 위하여 정교한 수학적 모델('리스크의 가치' 모델)이 수립되었다.

오랫동안 뛰어난 성공의 역사를 이어온 주요 은행 등 금융중개기관(예를 들어 골드만삭스)의 유능하고 명석한 경영자들이 실제로는 어리석었고, 2008년 9월에 은행 시스템이 붕괴한 것도 바로 그들의 어리석음 때문이라는 믿음이 널리 퍼져 있다. 필자는 이런 견해에 동의하지 않는다. 필자는 금융위기가 어리석음이나 비합리성, 범죄 또는 무지함에서 발생한 결과는 아니라고 믿는다. 필자는 자신이 '감당'할 수 없는 주택을 모기지로 구매한 소비자 대부분이 자신이 무슨 짓을 하는지 알고서 행동했다고 생각한다. 다시 말해서, 그들은 주택의 지속적인 가격 상승에 대해서 합리적으로 투기한다는 것을 알았다. 왜냐하면 버냉키 의장 자신도 주택 거품이 터지기 직전인 2005년 10월에 주택의 높은 가격이 거품이 아니라고 선언하지 않았던가? 은행은 자신이 많은 리스크를 부담하고 있으며, 채무자 부도가 일시에 대량 발생하면 파산할 수 있음을 알았다. 그 때문에 리스크를 다변화하고 관리하는 모델에 공을 들였던 것이었다.

은행은 자신이 주택산업에 대거 투자하고 있기에, 만일 주택 가격이 급락한다면 차주 부도가 많이 발생할 것임을 알고 있었다. 그들은 또한 한 은행이 모지지담보부증권을 발행해 그 시리즈의 일부를 다른 은행에 팔고, 동시에 상대방 은행이 발행한 유사 증권 시리즈의 일부를 매입하는 등 상호(따라서 다른 금융중개기관도 동일) 얽혀 있음을 알고 있었다.

　확신하지는 못하지만, 필자는 대형 은행의 고위 임원들이 리스크를 부담한 결과로 파산할 확률을 적어도 조금은 인식했다고 믿는다. 필자는 그들 대부분이 주택 가격이 평균 20%를 넘어 하락하면 많은 은행이 파산할 수 있다는 것을, 특히 주택 가격이 폭락하면 (은행업계에 대한 직접적인 영향과는 무관하게) 불황으로 이어지며, 불황은 부동산과 관련이 없는 은행 대출의 부도율도 증가시키면서 실업자 발생으로 더 많은 모기지 부도를 야기하기 때문에 은행이 파산할 수 있다는 것을 알았거나 의심해보았을 것으로 생각한다.

　실수와 어리석음을 혼동하지 않는 것이 중요하다. 2009년 2월 2일 크루그먼 교수는 "실수하는 자들을 위한 구제금융Bailouts for Bunglers"이라는 제목의 시사 칼럼에서, 정부가 은행 경영을 모르기 때문에 정부가 은행을 인수해서는 안 된다는 주장에 반박하면서, 2008년 가을에 붕괴한 은행을 경영하던 '실수하는 자들' 역시 은행을 경영할 줄 모른다는 논리를 폈다. 그러나 은행 경영자는 은행 경영법을 안다. 그리고 그들이 실수를 했다고 해서 은행 경영을 계속하지 못하게 한다면, 금융중개업 규제 업무를 담당하면서 실수를 저지른 버냉키 의장, 서머스 재무장관 및 가이트너 재무장관도 미국의 금융정책을 관리하지 못하게 해야 할 것이다.

　대다수 은행이 주택 금융에 대거 투자하고 있었고, 은행들이 상호 간에 금전적으로 얽혀 있었기 때문에, 한 은행이 1%의 파산 확률을 가지고 있었다면 다른 다수 은행도 같은 확률을 가지고 있었다. 이는 1%의 확률이 실현된다면 너무나 많은 은행이 파산하거나 파산 직전이며 전체 신용 시스템이 얼어붙을 것임을 의미했다. 그리고 2008년 9월에 그러한 사태가 발생했다.

그러나 금융중개산업이 매우 경쟁적인 상황에서 어떤 한 은행이 자신과 경쟁 은행이 안고 있는 리스크가 금융위기를 불러오고(과거 1930년대에 신용 매입에 의한 주식 거품이 터지면서 촉발된 은행의 지급불능 사태가 대공황을 불러일으켰고, 일본에서는 부동산 거품이 터지면서 촉발된 은행의 지급불능 사태가 1990년대 '잃어버린 10년'을 불러왔듯이), 다시 공황으로 이어질 가능성이 있다는 이유만으로, 리스크 부담을 줄여(예컨대 레버리지 축소) 자본이익률까지 줄이는 것을 주주들에게 납득시킬 수는 없었다. 만일 그 은행이 그렇게 리스크를 축소했다면 한 가지 이타적 효과, 즉, 대다수 은행 임원이 베팅하고 있는 파산 위험(몇 년 사이에는 파산 위험이 현실화되지 않을 것이고, 그 사이에 큰돈을 벌 것이므로)을 혼자서만 피하여 이윤 희생을 감수하는 효과밖에 없을 것이다. 이때 그 은행은 과감한 다른 경쟁 은행과의 경쟁에서 도태될 것이다. 그리고 다른 은행은 기꺼이 과감하게 나설 것인데, 이는 금융중개업이 본질적으로 위험을 부담하는 사업으로서, 리스크를 편안하게 느끼는 사람들이 모여들기 때문이다.

경쟁은 각 은행의 관점에 따라 전 방위로 이루어졌다. 금융이라는 경기장에서 가장 과감하고 공격적인 선수는 대출과 투자 리스크를 축적했고, 이를 통해 최소한 단기적으로는 수익률을 높였다. 소심한 선수들은 공격적인 선수의 전략을 따라가든지, 아니면 경쟁에서 탈락해야 했다. 필자는 어떤 은행 임원이 규제기관에 경쟁자들을 말리라고 요청했지만 아무 소용이 없었다는 이야기를 들었다.

국가적 재앙을 초래할 수 있다는 희박한 리스크를 감안해 은행이 합법적인 영리 활동을 줄일 것으로 기대할 수 없는 것은 공황기에 직장과 소득의 상실을 우려하는 개인들이 공동선을 위해(경기 침체 시에 너무 많은 사람들이 너무 많이 저축하게 되면 재앙적인 디플레이션이 발생할 수 있으므로) 저축 대신 소비할 것이라고 기대할 수 없는 것과 같다.

기업이라면 자사가 100년 안에는 언젠가 파산할 가능성이 크다는 정도의 리스크를 감내할 수 있지만, 국가는 그럴 수 없다. 국가 수준의 리스크는 개별 은행의 파산이 아니라 은행산업이 붕괴해 공황으로 이어질 금융위기를 촉발하는 경우이며, 실제로 그렇게 되었다. 이러한 사태가 발생할 가능성이 더욱 커진 것은 신용 팽창의 결과로 개인 채무가 많아졌기 때문이다. 은행산업이 붕괴하여 신용이 동결되면 신용에 의존하는 정상적인 기업 활동이 교란되기 때문에 국민경제의 산출량이 감소한다. 산출량이 감소하면 해고가 시작된다. 부채가 많고 실직하거나 실직의 우려가 있는 개인들은 소비를 줄이고, 이는 다시 산출을 더욱 위축시킨다. 만일 이번 위기에서처럼 산출이 급락하고 당분간 하락세가 지속될 것으로 보이면, 판매상은 고객을 끌어들이고 재고를 처리하려고 가격을 내릴 것이다. 가격이 상당히 하락한 데다 더 큰 추가 하락이 기대된다면 사람들은 현금을 장래에 더 구매력이 높아진 후에 지출하고자 비축하기 시작한다. 현금이 비축되면 소비가 더욱 감소하고, 차입도 감소한다. 달러의 구매력이 점점 증가할 것이라고 생각되면 차입을 하려는 사람이 없을 것이다. 이때가 디플레이션 상태로서, 하향 소용돌이가 동력을 얻게 된다.

기업인이 자신의 결정이 경제 전체에 미칠 영향을 고려할 여유가 없듯이, 소비자도 그럴 여유가 없다. 공황을 맞은 소비자는 예비적 동기에서 저축을 늘리고자 소득에서 지출 비중을 줄인다. 그러나 지출을 줄임으로써 개인들은 공황을 악화시키고 있는 것이다(모든 것이 거꾸로 된 공황경제학의 세계에서는 사람들에게 여유가 많을 때 저축하고 파산한 때 소비하라고, 또한 공황에서 쌓인 재고는 신규 생산을 위해 폐기하라며 정색하고 주장하는 것이 가능하다). 대규모 외부 비용을 발생시키는 행동은 정부 규제를 강화할 적절한 기회를 제공한다.

미국은 공황에서 벗어나려고 분투하고 있다. 그러나 무엇이 미국을 이러한 지경으로 만들었는가? 저금리가 불쑥 나타나는 것이 아니며, 금융 부문의 규제 완화 움직임도 그렇다. 2000년대 초의 저금리는 연방준비제도의 계획된 정책의 산물이다. 규제 완화 움직임은 운송업과 전기·가스업 규제에 대한 정당한 비판에 반응한 것이었다. 그러나 전술했듯이, 규제 완화를 밀어붙였던 경제학자들은 은행 규제의 역할이 공황을 유발할 수 있는 리스크 부담을 예방하는 것임을 잘 아는 거시경제학자가 아니었다. 또한 거시경제학자들은 공황이 다가오면 금리 인하로 경제활동을 자극함으로써 공황을 쉽게 막을 수 있다고 생각하여 저금리에 안주했다. 경제학자들이 저금리에서 인식한 위험은 인플레이션이었고, 2000년 초반 저금리에도 소비자물가지수가 안정되자 그들은 스스로 물가관리의 비결을 발견했다고 생각했다. 실제로는 저금리가 물가 상승 압력을 창출했지만, 이 압력은 소비자물가지수 구성 항목이 아니라 주택 가격과 일부 주식 가격의 상승 쪽으로 작용했다. 공황은 과거의 역사로만 인식되었고, 루커스 교수는 공황 경제학의 종언을 고하면서, 거시경제학자들이 경제성장 문제로 관심을 돌려야 한다고 촉구했다.

경제학자들은 대공황이 1929년 10월 주가 대폭락으로 생산과 가격이 하락한 시점에 연방준비제도가 통화 공급을 감축한 결과이며, 만일 당시에 연방준비제도가 통화 공급을 확대했더라면 미국은 경기 침체 이상의 고통을 겪지 않았을 것이라는 프리드먼의 주장으로부터 강력한 영향을 받았다. 연방준비제도의 통화 창출이 은행산업에 의해서 매개된다는 사실에는 별다른 중점이 주어지지 않았다. 연방준비제도는 은행이 대출을 함으로써 신용을 창조하도록 사실상 허가하는 것인데, 은행이 대출하기를 꺼린다면(더 정확히는 채무자 부도 위험이 너무나 크기 때문에 대출 기준을 강화한다면), 그리고 과다한 부채를 안고 있는 사람들이 달러 가치 상승에 따라 차입을 꺼린다면, 연방준비제도의 노력에도 통화 공급은 감소하고, 물가 하락 및 개인과 기업의 현금 비축과 함께 디플레이션을 야기할 것이다. 이 시점에 연방준비제도가 디플레이션 소용돌이를 잠재우려고 취한 조치는 공황 이후 시장에서 지독한 인플레이션을 불러일으키는 씨가 될 것이다. 그리고 인플레이션이 예상된다면 금리는 하락하는 것이 아니라 상승할 수 있고, 공황 탈출을 저지할 수 있다.

경제학자들은 1930년 이후 첫 번째로 미국에 공황을 초래한 위험을 포착하지 못했지만, 이는 용서가 된다. 이러한 전문가들의 시야가 가려진 데에는 이데올로기가 작용했지만, 공황에 관한 여러 가지 이론을 경험적으로 검증하기 어려운 데다, 공황과 그에 대한 대응이 정치적 파장을 일으키기 때문에 불가피했다. 학문의 분야가 전문화되어야 한다는 압력이 어느 시대보다도 강하게 지속되었고, 그 필연적인 결과로 금융과 거시경제학이 별개 분과가 되어서 상호 소통하기 어려워졌다. 다가오는 대폭락의 경고에 관리들과 가장 학구적인 경제학자들이 귀를 기울이지 않았던 사실도 용서할 수는 없어도 최소한 이해할 만하다. 카산드라의 경고를 제대로 경청하는 사람은 드물며, 이는 지나가고 나서야 잘못이었음이 밝혀지기 때문이다.

용서받을 수 없는 것은 연방준비제도와 연방정부 내의 다른 경제 관련 기관들이 은행산업의 붕괴로 공황의 발판이 마련될 가능성이 아무리 희박해 보였다 하더라도 그러한 가능성에 대해 비상계획을 준비하지 않았던 점이다. 2008년 9월에 금융위기가 닥쳤을 당시, 정부는 준비가 되어 있지 못했고, 일련의 급조 대책으로 대응하여 상상할 수 있는 최악의 재앙은 면했지만, 공황을 막지는 못했다. 급조 대책은 갈팡질팡했고, 일관성이 없었으며, 설명이 잘 안 되었다. 중요한 시기에 대통령은 경제문제 처리에 관해서는 공석처럼 보였다. 위기로부터 넉 달 반이 지난 2009년 초에도 정부는 일관성 있는 회복 계획을 마련하지 못했다. 그러한 계획 없이는 정부가 모든 대책을 한꺼번에 시도하기 마련이다. 즉, 정부가 경제에 돈을 쏟아부을 것인데, 이는 제5장에서 서술했듯이 주효하지 않을 수 있다. 대량의 적자 지출을 통해 생산과 고용을 회복하려는 노력도 주효하지 않을 수 있다. 은행산업을 구제하거나 압류('국유화')할 것이다(은행산업 구제와 정부의 인수가 어떻게 동시에 논의되는지 별난 상황이다). 금융 감독의 기능을 수행하는 수많은 기관을 통합·재편할 것이고, 모기지 채무자의 부담을 덜어주고자 할 것이다. 이 모든 조치의 장단점을 미리 측정할 수는 없다. 모두가 사전에 검토되지 않고서 채택되어야 한다. 규제 개혁 등 일부 조치는 지나치게 야심 차다. 그리고 분명히 더 많은 것이 나타날 것이다. 미국의 분위기는 경제 회복을 위한 제안에 열중하는 모습인데, 제안이 너무 많아서 정부가 그것을 다 평가할 지적 자원이 부족할 것이다.

    필자는 예측가가 아니다. 필자는 이번 공황에서 언제 회복되기 시작할지 알지 못한다. 그러나 회복이 시작되었어도 정부가 회복을 가속하기 위해서 지출한 수조 달러의 돈과 은행의 구조조정 및 개혁이 불러올 불확실성이 앞으로 수년간 경제를 감쌀 것이다. 그리고 값비싼 치료를 통해 중병이 치유되더라도 미국이라는 환자는 쇠약해 있을 것이다.

더 읽어 볼
자 료

이 책을 읽는 이들에게 흥미로울 만한 읽을거리를 소개한다. 다만 각 자료의 관점은 다양하며, 필자의 견해와 모두 같은 것은 아니다.

Adrian, Tobias and Hyun Song Shin. 2008. "Financial Intermediaries, Financial Stability and Monetary Policy." FRB of New York Staff Report No. 346.

Baker, Dean. 2009. *Plunder and Blunder: The Rise and Fall of the Bubble Economy*. Berrett-Koehler Publishers.

Bernanke, Ben S. 2002. 11. 21. "Deflation: Making Sure It Doesn't Happen Here." Retrieved from www.federalreserve.gov/BOARDDOCS/SPEECHS/2002/20021121/default.htm

Blanchard, Olivier. 2008. "The Crisis: Basic Mechanisms, and Appropriate Policies." Retrieved from http://papers.ssrn.com/sol3/papers.cfm?abstract_id=1324280

Brunnermeier, Markus K. 2008. "Deciphering the Liquidity and Credit Crunch 2007-08." NBER Working Paper No. 14612, Retrieved from http://www.nber.org/papers/w14612

Burdekin, Richard C. K. and Pierre L. Siklos(eds.). 2004. *Deflation: Current and Historical Perspectives*. Cambridge University Press.

Cooper, George. 2008. *The Origin of Financial Crises: Central Banks, Credit Bubbles and the Efficient Market Failure*. Harriman House Ltd.

Dennis, Brady and Robert O'Harrow Jr. 2008. 12. 29~31. "A Crack in the System." *Washington Post*.

Farrell, Chris. 2004. *Deflation: What Happens When Prices Fall*. Collins.

Ferguson, Niall. 2008. *The Ascent of Money: A Financial History of the World*. Penguin

Books.

Fischer, Stanley and Rudiger Dornbusch. 1983. *Introduction to Macroeconomics*. McGraw-Hill.

Fisher, Irving. 1933. "The Debt-Deflation Theory of Great Depressions." *Econometrica*, Vol. 1, No. 4. Retrieved from http://fraser.stlouisfed.org/docs/meltzer/fisdeb33.pdf

Garber, Peter M. 1990. "Famous First Bubbles." *Journal of Economic Perspectives*, Vol. 4, No. 2(Spring).

Gwartney, James D. et al. 2008. *Macroeconomics: Private and Public Choice* (12th ed.), pt. 3. South-Western College Publisher.

Hoshi, Takeo and Anil K. Kashyap. 2008. 12. "Will the U.S. Bank Recapitalization Succeed? Lessons from Japan." NBER Working Paper No. 14401. Retrieved from www.aeaweb.org/assa/2009/retrieve.php?pdfid=234

Hunter, William C., George C. Kaufman and Michael Pamerleano(eds.). 2003. *Asset Price Bubbles: The Implications for Monetary, Regulatory, and International Policies*. MIT Press.

Keynes, John Maynard. 1936. *The General Theory of Employment, Interest and Money*. Palgrave Macmillan. (존 메이너드 케인스. 2007. 『고용 이자 및 화폐의 일반이론』. 조순 옮김. 비봉출판사.)

Kindleberger Charles P. and Robert Z. Aliber. 2005. *Manias, Panics, and Crashes: A History of Financial Crises*(5th ed.). Wile. (킨들버거·알리버. 2006. 『광기 패닉 붕괴: 금융위기의 역사』. 굿모닝북스.)

Krugman, Paul. 2008. *The Return of Depression Economics and the Crisis of 2008*. W. W. Norton. (폴 크루그먼. 2009. 『불황의 경제학』. 세종서적.)

Mayer, Christopher, Edward Morrison and Tomasz Piskorski. 2009. "A New Proposal for Loan Modifications." Columbia Business School and Columbia Law School(2009.1.7).

Parker, Randall E. 2007. *The Economics of the Great Depression: A Twenty-First Century Look at the Economics of the Interwar Era*. Edward Elgar Publishing.

Pastor, Lubos and Pietro Veronesi. 2006. "Was There a NASDAQ Bubble in Late 1990s?" *Journal of Financial Economics*, Vol. 81, No. 1, pp. 61~100.

Rajan, Raghuram G. 2005. "Has Financial Development Made the World Rikier?" in

'The Greenspan Era: Lessons for the Future' A Symposium Sponsored by the Federal Reserve Bank of Kansas City.

Shiller, Robert J. 2008. *The Subprime Solution: How Today's Global Financial Crisis Happened, and what to Do about It*. Princeton University Press.

Shleifer, Andrei. 2000. *Inefficient Markets: An Introduction to Behavioral Finance*. Oxford University Press.

W. Scott Frame and Lawrence J. White. 2005. "Fussing and Fuming over Fannie and Freddie: How Much Smoke, How Much Fire?" *Journal of Economic Perspectives*, Vol. 19, No. 2(Spring).

Zandi, Mark. 2008. *Financial Shock: A 360° Look at the Subprime Mortgage Implosion, and How to Avoid the Next Financial Crisis*. FT Press.

Zingales, Luigi. 2008. "The Future of Securities Regulation." University of Chicago. Booth Graduate School of Business.

찾아보기

인물

[ㄱ]
가이트너, 티머시(Timothy Geithner) 189
그린스펀, 앨런(Alan Greenspan) 201, 212, 219

[ㄴ]
나이트, 프랭크(Frank H. Knight) 63

[ㄹ]
라잔, 라구람(Raghuram Rajan) 38, 198
러지어, 에드워드(Edward Lazear) 213
로머, 크리스티나(Christina Romer) 213
루빈, 로버트(Robert Rubin) 79
루스벨트, 프랭클린(Franklin Roosevelt) 175
루커스, 로버트(Robert Lucas) 31
린지, 로런스(Lawrence Lindsey) 212

[ㅁ]
매도프, 버나드(Bernard Madoff) 176
멜처, 앨런(Allan Meltzer) 108

버냉키, 벤(Ben Bernanke) 163, 169, 188, 201, 208, 212, 220
베이커, 딘(Dean Baker) 110
베커, 게리(Gary Becker) 15

[ㅂ]
블라인더, 앨런(Alan Blinder) 198

[ㅅ]
서머스, 로런스(Lawrence Summers) 112
스티글리츠, 조지프(Joseph Stiglitz) 186
실러, 로버트(Robert Shiller) 76

[ㅇ]
영, 페이튼(Peyton Young) 89
오바마, 버락(Barack Obama) 175

[ㅋ]
케인스, 존 메이너드(John Maynard Keynes) 205
콕스, 크리스토퍼(Christopher Cox) 194

254 신자유주의 위기

크루그먼, 폴(Paul Krugman) 185

[ㅌ]
테런스, 마르코(Marco Terrones) 76

[ㅍ]
퍼소드, 애비내시(Avinash Persaud) 76

펠드스타인, 마틴(Martin Feldstein) 153
포스터, 딘(Dean Foster) 89
폴슨, 헨리(Henry Paulson) 49
프리드먼, 밀턴(Milton Friedman) 206

[ㅎ]
헬블링, 토머스(Thomas Helbling) 76

용어

[ㄱ]
감세 27, 137, 138, 168, 207
값싼 신용 96
개인 저축률 43, 183
거품 28, 75, 80, 83
거품에 편승 84
건설 프로젝트 147
경기순환에서 자기 교정 22
경매 57, 63, 173
경제학자들의 예측 오류 201
고리대 제한법 35
고용 154
공공사업 137, 142, 156
공공의 악 98
공공지출 138, 205
공매도 86
공화당 135, 235
공황 10
공황경제학 183, 204, 208, 248
공황 예측의 실패 100
공황을 예방하는 역할 40

공황의 비용 103
공황의 원인 157
공황 치유법 157
과소비 습관 182
교육 수요 180
국가 부채 155, 213
국제결제은행(BIS) 111
군비지출 205
규제기구 통합 225
규제 완화 102~103, 211, 225, 242
규제의 비용 103
금본위제 29
금융 리스크 측정의 계량 모형 100
금융산업에 대한 사전적 규제 42
금융소비자보호청 93

[ㄴ]
뉴딜정책 168

[ㄷ]
단기 이익을 극대화할 유인 89

대공황 10, 248
대리인 비용 177
도미노 효과 62
도산 78
디플레이션 24, 29, 32, 70, 156
디플레이션에 따른 신용 고갈 160

[ㄹ]
레버리지 84, 243
롱텀캐피털매니지먼트 111
리먼브러더스 64
리스크 63
리스크 관리자 78

[ㅁ]
모기지관리회사 62, 171
모기지 구제책 170
모기지담보부증권(MBS) 55
모기지담보부증권의 가치를 판정 62
모기지 유동화 58
모기지 이자의 소득공제 44
모기지 풀 59
무역 흑자를 미국에 재투자하는 주요 국가 47
물가 하락 32
미국 경제회복 및 재투자법 137, 145
미국 국채의 외국인 보유 비중 156
미국산 구매 조건 149
민간 채무의 매입 164
민영화 177
민주당 135, 175, 189

[ㅂ]
발행 주선 수수료를 선취 89

배드뱅크 128
뱅크런 51
보수의 실패 238
보수주의자 101
보수파 경제학자 207
부도 가능성에 대해 투기 61
부동산에 연계된 신용시장의 불안정성 52
부실 채권 72
부활을 위한 도박 90
불확실성 63
불황 가능성에 대한 우려 108
비소구 대출 95
비용-편익 분석 170

[ㅅ]
새로운 뉴딜정책 207
서브프라임 모기지 36, 55
선입견 82
세금 환급법 108
소득세 인상 232
소비와 저축 간의 균형 41
속도 162
손절매 80
수요 21
스와프 61
스와프 거래 자체가 증권화 61
스위프 계좌 36
시스템적 요인 92
시장의 실패 11
신용 거품 87
신용경색 65
신용도를 공매도 61
신용부도스와프(CDS) 57, 60, 64, 211

신호-잡음 비율 122
실업률 152
실업률이 가장 높은 산업 150
실업통계 152
실용적·비정치적·비이데올로기적 해법 239
쓸모없는 다리 148

[ㅇ]
역사적 경험에 근거한 부도 위험 모델 77
연방공개시장위원회 14
연방기금 25
연방 세율 179
연방예금보험공사 51
연방예금보험료 52
연방준비제도 14
연방준비제도의 정치적 독립성 119
연방준비제도이사회 14
예금 인출 사태 51
예대 마진 50
완충자본 50
외국 대출기관으로부터 신용 유입 59
외국자본 47
외국자본 의존도 213
외부 비용 97
외부성 효과 98
우량 모기지 55
운송 인프라 147
원자재 가격의 하락 181
유동성 162
유동성 부족 116
은행업 14
은행의 대출 기피 70

은행의 레버리지 54
은행의 현금 비축 70
은행 자본 확충 69
의회 219
이자율 22
이전지출 137, 140, 142
인구의 고령화 183
인플레이션 25, 151, 165
일본의 대응 150
임금 삭감보다 해고 선호 22
임원 보수 지급 이연 90

[ㅈ]
자동 안정화 장치 141
자동중지 173
자동차산업 구제금융법안 134, 136
자동차업계의 위기 45
자본시장의 동결 상태 72
자본주의 185
자산 포트폴리오 40
자유방임주의 102
자유시장 이데올로기 117, 192, 203
작은 정부 101, 179
잔여 채무 판결 94
장외파생상품 112
재규제 229
재앙을 당할 리스크 77
재앙이 발생할 낮은 확률 39
재정지출 27
저금리 220, 248
저축 41
저축 감소 99
저축대부조합 51
저축을 구성하는 자산 포트폴리오 43

찾아보기 257

전미자동차노동조합 178
전통적인 모기지 대출의 신용보험 60
점유를 계속하는 채무자(DIP) 131
정부 개입 179
정부의 책임 186
정부 조직 개편 196
정치성 217
주택 소유 촉진 정책 101
주택 포기 94
중국의 역할 47
증권거래위원회 194
증권 매매 전문 직원 78
증권화 58
증권화된 스와프 신용연계채권 61
증권화된 채무에 대한 신용보험 60
중세 151, 156
지급불능 116
지리적으로 분산 56~57
지불준비금 35, 51
지연 문제 144
직원의 경험 부족 문제 78
진보적 경제학자 207
진보주의의 실패 237
진주만: 경고와 대응 109

[ㅊ]
차입 22
차입과 대출 41
차환 94
최선순위채 56~57
최적의 경기부양책 기준 153
추가 담보 제공 65
추세 추종 행동 81

[ㅋ]
캘리포니아 58, 95
케인스 이론 156
클린턴의 경제정책 117

[ㅌ]
통화 공급 33
통화주의 156, 162
통화 증발 151
통화 창출 25
투자은행 간부 188
투자의 거품 28

[ㅍ]
포트폴리오 다변화 86
폰지 사기 176
풀타임에서 파트타임으로 전환 23

[ㅎ]
합리적 기대 80
헤지펀드 34
혼돈이론 115
홈에퀴티론 93
황금낙하산 88
후순위채권 57, 63

[기타]
2008 긴급경제안정법 66
AIG 60~61, 65
Alt-A 38
MMF 36
NINJA 대출 37
TARP에 의한 모기지 매입 계획 66

지은이

리처드 포스너 Richard A. Posner | 1939년 미국 뉴욕에서 태어나 하버드 대학교 로스쿨을 졸업한 뒤, 현재 미 연방 항소법원 판사이자 시카고 대학교 로스쿨 교수로 재직하고 있다. 법학자이자 경제학자로서 왕성하게 활동하며 각종 사회문제에 대해 날카로운 비판을 끊임없이 내놓는 포스너는 오늘날 미국의 법과 경제 분야에서 가장 큰 영향력을 행사하는 인물 중 하나로 꼽힌다. 『법경제학(Economic Analysis of Law)』, 『대재앙(Catastrophe)』, 『성과 이성(Sex and Reason)』 등 수십 권에 달하는 저작을 발표했다.

옮긴이(가나다순)

김규진 | 연세대학교 경영학과를 졸업하고, 대우증권의 국제금융, 런던 현지 법인, 기업금융부에서 근무했다. 한국자산관리공사에서 부실채권과 기업 구조조정에 참여했으며, 법무법인 한빛금융연구실을 운영했다. 현재 다산회계법인에서 기업재무자문 분야를 맡아 일하고 있다. 주요 저서로는 『구조조정 개설』, 『부동산 PF의 정석』, 『파생상품의 활용과 사례』(공저)가 있으며, 옮긴 책으로 『베어 트랩』, 『중국공산당의 비밀』, 『부동산 금융과 투자』, 『상업용 부동산 개발 프로젝트 금융투자』(공역) 등이 있다.

김지욱 | 연세대학교 법학과를 졸업하고, 같은 대학교 대학원에서 금융법을 전공해 석사학위를 받았다. 지난 18년간 서울과 홍콩에서 JP모건, BNP파리바, HSBC, 대우증권 등 국내외 금융사에 재직하면서 줄곧 투자은행(IB) 업무를 수행했으며, 현재는 삼성증권 IB본부 기업금융(Corporate Finance) 담당 이사로 재직 중이다. 그동안 꾸준히 전문적인 금융 및 경제 서적을 번역했으며, 《한국경제신문》 등에 금융 관련 정기칼럼을 기고하기도 했다. 옮긴 책으로는 『KKR스토리』, 『사모펀드의 제왕』, 『헤지펀드 열전』, 『헤지펀드의 진실, 펀드매니저의 고백』, 『풀스골드』 등이 있다.

박동철 | 서울대학교 국제경제학과를 졸업하고, 한국외국어대학교 외국어연수원을 수료했으며, 미국 오하이오 대학교에서 경제학 석사학위를 받았다. 주EU대표부 일등서기관, 이스라엘 및 파키스탄 주재 참사관을 지냈고, 현재는 정보평론연구소를 운영하면서 연구와 집필 활동에 매진하고 있다. 옮긴 책으로 『글로벌 트렌드 2025: 변모된 세계』, 『합동작전환경 평가보고서』, 『중국과 인도의 전략적 부상』, 『정보 분석의 혁신』, 『글로벌 거버넌스 2025: 중대한 기로』, 『글로벌 트렌드 2030: 선택적 세계』 등이 있다.

한울아카데미 1521
포스너가 본
신자유주의의 위기

ⓒ 김규진·김지욱·박동철, 2013

지은이 ǀ 리처드 포스너
옮긴이 ǀ 김규진·김지욱·박동철
펴낸이 ǀ 김종수
펴낸곳 ǀ 도서출판 한울
편집책임 ǀ 최규선

초판 1쇄 인쇄 ǀ 2013년 2월 15일
초판 1쇄 발행 ǀ 2013년 3월 5일

주소 ǀ 413-756 경기도 파주시 파주출판도시 광인사길 153(문발동 507-14)
전화 ǀ 031-955-0655
팩스 ǀ 031-955-0656
홈페이지 ǀ www.hanulbooks.co.kr
등록 ǀ 제406-2003-000051호

Printed in Korea.
ISBN 978-89-460-5521-6 03320 (양장)
ISBN 978-89-460-4681-8 03320 (학생용)

* 이 책은 강의를 위한 학생용 교재를 따로 준비했습니다.
  강의 교재로 사용하실 때에는 본사로 연락해주십시오.
* 가격은 겉표지에 표시되어 있습니다.